ウィトゲンシュタインはこう考えた

鬼界彰夫

講談社現代新書

目次

序　6

第一部　ウィトゲンシュタインのテキストの特徴と読み方……11

遺伝子操作に似たテキスト操作……遺稿の全体像とテキストのタイプ……ウィトゲンシュタインのテキストの読み方……引用テキストの参照方法

第二部　言語をめぐる思考〈1912-1918〉……31

1.『論考』から、『論考』を生み出した思考のドラマへ　32

2. 論理をめぐる思考の始まり　43

3. 言語、論理、語りえないもの——「ムーアノート」の思考の地平　63

4. 言語と絵画——ゴプラナ号の言語哲学　88

5．言語と「私」——後スランプ期の思考　102

第三部　生をめぐる思考〈1914-1918〉……123

1．生と言語　124
2．生の問いの起源　127
3．生世界論と倫理　146
4．主体と独我論　160

第四部　『哲学探究』の思想〈1929-1946〉……193

1．『哲学探究』の謎　194
2．時期区分と関連主要テキスト　196
3．『考察』期の思考——『論考』の思考の拡張と完成　205
4．TS213期の思考——『論考』と『探究』の分水嶺　227

5. 「哲学探究」という物語の解明 256
6. 『探究』第一部（§§1–197）の思考――三大転換の地平と二つの問題 265
7. 『探究』第二部（§§198–242）の思考――「規則に従う」の発見 281
8. 『探究』第三部（§§243–315）の思考――独我論の運命と私的言語 302
9. 『探究』第四部（§§316–693）の思考――意味、意図、信念の重制度性 328

第五部 「私」と言語――ウィトゲンシュタイン最後の思考〈1949–1951〉 337

1. 『探究』後の思考の歩み〈1946–1951〉 338
2. 『確実性』を生み出した思考の場 349
3. 『確実性』の思考 369

序

この書物はL・ウィトゲンシュタインという一人の人間の哲学的思考の歩みをたどり、その哲学的生の意味を明らかにしようという試みである。ルートウィッヒ・ウィトゲンシュタインは一八八九年ウィーンで、オーストリア有数の富豪の家に生まれた。一九一二年、ウィトゲンシュタインは二三歳にして、論理学を哲学的に研究するために突然ケンブリッジのB・ラッセルのもとを訪れる。以来、彼は一九五一年ケンブリッジの医師ベヴァン宅で死去するまで、生涯考えつづけた。彼の生涯は哲学的思考に捧げられた。途中に長短何回もの中断はあったが（最長のものは九年にも及ぶ！）、それは哲学的思考の放棄ではなく、思考の枯渇のために強いられた中断であった。

彼のこうした絶えざる哲学的思考の歩みは、決して壮大な哲学体系の構築を目指したものではなかった。それは、絶えず生を奪い去ろうとする「何か」から自らの生を奪い返し、何とか生き続けようとする必死のあがきという様相を常に帯びていた。彼にとって哲学的問題は単なる知的課題を超え、常に自己の生の可能性と深く結びついていたのである。手稿に残されている次の言葉が示すように、彼にとって哲学的思考は救済を求めた精神の旅を意味していた。

哲学者は救いの言葉、すなわちその時まで我々の意識にとらえがたくのしかかってきたものを、遂にとらえさせてくれる言葉を求めて努力する。(MS110, p.17 ; 1931.1.18)

このようにウィトゲンシュタインの哲学的思考は、常に自己の生と救済を目指した個人的で私的な営みであった。私的であるとは、自己の時代を絶対的に拒否することである。ウィトゲンシュタインが哲学者として我々の時代に対して持っている最大の意味は、彼の哲学がこの意味で限りなく私的だということにある。「自らが生きるための哲学的思考」、「私的な哲学」という哲学のあり方が、彼の生においてどのように実現されたのか、それを彼自身の言葉を通じて示すことが本書の第一の目的である。同時にそれは、生がますます困難に感じられる我々の時代における「哲学的生」の一つの可能性を示すこととなろう。

ある男が奇妙で複雑な哲学的問題について生涯考え続けたとしよう。彼の思考が生み出したものは何の役にも立たず、誰の関心も惹かなかったが、彼は哲学的思考のおかげで生きることができ、その果てに安らかに死ぬことができた。この男の生涯は幸福だったのであり、男の哲学的思考は彼にとって比類なき価値を持っていたのである。彼の思考が生み出したものそれ自身がどのような理論的価値を持つのかは、彼の思考の価値に無関係である。しかし男の死後に残された者達にとっては事情は少し違う。男が生み出したものが、実は人々のものの見方や生き方を根本的なところで動かす力を持っていることが後になって判明したとしよう。男の存在はにわかに我々の心を激しく揺さぶるような属性を帯び始めるだろう。それは「時に背を向けながらも、そのことによって時を超える者」という属性である。こうした者をある種のヒーローと呼ぶことができよう。明らかにこれまで多くのウィトゲンシュタイン論の根底には、こうしたヒーローとしてのウィトゲンシュタイン観が一種のロマンとして流れていた。本書の第二の目的は、ウィトゲンシュタインが事実そうした存在であったことを、ロマンや伝説としてでなく、彼自身の言葉を通じて示すことである。彼の思考が生み出したものには、彼のような特異な哲学的生を送った者の思考のみがなしうる仕方で、我々を深いところで動かす力があることを、これまで隠れていた彼自身の言葉を通じて示すことである。

こうした本書の試みは次の二つのことによってはじめて可能となったものである。第一は二〇〇〇年のベルゲン大学とオックスフォード大学出版局によるウィトゲンシュタインの遺稿の CD-ROM 完全出版である。これによりウィトゲンシュタインが哲学的に書き残したものほぼ全てが比較的容易に読めるようになり、彼自身の言葉に基づいて多くのことを明らかにすることが可能となった。第二は内外のこれまでのウィトゲンシュタイン研究の多くの成果である。そうした蓄積なしに本書のような試みは全く考えられないことであるが、特に本書はその過程において、故J・J・キャッツ、永井均、奥雅博、野矢茂樹の四氏の研究と励まし、援助に多くを負ってきた。ここであらためて四氏に感謝の意を表したい。また伊藤邦武、藤田晋吾、橋本康二、高村夏樹、鈴木徹也の諸氏からは丁寧なコメントをいただいた。大きな刺激を受けたことを感謝する次第である。最後に本書の第四部は二〇〇二年五月から半年にわたる文部科学省の内地研究制度を利用して執筆された。自由な研究時間を提供していただいた文部科学省、筑波大学、および受入先として理想的な環境を提供していただいた東京大学教養学部野矢研究室の皆さんにお礼を申し上げたい。

［第1部］

ウィトゲンシュタインのテキストの特徴と読み方

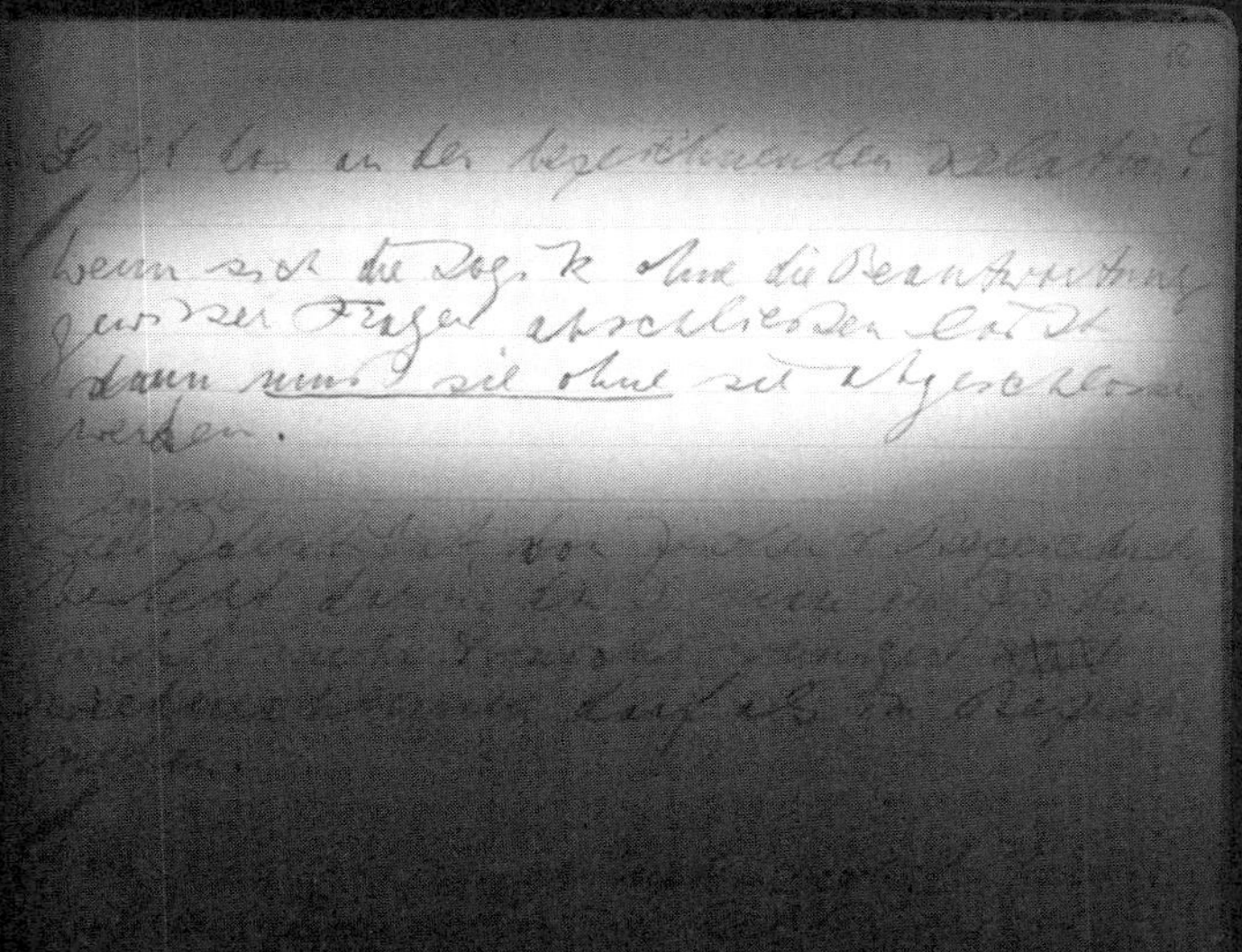

「論理はある問いに答えることなく完結しうるなら、
論理はその解答なしで完結せねばならない」
（＝『草稿』P. 130，第一次大戦開始直後の手稿ノートMS 101，P. 18r）

同時代の哲学者の中でウィトゲンシュタインをひときわ特異な存在としている大きな要因が、彼独特の文体である。それは早くから注目され、人々を惹きつけてきた。一九一二年にケンブリッジで開始された「論理」をめぐるウィトゲンシュタインの哲学的考察は、一九二一年に『論理哲学論考』（以下『論考』と略す）の出版として結実するのだが、既に一九二三年、F・ラムゼイは『論考』の書評において彼の文体を次のように評している。

ウィトゲンシュタイン氏は連続的な散文を書かずに、叙述に登場する諸命題の重要性を強調するため、番号を付した短い命題を書きます。このため彼の著作には魅力的な警句的香りがあります。（EWT, p.9　略号については二九頁参照）

この魅力的な文体は同時に、ウィトゲンシュタインのテキストが「難解」であると感じさせてきた最大の原因でもある。というのも、あたかも相互に独立な命題の集まりであるような外見を持つにもかかわらず、彼のテキストは本質的に独立した警句集ではなく、固有の内部的繋がりと秩序を持ち、それを通じて系統だった思考の流れを表現しているからである。問題はその繋がりと秩序が通常は見えないことである。ウィトゲンシュタインのテキストを正しく理解し、彼の思考の流れをあるがままにたどろうとすれば、それがどのような特性と構造を持つものなのかを理解し、その上でそれに即した適切な読み方をすることが必要となる。我々の探究を本格的に始める前に、ウィトゲンシュタインのテキストの特性と読み方を簡単に説明しておきたい。

遺伝子操作に似たテキスト操作

ウィトゲンシュタインのテキストのスタイルと構造の特異性は、それが生み出される独特の過程に由来する。まとまった考えをテキストによって表現しようとする時、通常我々は表現されるべき内容に沿って順に書いてゆく。そして書かれた内容と内容は、接続詞、見出し、表題、といった様々な「接着剤」によって結び付けられる。結果として出来上がるテキストは連続的で単線的な構造を持つことになる。そこにはテキストの最小単位というものは存在しないし、内容を把握するためには、最初から順に読むのが最も効果的な方法である。こうしたテキスト構造を**リニアーな連続構造**と呼ぼう。世に存在する書物や文章の大多数はこうした構造を持っている。ところがごく少数の例外を除いて、ウィトゲンシュタインのテキストはリニアーな連続構造を持っていない。ウィトゲンシュタインがテキストを製作する過程は、リニアーで連続的なテキストが生成される過程とは全く異なるものなのである。両者の最大の違いは、ウィトゲンシュタインのテキストには彼自身が

「ベメルクンク（考察）」と呼ぶテキストの最小単位が存在することである。本書の章扉に見られるように、ウィトゲンシュタインのテキストは、前後を空行で区切られた「ベメルクンク（考察）」という単位の連なりなのである。

こうした各「考察（ベメルクンク）」はウィトゲンシュタインの日々の思考の記録であるが、それは決して考えが湧くままに書き連ねられたものではない。その時々に直面している哲学的な問題について考えに考えを重ねるのが彼の日課であったが、そうした過程で、重要だが以前は曖昧だった思考を明瞭な言葉で表現できたと感じた時だけ、手稿ノートに「考察」として書き付けた。それらは程度の差こそあれ、常に「救いの言葉」という要素を持っていた。「考察」がこのように厳選された思考の記録であることは、第一次大戦期の日記と哲学的考察の比較からうかがうことができる。哲学的スランプ期の日記には、くり返し「仕事するも成果なし」（ウィトゲンシュタインのテキストで「仕事」とは哲学的思考を意味する）という表現が現れ、こうした日の哲学的考察の記入はたいていゼロである。彼の哲学的思考が常に「考察」という成果を生み出したわけではないことを示しているのだ。このように、高い完成度を持つ思考のみが「考察」としてノートに記録されたということは、ウィトゲンシュタインが自分の「考察」に対してある種の決定性、最終性を認めていたことを意味する。その結果「考察」は基本的に不変なテキストの最小単位として長い間存続し続け、同一の「考察」が異なるテキストに何度もくり返し現れるということが、きわめて頻繁に起こるのである。ウィトゲンシュタインのテキストにおいて「考察」が果たす役割は、ゲノムにおいて遺伝子が果たしている役割に似ていると言えるだろう。「考察」はウィトゲンシュタインのテキストの不変で不連続な単位なのである。こうしたテキスト構造を**ゲノム的不連続構造**と呼べるだろう。ウィトゲンシュタインのテキストの構造的特質とはゲノム的不連続構造を持っていることなのである。

このようにウィトゲンシュタインのテキスト製作は、日々の哲学的思考の結晶を「考察」としてノートに書きとめることから始まるが、それに続くのが重要な「考察」を選び出し、分類し、並べ替えて様々な二次的なテキストを製作する過程である。それは遺伝子操作に似たテキスト操作である。ウィトゲンシュタインが行なうテキスト操作には様々な種類があり、それぞれは完成稿を作るための異なったプロセスであると考えることができる。それゆえ異なった操作によって作成されたテキストは異なった性格を持っているのである。つまり、ウィトゲンシュタインが残した膨大なテキストは、それぞれがどのようなテキスト操作によって生み出されたのかによって、いくつかのグループに分類できるのであり、こうした分類を通じてのみ、ウィトゲンシュタインのテキストは十分に理解されるのである。こうした分類は「遺稿」と呼ばれるウィトゲンシュタインの全テキストの全貌が明らかになってこそ意味を持つものだから、この辺でウィトゲンシュタインの「遺稿」に一度目を向けることにしよう。

遺稿の全体像とテキストのタイプ

一九五一年四月二九日ウィトゲンシュタインは世を去った。周囲の予想に反して、彼が残した遺稿は二万ページにものぼる膨大なものであった。この時から、約五〇年にわたるウィトゲンシュタインのテキスト公刊の歴史が始まる。遺稿中、生前に公刊されたのは事実上『論理哲学論考』ただ一点であった。残りの膨大なテキスト群をどのように公刊するかは、死の直前にウィトゲンシュタインに遺稿管理人に指名された三人の弟子（アンスコム、ラッシュ・リーズ、フォン・ライト）に委ねられた。彼らは『哲学探究』（一九五三、以下『探究』）を皮切りに、一九五〇年代から一九七〇年代にかけて、重要なテキストを次々とウィトゲンシュタインの「著作」として公刊していった。『哲学的考察』（『考察』）、『哲学的文法』（『文法』）、『青色本』、『茶色本』、『数学の基礎』等は全てこうして公刊された「著作」である。それらはウィトゲンシュタインの周囲の少数の者にしか知られていなかった、いわゆる「後期」の思想を世に広く知らしめた点で極めて大きな意義を持っていた。

同時にそれらはウィトゲンシュタインの思想の実像の理解を妨げる一つの要因ともなっ

た。なぜなら、これら「著作」の元となったテキストは、ウィトゲンシュタインのテキスト製作の異なった段階に属しており、それぞれに異なった性格を持っているからである。あるものは完成稿であり、あるものは下書き段階のテキストであり、あるものは資料集的な意味合いの強いものなのである。こうしたテキストの性格の違いに対応して、「著作」にどの程度編集者の手が加えられているかでも大きく違ってくる。たとえば『哲学的考察』にはほとんど編集者の手は入っておらずウィトゲンシュタイン自身の「著作」と呼ぶにふさわしいものであるが、『数学の基礎』は多くのソースを用いて編集者が編んだアンソロジー以上のものではない。こうした編集情報は各「著作」の冒頭に示されているものの、必ずしも十分なものではない。「著作」という外観はしばしば一人歩きし、実情以上に確固としたものであるかのように我々に思わせるのである。

こうした背景もあり、ウィトゲンシュタインのテキスト（遺稿）の全貌をありのままの形で公開し、研究することの必要性を、研究者達は次第に強く感じるようになった。「著作」の公刊が一段落した段階で、人々はより実証的な「ウィトゲンシュタイン文献学」を必要とするようになったのである。実質的にこの文献学を創始し、その基礎を築いたのが一九六〇年代末に始まるフォン・ライトの一連の研究である。中でも論文「ウィトゲンシュタインの遺稿」（翻訳が飯田隆編『ウィトゲンシュタイン読本』〔法政大学出版局〕に収められているので是非一読を薦めたい）は、遺稿の全貌を簡潔に整理して広く世に知らしめた記念碑的業績であり、今もなおウィトゲンシュタイン研究の最も基礎的な文献である。この論文でフォン・ライトは現存するウィトゲンシュタインの全テキストを手稿、タイプ原稿、学生らによる口述原稿の三種に分類した上で通し番号を与え（フォン・ライト番号）、テキストごとに、総ページ数、日付の有無、推定執筆時期、目立った主題、公刊された「著作」との関係、といった基本情報を整理して示した。フォン・ライト番号は次のように付けられている。ここで「手稿」と呼ばれているものの大半がしっかりと綴じられたノートであるのに対し、タイプ原稿は綴じられていないタイプ用紙からなる。

手稿　　　MS101からMS183まで
タイプ原稿　TS201からTS245まで
口述原稿　　D301からD311まで

このフォン・ライト番号によってはじめてウィトゲンシュタインのテキストに直接言及できるようになったのであり、彼の生《なま》の言葉について語れるようになったのである。遺稿の完全な出版は二〇〇〇年にベルゲン大学ウィトゲンシュタイン・アーカイブスとオックスフォード大学出版会の協力によりCD-ROM版（Wittgenstein's *Nachlass*, Bergen Electronic Edition, Oxford University Press, 2000）として実現した。参考までに、いま比較した三「著作」のソースとなったテキストを示そう。三者の編集の度合いの違いは、ここからも一目瞭然である。

『哲学的考察』　TS209
『数学の基礎』（第一版）　MS117, 124, 125, 126, 127　TS222
『哲学探究』　TS227, 234

遺稿の全体像が明らかになったところで、ウィトゲンシュタインの遺稿を構成する様々なテキストを、テキストの作成過程という観点からいかに分類するかという元の問題に戻ろう。この問題に対する本書の基本的見解は、ウィトゲンシュタインのテキスト作成過程が〈一次手稿〉―〈最終手稿〉―〈一次タイプ原稿〉―〈最終タイプ原稿〉という四段階からなり、それに対応して彼のテキストにも四つのタイプが存在する、というものである。これはウィトゲンシュタインがテキストを生成し、仕上げてゆくとき、常にこの四つのステップを踏むという意味ではなく、各テキストのタイプがわかれば、それに対応したテキストの読み方が明らかになるという意味である。『論考』が作成された過程を例に取りながら、各タイプのテキストがどのような性格を持っているかを説明しよう。

ウィトゲンシュタインは常に一冊のノートを身の回りに置き、頻繁な旅行に際しても必ず携行した。それは多くの場合、堅牢な大型ノートであり、日々の思考から生まれた「考察」はそこに日付とともに書きつけられた。これが一次手稿ノートである。**一次手稿**とは一次手稿ノートにこうして書き連ねられた一連の「考察」群のことである。それは生成の現場における、ウィトゲンシュタインの思考をそのまま表現している。他のタイプのテキストは全て、こうして生み出された一次手稿に、組み替え、並べ替え、取捨選択、修正、といった編集操作を加えることによって生み出される。一次手稿は彼のあらゆるテキストの「原料」となるものである。この意味で『論考』の原料となったのはMS101, 102, 103の三冊の手稿ノートである（それらは『草稿1914–1916』として出版され全集第一巻に収められている）。

ウィトゲンシュタインの思考の生きた運動をたどろうとすれば、第一次手稿ノートの読解が決定的な意味を持つことは明らかである。**最終手稿**とは、複数の一次手稿ノートの中から、ある主題に関して最も重要な一連の「考察」を選び出し、それらを原料として参照しながら書き下ろされる一体性の強いテキストである。それは新たなノートに書きつけられる場合もあれば、以前のノートの続きに書かれることもある。日付はないか、あるとしてもたいてい書き出し日の日付のみである。『論考』の場合、「原『論考』」と呼び習わされている MS104 が最終手稿に相当する。大まかに言えば、『論考』は「原『論考』」を番号に沿って並べ替えることによって出来上がったのである。**一次タイプ原稿**とは、同時期に属する複数の一次手稿ノートから「考察」を主題別に選り集めて編集したものを秘書に口述タイプさせたものである。こうした一次タイプ原稿が作られるのは、たいていウィトゲンシュタインの思考が最終手稿を書き下ろすまでに成熟していない場合である。それは将来に向けた自分のための資料集といった性格を持っている。

『論考』の準備過程で作られた一次タイプ原稿は存在しない。遺稿中最も有名な一次タイプ原稿が、「ビッグ・タイプスクリプト」と呼ばれている大部の原稿 TS213 である。また『哲学的考察』として出版された TS209 も内実は MS105〜108 を原料とする一次タイプ原稿である。**最終タイプ原稿**は、ある主題に関する一連の思考の結果として、ウィトゲンシュタインが最終的で決定的とみなしたタイプ原稿である。多くの場合それは最終手稿を主題別に並べ替え、関連するテキストをそこに挿入することにより作られている。あるタイプ原稿が最終タイプ原稿かどうかは、それを完成させた後ウィトゲンシュタインが同じ主題についてなお思考を続け、タイプ原稿を改定し続けたのか、それとも別の主題について新たな一次手稿が一から書き出されたのかによって判断できる。この意味で最終タイプ原稿と判断できるのは一九一八年に成立した『論考』の最終原稿(TS202)、一九四六年の『哲学探究』Ⅰの最終原稿(TS227)、一九四九年の『哲学探究』Ⅱの最終原稿(TS234)の三点のみである。『論考』に関する四つのタイプのテキストを表にして示すと次のようになる。

テキストのタイプ	テキスト番号(「著作」としての名称)	成立時期
一次手稿	MS101, 102, 103(『草稿1914-1916』)	一九一四・八―一九一七・一
最終手稿	MS104(「原『論考』」)	一九一七(?)
一次タイプ原稿	なし	
最終タイプ原稿	TS202(『論理哲学論考』)	一九一八・八

テキストのタイプに関するこうした考察は、ウィトゲンシュタインの思考期の区分にも全く新しい光を当てる。『論考』、『探究』Ⅰ、『探究』Ⅱという三つの最終タイプ原稿は、それぞれ一つの思考運動が終結したことを我々に告げている道標のごときものである。それゆえウィトゲンシュタインの哲学的生涯をいくつかの時期(思考期)に区切ろうとするなら、これら三つの最終テキストの成立をメルクマールとし、各時期をこれらのテキスト

の名で呼ぶのが最も適切だと思われる。『探求』IIを作成した後もウィトゲンシュタインは新たな主題について思考運動を始めている。それは最終的原稿として結実することはなかったものの、明らかに一つの思考期を構成している。この時期を『確実性の問題』と呼ばれている「著作」にちなんで『確実性』期と呼ぶなら、ウィトゲンシュタインの哲学的生涯は次のように四つの思考期に分けられるのである。

『論考』期　一九一二年―一九一八年
『探求』I期　一九二九年―一九四六年
『探求』II期　一九四六年―一九四九年
『確実性』期　一九四九年―一九五一年

本書の叙述も、この区分に沿って進められる。

ウィトゲンシュタインのテキストの読み方

以上のような独特の内的構造を持つウィトゲンシュタインのテキストは、通常とは全く異なる読み方を読者に要求する。彼のテキストが要求する特別な「読み方」は二つある。

第一は本書が「スレッド・シークエンス法」と呼ぶ方法であり、実際に彼のテキストを理解する上で最も重要な鍵となるものである。ウィトゲンシュタインが哲学的思考を展開し、その結果を手稿ノートに書きつけてゆくとき、単一の主題について、思考を結論に至るまで一挙に推し進めることはきわめてまれである。ほとんど常に彼は密接に関連する二つないし三つの主題について同時に考え、それぞれに関する思考を交互に書きつけてゆくという習慣を持っている。複数の主題とは「独我論」と「私的言語」であったり、「数学の基礎」と「規則」であったり、その時々により変化するが、この思考の習慣は生涯不変である。その結果ウィトゲンシュタインのテキストは、主題別に編集された一次タイプ原稿を除き、独特の特徴を示すのである。今関連する二つの主題をA、Bとし、それぞれに関する「考察」をa1, a2, a3,...,b1, b2, b3...,としよう。するとウィトゲンシュタインのテキストの典型的な構造は次のようになる。

a1-a2-a3-b1-b2-a4-a5-a6-b3-b4-b5-……

もし読者がこのテキストをリニアーで連続的構造を持つものとして順に読めば「ウィトゲンシュタインのテキストは飛躍が多く難解だ」と判断するだろう。しかしこのテキストをその本性に即して読み・理解しようとするなら、我々は次のようにこのテキストをまず二本の繊維のように分ける必要がある。

a1-a2-a3-a4-a5-a6　　b1-b2-b3-b4-b5

その上でそれぞれを理解し、その内容をさらに統合する必要がある。こうした作業の起点となるのが、それ自身何の目印も付いていない元の「考察」の連なりに、適切な切れ目を入れることである。その上でテキストを繋ぎなおすのである。右の例で言えば元のテキストをまず次のように「考察」の四つの連に区切ることが必要となる。

a1-a2-a3　　b1-b2　　a4-a5-a6　　b3-b4-b5

これが本書が**シークェンス**と呼ぶものである。元のテキストをシークェンスへと区切ること、これがウィトゲンシュタインのテキストを読解する際にどうしても必要な作業なのである。テキストをシークェンスに区切るためには、そこで交互に登場する主題A、Bをまず同定しなければならないが、こうした主題を本書は**スレッド（思考の糸）**と呼ぶ。従ってウィトゲンシュタインのテキストを読むためには、まずそこに現れるスレッドを同定した上で、そのスレッドの交代を指標として、テキストをシークエンスへと分割することが基本的作業となる。もちろんウィトゲンシュタインの生《なま》のテキストには、何が主題なのか、どこに切れ目があるのかについて何の目印もないから、これは実際にはかなり厄介な作業である。これがウィトゲンシュタインのテキストを系統的に理解する唯一の方法であり、本書の探求もこの方法を用いて行なわれたものである。

第二は、二次的に作成されたタイプ原稿を読む際、できるだけ各「考察」のソースを知る、ということである。二次的テキスト（特に最終タイプ原稿）を作成する際、全く別の機会に書かれた複数の「考察」をそれぞれの前後の文脈から切り離して一緒にする、というきわめて乱暴なことを、ウィトゲンシュタインは頻繁に行なっている。もちろんそれらは内容的な共通点を持っているから一緒にされるのだが、元の文脈においてのみ十分に理解できる表現が含まれていることも稀ではない。従ってこうした操作によって生まれたテキストは往々にして完全に理解するのが不可能となる。と同時にそれはラムゼイの言うように、一種神秘的雰囲気を持った「警句的香り」を帯びることにもなる。こうしたウィトゲンシュタインのテキスト構造を大阪大学の奥雅博は「パッチワーク」と呼んでいる。

一般に『論考』のような最終タイプ原稿は、新たに書き下ろされた比較的連続したテキストにこうしたパッチワーク的テキストを何個所も挿入することによって出来上がっている。その結果読者は、話の展開が容易にたどれる部分と飛躍の多い警句的な部分が交互に現れるという典型的な「ウィトゲンシュタイン体験」をするのである。近年のウィトゲンシュタイン文献学の進展により、最終タイプ原稿の「考察」の大半について、そのソースとなった元の手稿テキストが同定されている。「難解」な「考察」の相当数は、元の文脈に戻すと意味明瞭となるのである。ウィトゲンシュタインの「考察」のソースを知ることは、彼のテキストの安易な神秘化をさけ、その本当の理解に接近するために不可欠である。

引用テキストの参照方法

本書で引用するテキストは次の原則に従って指示する。邦訳の存在するウィトゲンシュタインの「著作」に関しては下記の略号を用い、邦訳テキストの対応個所をページ数で示す。参照するページ数は『反哲学的断章』の場合を除いて全て大修館書店版全集のものである（各「著作」の収録巻号を下に示す）。ただし『論考』、『探究』、『確実性』については節番号を示す。欧文でのみ出版されているウィトゲンシュタインの「著作」と参考文献についても下記の略号を用いて対応個所を示すとともに、必要に応じてソースとなった遺稿の対応個所を示す。遺稿はフォン・ライト番号を用いてテキスト番号とページ数を示し、原テキストに日付が存在する場合にはそれも示す。ページ数の表記で「p.51r」、「p.51v」といった表現が現れるが、これはウィトゲンシュタインによってノートの各葉に番号が付けられている場合の表記法で、「p.51r」は「第51葉表ページ(recto)」を、「p.51v」は「第51葉裏ページ(verso)」を意味する。テキストの翻訳は、邦訳がすでに存在する場合にはそれを参考にし必要に応じ訳しなおした。文責は鬼界にある。それ以外は鬼界訳である。

邦訳「著作」略号

『論考』　『論理哲学論考』(全集第一巻)
『草稿』　『草稿1914-1916』(全集第一巻)
「論理ノート」　「論理に関するノート」(全集第一巻)
「ムーアノート」　「ノルウェーでG・E・ムーアに対して口述されたノート」(全集第一巻)
『考察』　『哲学的考察』(全集第二巻)
『青色本』　『青色本』(全集第六巻)
『茶色本』　『茶色本』(全集第六巻)
『数学の基礎』　『数学の基礎(第一版)』(全集第七巻)

『探究』I　『哲学探究（第一部）』（全集第八巻）

『探究』II　『哲学探究（第二部）』（全集第八巻）

『確実性』　『確実性の問題』（全集第九巻）

欧文略号

EWT　*Essays on Wittgenstein's Tractatus*, 1966

LWCL　*Ludwig Wittgenstein: Cambridge Letters*, 1995

PO　*Philosophical Occasions*, 1993

RFM　*Remarks on the Foundations of Mathematics (3rd ed.)*, 1978

LWPP1　*Last Writings on the Philosophy of Psychology vol.1*, 1982

LWPP2　*Last Writings on the Philosophy of Psychology vol.2*, 1992

［第2部］

言語をめぐる思考

〈1912-1918〉

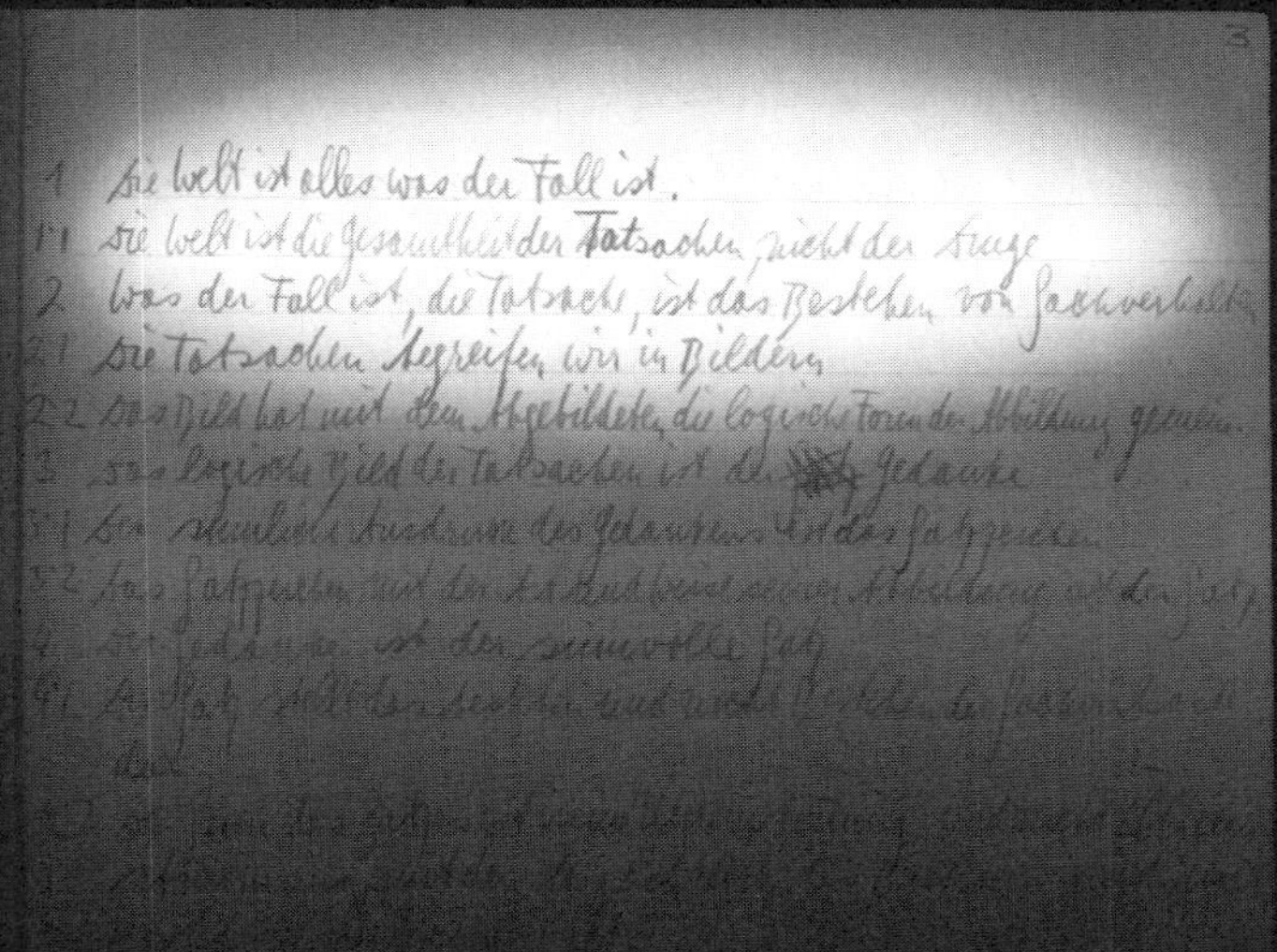

「1. 世界とは実情であることがらのすべてである。
1.1 世界は事実の総計であって、ものの総計ではない。
2. 実情であること、すなわち事実とは、諸事態の存立である」
（『原・論考』の本文最初のページMS104, P. 3）

1．『論考』から、『論考』を生み出した思考のドラマへ

ウィトゲンシュタインが書き残した「考察」は、一見すると互いに無関係に見えるほど多種多様な主題に及んでいる。しかし第一部で示したように、それらの間には深い内的な繋がりが隠されており、この内的な繋がりを注意深くたどると、それらの「考察」が実は少数の根本的な主題に関わっていることが明らかとなる。

こうした観点からウィトゲンシュタインのテキスト全体を眺めると、くり返し現れる二つの主題が浮かび上がってくる。それが「言語」と「生」である。これらはウィトゲンシュタインの究極的な主題であり、彼の全ての「考察」はこの二つの主題に関連していると言えるだろう。これら二つの主題はともに『論考』期に生まれたものである。この時期、ウィトゲンシュタインは言語と生について徹底的に考えぬく。その結果として、この時期に彼の哲学的思考の根本的な枠組みというべきものが形作られ、それが彼の哲学的思考を規定する座標として、その後も長く機能しつづける。それゆえ『論考』期の思考はウィトゲンシュタインの思考全体を理解する上で決定的な意味を持っているのである。本書第二

部と第三部では、この『論考』期の思考の全貌を明らかにし、以後のウィトゲンシュタインの全哲学的思考がそこから発展していった、思考の揺籃の場の有様を明らかにしたい。第二部では言語をめぐる思考を、第三部では生をめぐる思考を扱うことにしよう。

『論考』を生み出した思考

一九一八年夏、オーストリア軍兵士として第一次世界大戦に従軍していたウィトゲンシュタインは、軍より休暇を得て、ホッホライトのウィトゲンシュタイン家の別荘で『論考』の最終原稿を完成させた。この書物には六年半に及ぶ思考の末に到達した思想が「体系」として示されているが、そこに登場する「考察」の多くは、元来、問い―答え―さらなる問い、という思考の動的連鎖の中で生み出されたものである。しかしながらそれらが体系として組織される際、動的な相互連関の痕跡は可能な限り除去され、元の思考の生きた動きの多くは隠されてしまった。

こうした事情に対して、本書では以下のような方法で『論考』期の思考を解明したい。我々はまずそれを生み出したウィトゲンシュタインの思考の現場にたち返る必要がある。そこで彼がどのような問いについて考えていたのかを知る必要がある。その上で彼の思考がどのように展開され、結果としてどのような答えが出されたのか、それは『論考』においてどのように記録されているのかを確認するのである。こうした作業によって我々は『論考』の思考をその生成のプロセスに沿って理解することができるだろう。その結果我々の目の前には一つのドラマが姿を現すはずである。それは問いが答えを生み、答えが新たな問いを生む、という果てしのない思考のドラマである。それは作者であるウィトゲンシュタイン自身、その結末を知らないドラマであり、それゆえに驚きと苦渋に満ちた思考のドラマである。ウィトゲンシュタインにとって哲学とは、常にこうした思考のドラマを徹底的に生きぬくことだったのである。

『論考』を生み出したこうした思考のドラマをたどる前に、まずそれに必要な二つの準備的作業をすることにしよう。第一は『論考』の大まかな内容上の構造を通覧しながら、そこに内包されている二つの大きな謎の存在を指摘することである。それらは『論考』のテキスト全体を理解しようとすれば読者が必ず遭遇する問題であり、同時にその解が『論考』内部には存在しないような問題である。これらの問題を解明するためには、我々は『論考』から『論考』を生み出したドラマへとたち返らなければならない。この意味でそれらの問題は我々がたどるべき思考のドラマの在りかを示す重要な道しるべとなるのである。第二はこうしたドラマが展開された六年半に及ぶ『論考』期をさらにいくつかの時期に区分することである。それはドラマの展開の節目に応じて区分される。この作業は同時に我々が扱うべきテキストの性格も明らかにするだろう。

二つの謎

『論考』の「考察」は「論理に関する考察」と「生と主体に関する考察」に二分できる（ただしこれらの分量は対等ではなく、後者は前者の三〇分の一にも満たない）。『論考』の第一の謎は「論理」と「生と主体」という二つの主題の内的関係である。というのも『論考』には両者の関係について述べられている「考察」が全く存在しないからである。『論考』から離れて『草稿』を系統的に探索する時にのみ、我々は両者の関係に関する手がかりを得られるであろう。両者の関係の解明は第二部5節、第三部の課題となる。

『論考』の第二の謎は、ウィトゲンシュタインの思考における論理と言語の関係である。あたかも自明に思われる両者の関係について、『論考』は何も明確なことを述べていない。ここで少し、『論考』全体の中で、論理と言語という主題がどのように扱われているのかを見てみよう。論理に関する『論考』の「考察」は次のように四つに分類できる（カッコ内にそれらが登場する代表的な箇所を例として示す）。

『論考』中の論理をめぐる諸考察

Ａ　論理の本質に関わる考察　(3–3.0321, 5.4–5.476)
Ｂ　命題間の論理的関係に関わる考察　(4.4–4.4661, 5–5.143, 6.1–6.13)
Ｃ　命題の内部構造と命題と現実の写像関係に関わる考察　(3.1–3.261, 4.01–4.1)
Ｄ　対象と名に関わる考察　(2–2.063, 3.14–3.261)

Ａが論理の本質を直接的に論じるのに対し、Ｂ、Ｃ、Ｄは論理の具体的内容に関する各論に相当する。このように『論考』はその大半を論理に関する考察に割き、論理を一般的側面と個別的側面の双方から周到に考察しているのである。これに対して『論考』が言語について主題的に語っているのはわずかに4.001–4.0031のみであり、しかもそこでは言語と論理の関係は全く論じられていないのである。それゆえ、言語は『論考』の思考においてどんな位置を占めているのだろうか、という問いは『論考』に対するきわめて自然な問いなのである。この疑問に対してただちに思いつく説明は、『論理哲学論考』というウィトゲンシュタイン自身の原題が示唆するように、『論考』は何よりもまず**論理の哲学**に関する書物であり、言語自身は主要な主題でない、というものであろう。しかし『論考』の序文は次のようにこの書物の目的が**言語の限界**を画定することであると明言している。

この書物は哲学的な諸問題を扱う。そして私の思うには、これらの問題提起が我々の言語の論理の誤解に基づいていることをこの書物は示している。書物全体の意義はたとえば次の言葉にまとめられよう。即ち、およそ語られうることは明晰に語られうる、そして話をするのが不可能なことについて人は沈黙せねばならない、と。

従ってこの書物は思考に対して、いやむしろ思考に対してではなく思考の表現に対して、限界を引こうとする。こう言いかえたのは、もし思考に対して限界を引くのだとすれば、このためには我々がこの限界の両側を思考できねばならなくなる（従って思考不可能なことも思考できねばならなくなる）からである。

従って限界は言語の中でのみ引くことができる、そして限界の彼岸にあることは全くの無意義であろう。（『論考』序文）

このようにウィトゲンシュタイン自身の言葉に従えば、『論考』の本当の主題は「言語」と「言語の限界」であり、それ自身としての「論理」ではないのである。つまり『論考』とは、その大半を論理の考察に充てながらも、自分の本当の主題は言語である、と主張する書物なのである。こうして『論考』における「言語」と「論理」の関係はますます謎めいたものとなる。この問いに対して考えうる一つの有力な解答は、論理とは言語の限界を確定するものである、というものである。この解答に従えば『論考』に登場する「論理」に関する多くの考察は、結局、言語の限界に関する考察なのであり、その意味で『論考』は言語の限界に関する書物なのだということになろう。確かに、「言語において『論理に矛盾する』ことを描出するのが不可能なのは、幾何学において空間の法則に矛盾する図形を座標により描写する……のが不可能なのと同様である」(3.032)という『論考』の言葉からも読み取れるように、この解答はある意味で正当なものである。しかし実はこの解答は『論考』の謎の核心には全く触れていないのである。

このことは我々が問いをもう一歩進めた時、明らかとなる。これに続く問いとは、なぜ、論理によって言語の限界が画定できるのか、論理は言語にとっていかなるものであるから言語の限界を画定できるのか、というものである。さらにこの問いには、仮に「論理」が「限界」と同義なら、言語のみならず絵画や音楽にも、その限界を画定するものとしての「論理」が存在するのか、という問いが続く。この問いにはさらに、もし音楽や絵画に論理が存在するのなら、様々な論理の中で**言語の論理**はどのような位置を占めるのか、といった問いが続くだろう。これらの問いは全て、論理と言語の内在的な関係とは何かという一つのことを問うものである。この根本的な問いに対して『論考』は全く沈黙している。その答えは我々が『論考』に先行するテキストに分け入って行く時にのみ見出されるだろう。そうしたテキストを手がかりとしながら、言語と論理の内的関係に関するウィトゲンシュタインの思考を2節と3節で解明することにしたい。

『論考』期のさらなる区分と関連テキスト

『論考』期とは、ウィトゲンシュタインがケンブリッジで論理学の哲学的研究を開始する一九一二年から、『論考』の最終原稿が完成する一九一八年八月までの六年半を指す。この時期はウィトゲンシュタインの思考の固有のリズムに即して、さらにいくつかの時期に分けることができる。ウィトゲンシュタインの哲学的思考は常にその時々の中心問題をめぐって展開され、ある種のブレークスルーによりその問題が解決されるたびに、新たな問題が次の中心的な課題として登場し、彼は新たな思考期に入ってゆく。これが彼の思考の基本的リズムであり、進み方である。それに着目すると、『論考』期は次のように六つの思考期に分けられる。各思考期が完了するとき、ウィトゲンシュタインはその時期の思考をテキストとしてあらためてまとめる場合もあれば、そうでない場合もある。

	名称	期間	テキスト
(1)	「論理ノート」期	1912.6-1913.10	「論理に関するノート」(TS201a)

(2)「ムーアノート」期　1913.10-1914.4　「ノルウェーでG・E・ムーアに対して口述されたノート」(D301)
(3) ゴプラナ号期　1914.8-1915.1　『草稿』pp.127-194 (MS101, 102)
(4) 大スランプ期　1915.1-1915.4　『草稿』pp.194-198 (MS102)
(5) 後スランプ期　1915.4-1915.6　『草稿』pp.198-249 (MS102)
(6) 東部戦線期　1916.4-1917.1　『草稿』pp.250-289 (MS103)

(1)から(6)の時期を簡単に説明しよう。(1)はウィトゲンシュタインがケンブリッジに滞在しながらラッセルの下で哲学的研究を続けた時期であり、その思考はラッセルに対して口述された「論理に関するノート」(「論理ノート」)として集約されている。「論理ノート」をまとめた後、彼はさらに思索を深めるため単身ノルウェーを訪れ、ショルデンという寒村に翌一九一四年四月まで滞在する。これが(2)である。この時期の思考の集成が、三月末ノルウェーにウィトゲンシュタインを訪れたG・E・ムーアに対して口述されたノート(「ムーアノート」)である。ちなみにウィトゲンシュタインはこの年の五、六月にショルデンに自分の小屋を建設する。それは以後何度か彼の孤独な思索の舞台となる。一九一四年七月末、第一次大戦が勃発すると、ウィトゲンシュタインはただちに志願兵としてオーストリア軍に入隊し、一九一八年一一月イタリア軍の捕虜となるまで、四年余りの間、一兵士として戦争に参加する。(3)―(6)はこうした第一次大戦従軍中の時期である。戦場でも、戦いの合間に、彼は哲学的思考を以前に劣らぬ集中をもって続けた。この時期の彼の思考を記録しているのが、彼が戦場に携行していた三冊の手稿ノートである（MS101, 102, 103）。

第一部で紹介した、常に手稿ノートを携行し、その日の「考察」を書きとめてゆくという思考と執筆のスタイルは、ここで確立したものである。これら三冊の手稿ノートには、後年のノートにはほとんど見られなくなる興味深い特質がある。左右ページが別々に使われ、一方には哲学的考察が通常の表記で、他方には日記が暗号体で記入されているのである。第三部で明らかになるように、両者の比較は、彼の思考と生の内的な関係に重要な光を当てるであろう。これら従軍中の三つの期間は、軍隊でのウィトゲンシュタインの勤務地におよそ対応している。

(3)は彼が現ポーランド領ヴァイクセル川の河川戦艦ゴプラナ号（ロシア軍から略取されたものである）で前線勤務していた期間であり、この時期のウィトゲンシュタインは哲学的にきわめて生産的である。それに対して前線からクラカウの後方勤務に移った(4)の時期、ウィトゲンシュタインは極度の思考のスランプに陥る。先の表から読み取れるように四ヵ月の間に書かれた「考察」はわずか数ページにすぎない。かといってこの時期彼が哲学的思考から離れ、他のことに没頭していたわけではない。ある意味でウィトゲンシュタインの生涯に、そうした哲学の休日は一日も存在しなかったのである。他のスランプ期と同様、この時期ウィトゲンシュタインは一日も欠かさず哲学的な思考を試みていたのであり、それにもかかわらず何の成果も生み出せなかったのである。草稿ノートの日記欄はこのことを如実に物語っている。そこには連日、「早く仕事が再開できさえすれば。他は何とかなる。いつ考えがひらめくのか。……全ては神の手にゆだねられている」(1915.2.10)、「仕事せず。霊よ我とともにあれ」(1915.2.13)、「仕事せず。いつかまた仕事ができるのだろうか。……自殺について考える」(1915.2.26)といった記入があり、自己の哲学的生産力に対する不安、あせり、そして人知を超えたものへの必死の祈り、といったものの中で彼がもがきながら生きているさまが生々しく示されている。

(5)に至って彼の思考力はようやく復活し、「言語」に関する思考の最終章がそこで生み出される。他方、(6)の時期、ウィトゲンシュタインは東部最前線へと向かい、文字通り死と隣り合わせの日々を送る。こうした環境においてはじめて「生」が彼の哲学的考察の主題となる。それが第三部の主題である。(6)の後半、前線から九死に一生を得て帰還したウィトゲンシュタインは一九一六年九月からオルミュッツの士官学校に所属する。この時期に生と言語をめぐるそれまでの思考の不足点が補われ、その結果『論考』としてまとめられる思考が基本的に完成するのである。これら戦争中の各時期に対応した集約的テキストは存在しない。『論考』こそが、これらの思考の集大成なのである。

2. 論理をめぐる思考の始まり

「言語」をめぐるウィトゲンシュタインの思考は、ケンブリッジにおいて彼が没頭した「論理とは何か」という問いに始まるものである。「論理とは何か」という問いこそ彼の哲学的思考の原点なのである。それゆえウィトゲンシュタインの思考の展開をその原点に戻って捉えようとすれば、この問いの意味を正しく把握することが重要になる。「論理とは何か」という問いは論理の本質を問うものである。それは何かが論理であるとは、一体どのようなことであるのか、という問いであり、通常「論理」と呼ばれているものが何ゆえに論理であるのかを問うものである。それゆえ、この問いに関するウィトゲンシュタインの思考を理解しようとすれば、『論考』において「論理」、「論理学」と呼ばれているものはいかなるものなのかを知らなければならない。それは二〇世紀初頭ケンブリッジにおいて「論理学」と呼ばれていたものが何なのかを知ることに他ならない。そのためには二〇世紀の論理学がいかにして誕生したのか、その誕生とウィトゲンシュタインはどのように関係していたのかを明らかにすることがどうしても必要となる。これらの問いに手短に答えるために、ここで小さな寄り道として、ウィトゲンシュタインが哲学的歩みを始めた「ケンブリッジ、一九一二年」という場が、二〇世紀の論理学にとってどのような意味を持っていたのかを振り返ってみることにしよう。

論理学革命とウィトゲンシュタイン

二〇世紀、論理学は大きな革命を体験した。有名なゲーデルの不完全性定理やコンピュータも、この革命から生まれたものである。この論理学革命の核心は、論理的推論に関わる人間の思考すべてを表現する記号言語（記号論理学）の考案と、それを用いた推論の計算化であった。思考と推論を計算化するこうした記号言語を、一九世紀末に独力で考案したのがドイツの数学者フレーゲである。彼はこの記号言語を「概念記法」と呼んだが、フレーゲが概念記法を考案したのには特別の目的が存在していた。それは数学の全定理を少数の論理の公理から証明することにより、数学を確固たる土台の上に築かれた揺るぎない体系として再構築することである。フレーゲはそのための道具として概念記法を考案したのだが、それによって、同時に人間思考の新しい学としての記号論理学も誕生したのである。

数学に関するフレーゲの構想は、ラッセルが有名な「パラドックス」を発見したため、実現を目前にしていったん頓挫するが、その後ラッセルとホワイトヘッドによって受け継がれ、『プリンキピア・マテマティカ』(一九一〇年—一九一三年)として実現した。ウィトゲンシュタインがケンブリッジを訪れた一九一二年とは、この『プリンキピア』刊行の真っ只中の時期だったのである。この前後、ウィトゲンシュタインは何回かフレーゲ本人とも会い、論理に関する哲学的議論を交わしている。「論理とは何か」というウィトゲンシュタインの問いは、こうした歴史的背景の下で発せられたのであり、単に一人の聡明な若者が論理への知的関心から発したものではない。それは二〇世紀の論理学革命の心臓部において、革命の意味について発せられた問いなのである。

こうした歴史的背景を考えれば、「論理とは何か」という問いによってウィトゲンシュタインが何を意味していたかは自ずから明らかとなる。彼は、フレーゲ(そしてラッセル)によって体系化された新しい論理学が一体いかなる意味を持っているのか、それが証明する論理の諸定理は何を意味しているのか、それは何についてどのようなことを物語っているのか、を問うたのである。ウィトゲンシュタインは「論理とは何か」という問いを、フレーゲの概念記法に基いて確立されたばかりの新しい論理学に即して考えたのであり、『論考』の「論理」とは、何よりフレーゲの論理学なのである。『論考』に登場する様々な論理記号と専門的用語、それらはすべてフレーゲの論理学に由来するものである。そればかりではない、「論理形式」、「対象」、「名」といった『論考』の鍵となる重要概念も、すべてフレーゲの論理学を源泉とするものである。それゆえ論理に関する『論考』期の思考を理解しようとすれば、フレーゲの論理学を理解することが不可欠なのである。まずフレーゲの論理学を簡単に通覧し、それを通じて『論考』のいくつかの中心概念について説明しよう。

論理的推論とは何か

概念記法をベースとしたフレーゲの論理学は、あらゆる論理的推論を、独特の記号表記を通じて一種の計算へと転換する理論体系である。しかし人間の行なう推論が、全て論理的推論であるわけではない。それゆえ論理学の構築は、様々な推論の中で何が論理的推論なのかを決定する作業から始まる。これは論理学者が何を論理的現象とみなすかを反映する作業であり、論理学者の間で意見の対立が生じる問題でもある。

推論とはあることがら（あるいはそれを表現する文としての「命題」）から、別のことがら（あるいは命題）を導く思考作業である。次の二つの推論を比べてみよう。

〈推論1〉（前提1） ナマズが暴れれば、近いうちに地震が起こる

（前提2）ナマズが暴れている
（結論）故に近いうちに地震が起こる

〈推論2〉（前提）ソクラテスは人間である
（結論）故にソクラテスはいつか死ぬ

〈推論1〉の結論は正しいとはいえない。こうした「予知」は外れることも多いだろう。それに対し〈推論2〉の結論は正しい。事実ソクラテスはすでに死んでいる。にもかかわらず〈推論1〉は論理的推論であり、〈推論2〉はそうではない。この点について論理学者は完全に一致している。なぜなら、ある推論が論理的推論かどうかはその結論の真偽によってではなく、前提と結論の間の関係によって決まるからである。両者の間にある種の関係（それを**論理的関係**と呼ぶ）が存在し、この関係のために前提が真であれば結論も必ず真になる場合、推論は論理的推論であると言われるのである。「論理的推論」を「論理的関係」によって定義するこのやり方が、悪循環だと（実はそうではないのだが）訝《いぶか》る読者もいるかもしれないので、論理的推論の判別テストを示そう。

まず、推論の前提が全て真であるような世界を想定する。もしその世界で結論が真でないような事態が考えられるなら、その推論は論理的ではない。他方、どのようなケースを想定しても結論が真でないことが考えられないのなら、推論は論理的である。これを〈推論1〉に当てはめてみよう。ナマズが暴れると、必ず近いうちに地震が起こるという世界を想定しよう。この世界で、ナマズが暴れたのに、近いうちに地震が起こらなかったということがありうるだろうか。否である。今想定した世界（もちろん現実の世界とは異なっているけれど）ではそうしたことはありえない。それゆえ〈推論1〉は論理的推論なのである。他方、〈推論2〉については、ソクラテスが人間である世界を想定し、そこでソクラテスがいつか死ぬとは限らないという可能性を考えることはたやすい。たとえば医学の進歩で不老不死の薬が発明されたと考えればよい。〈推論2〉は「人間は不老不死ではない」という経験的事実を暗黙のうちに用いており、そのため論理的推論でないのである。

ここからわかるように推論が論理的であるためのもっとも重要な条件は、経験的事実（「人間は不老不死ではない」）に全く依存しないということである。では経験的事実に全く依存しない推論方式は、全て論理的推論なのかといえば、問題はそう簡単ではない。論理学者の見解はここで分かれるのである。次の推論について考えてみよう。

〈推論3〉（前提）ソクラテスは独身である

（結論）　故にソクラテスは結婚していない

ソクラテスが独身であるような世界で、彼が既婚であることを考えるのは不可能である。従ってこの推論は経験的事実に一切依存していない。この推論は「独身」、「結婚」という概念（あるいは「独身」、「結婚」という言葉の意味）に関する我々の知識を用いた推論であり、正しい（＝前提が真なら結論も必ず真であるような）推論である。にもかかわらず、これが論理的推論ではないと考える論理学者が少なからず存在する。フレーゲもその一人であった。彼らは〈推論3〉で用いられている「概念知」、あるいは言葉の意味に関する知識は、本来の論理には属さない（＝論理外的である）、と考えるからである。しかし問題を複雑にしているのは、我々の概念知が多様だということである。次の二つの推論はある種の「概念知」に基づいていると考えられるが、〈推論3〉と同種であろうか、それとも異種であろうか。これら三つのうちのどれが論理的推論であり、どれが論理外的な推論なのだろうか。

〈推論4〉（前提）　ソクラテスは百万円持っている
（結論）　故にソクラテスは五十万円持っている

〈推論5〉（前提）ソクラテスの着ている外套は赤い
（結論）故にソクラテスは緑色の外套を着ていない

「論理とは何か」についての我々の素朴な判断は、ここにきて明らかにぼやけてしまう。これらの問いに答えるためには、何が「論理」に含まれるのか、そしてそれはなぜかを知らなければならないが、これは「論理とは何か」という問いに答えることに他ならない。「論理とは何か」に答えられる者のみが、これらのうちのどれが論理的推論であり、どれがそうでないのか、そしてそれはなぜか、を説明できるのである。「論理とは何か」というウィトゲンシュタインの問いかけは、まさにこうした文脈で理解されるべきものである。

フレーゲの新しい論理学と『論考』の根本思想

フレーゲの論理学は彼自身による「何が論理的推論か」の判別に基づいて、それらを体系的に説明（証明）する理論として組み立てられる。それは(1)命題間の論理的関係に関わる部門、(2)単位命題の内部的な論理構造に関わる部門、の二つからなる。この二部門はそのまま現代の論理学に引き継がれ、それぞれ「命題論理」、「述語論理」と呼ばれている。現代論理学は徹頭徹尾フレーゲの論理観に基づいた、フレーゲの論理学なのである。ウィトゲンシュタインも、論理学に関する『論考』の考察を、これら二部門に沿って進めている。1節で論理に関する『論考』の考察を四つに分類したが、その中でBが命題間の論理的関係に関する部門（命題論理）に関わるものであり、C、Dが単位命題の内部的な論理構造に関する部門（述語論理）に関わるものである。

まず命題間の論理的関係に関する部門から見てみよう。フレーゲは命題間の論理的関係は、否定（「でない」）、連言（「かつ」）、選言（「または」）、条件（「もし…ならば…」）という四つの論理的接続概念から構成されていると考え、個々の命題とこれらの概念を記号化することにより論理的推論を記号式として表現した。ウィトゲンシュタイン自身が使用したのはフレーゲのオリジナルな記号ではない、ラッセルによって改良され普及した記号で、個々の命題を"p"、"q"、"r"等のアルファベット小文字で、否定を"～"で、連言を"・"で、選言を"v"で、条件を"⊃"で表現するものである。この記号法を用いると〈推論1〉の論理的構造は、

（前提1）　p⊃q

（前提2）　p

（結論）　q

と表現される。これは伝統的に「肯定式（モードゥス・ポネンス）」と呼ばれてきた論理的推論である。フレーゲの理論でこの推論が論理的推論であることは、記号式「((p⊃q)・p)⊃q」が定理として証明可能であることとして表現される。論理的推論を表現するこうした記号式を、『論考』は**論理命題**と呼ぶのである。他方「否定」をはじめとする四つの論理的接続概念を、『論考』は**論理定項**、**真理関数**、**真理操作**等と呼んでいる。論理命題や論理定項は何を意味しているのかというウィトゲンシュタインの問いは、フレーゲの論理学の第一部門である命題論理が、一体何を対象とし、何を我々に語っているのかという問いなのである。

　次に命題の内部的論理構造に関わる部門に移ろう。この部門の核心は『論考』で**一般性**あるいは**一般性記号**（大修館全集版では「一般性の指示」と訳されている）と呼ばれ、今日の標準化された論理学では**量化理論**と呼ばれるものである。そもそもフレーゲを量化理論へと導いたのは、「一」、「二」、「三」といった数詞が我々の言語でどんな役割を果たしているのか、という問題であった。次の二つの文を比べて欲しい。一見すると類似している傍線部の語句の役割は、(1)と(2)で同じだろうか、それとも異なっているのだろうか。

(1)黒い子豚が家を建てた
(2)三匹の子豚が家を建てた

明らかに(1)の「黒い」は「子豚」という名詞を修飾し、家を建てた子豚の「黒色」という性質を述べている。では(2)の「三匹の」も同様に家を建てたこの子豚の性質を述べているかといえば、そうではない。そもそも「三匹」という性質を持った子豚などどこにも存在しないのである。なぜなら「三匹」とは物の性質ではなく、物の数量だからである。「三匹」のように数量を表す言葉を、現代の論理学は「量化子」(あるいは「限量子」)と呼ぶ。その役割は、文に登場する対象の数量を限定することである。言語が持つ量化子は数詞だけではない。「全ての」、「ある」、「多くの」、「少数の」といった言葉は全て量化子であり、数詞と同様の働きをしている。フレーゲの量化理論の目的は、量化子の論理的性質を記号で表現し、**量化子を含む推論**を論理的推論として証明することであった。この推論がどんなものかを知るために次の二つの命題について考えよう。

(3)秀吉が大坂城を築いた
(4)秀吉が何かを築いた

(3)、(4)はともに**秀吉による大坂城の築城**という歴史的事実の描写である。両者の違いは(3)がより具体的であり多くの情報を含んでいることである。我々は〈推論6〉のように(3)から(4)を導くことができる。

〈推論6〉(前提) 秀吉が大坂城を築いた
(結論) 故に秀吉は何かを築いた

これは論理的推論である。量化理論の課題は(3)のような命題と(4)のような命題の間にどのような論理的関係があるために〈推論6〉のような推論が論理的推論となるのか、を明らかにすることなのである。このために、フレーゲはまず(3)や(4)のような単位命題(内部に論理的接続詞を含まない命題)の内部的論理構造を表現する理論を構築した。それが「述語」、「変項」、「名」、「一般性記号」(量化子)、といった根本概念に基づく述語論理である。**論理形式**という『論考』の重要概念も、この理論に由来するものなのである。

この理論の基本的着想は、(3)のような命題は「述語」と「名」から構成されている、ということである。述語とは"x"、"y"、"z"といった変項を含む表現であり、何らかの概念を表し、一種の関数である。この述語内の変項を名で置き換えると文(命題)となるのである。この理論によれば、命題(3)は「秀吉が築いた(x)」と、「大坂城」という名から構成されていることになる。それは「大坂城という対象は『秀吉が築いた』という概念を満たす」を意味し、(5)のような論理構造を持っている。

(5) 秀吉が築いた(大坂城)

(5)は最も単純な単位命題の論理構造である。しかし単位命題には(3)のように述語と名から構成されるものばかりでなく、述語と量化子から構成されるものもある。(4)がその例であり、「秀吉が築いた(x)」という述語と、存在量化子「何か」から構成されている。この存在量化子「何か」は記号「(∃x)」で表され、「変項xを含む述語を満たす対象が少なくとも一つ存在する」を意味する超述語(述語の述語)である。この分析に従えば、(4)の論理構造は次に示す(6)ということになる。その意味するのは「『秀吉が築いた』という概念を満たす対象が少なくとも一つ存在する」ということである。

(6)　(∃x)(秀吉が築いた(x))

こうした(3)と(4)の分析は、(3)から(4)への推論とは、「aは概念Xを満たす対象である」から「概念Xを満たす対象が少なくとも一つ存在する」へという論理的推論の一例だということを示している。すなわち〈推論6〉は論理構造(5)と(6)の間の論理的関係に基づいた推論であり、次のような論理的推論形式の一例なのである。ここで"F(x)"は述語一般を、"a"は名一般を表す。

(前提)　F(a)
(結論)　(∃x)(F(x))

さてこの推論が論理的推論たりえているのは、前提と結論が「F(x)」という述語の形式を共有しているからである。それは二つの命題が共有する論理的な内部骨格である。『論考』の**命題の論理形式**という概念は、この「述語が表す命題の論理的内部骨格」という概念をさらに純化したものなのである。それは命題に現れる全ての名を変項で置き換えたときに浮かび上がる命題の究極的な論理的骨格である。

命題(3)を例にとろう。(3)の内部骨格をなす述語は実は「秀吉が築いた（x）」ではない。この表現はなお「秀吉」という名を含んでいるからである。「秀吉」という名も変項で、置き換えることができる。そのときに現れる「築いた（x, y）」が(3)の述語なのである（変項"x"は「築く者」を、"y"は「築かれる物」を表す）。しかし「築いた（x, y）」はなお「築く」という**行為の名**を含んでいる。この行為の名もさらに変項"X"で置き換えたときに現れるもの、すなわち「X(x, y)」こそが、命題(3)の最も抽象的な論理的骨格であり、『論考』で**論理形式**あるいは**論理的原型**と呼ばれているものである（『論考』3.315）。「X(x, y)」は、「ある行為者xがある対象yに対してなす何らかの作用X」を意味する。「X(x, y)」は命題(3)と(4)の論理形式であると同時に、**秀吉による大坂城の築城**という**出来事の論理形式**でもある。これらが「X(x, y)」という論理形式を共有していることこそ、命題(3)と(4)が秀吉による大坂城築城という出来事を記述できる論理的根拠なのである（cf.『論考』2.18）。

言語は世界と論理形式を共有するが故に世界を記述できる。これこそ『論考』の根本思想にほかならないが、それはこのようにフレーゲの論理学と不可分なものなのである。

論理をめぐる問いの始まり――「論理ノート」期の思考

　ウィトゲンシュタインの哲学的活動の出発点である「論理ノート」期の思考は、この時期にラッセルに宛てられた二十数通の手紙と、一九一三年一〇月に口述された「論理に関するノート」の中から読み取ることができる。それらを『論考』と比較すると、この時期のウィトゲンシュタインの思考の二つの側面が浮かび上がってくる。「論理とは何か」という主題は、この時期にはすでに完全な形で登場しており、『論考』期に至る六年の間、ウィトゲンシュタインが同じ問題について考え続けていたことを示している。それは『論考』が一つの問いへの答えを目指した持続的な思考の記録であることを意味している。しかし、この時期の「論理とは何か」という問いに対する答えを後のものと比べるなら、それはいまだ抽象的で荒削りなものでしかない。この地点からウィトゲンシュタインの思考は、なお大きな距離を歩まなければならないのである。論理をめぐる問いの原点においてウィトゲンシュタインの思考がどのようなものであったのかを見てみよう。

　「論理とは何か」と問うとは、論理の学問的体系化である論理学が何についての科学かを問うことである。それは論理学の定理である論理命題、すなわち右で登場した「((p⊃q)・p)⊃q」といった記号式が一体何を意味しているのかと問うことであり、この問いに答えるためにはそこに登場する「∪」や「・」といった「論理定項」が何を示しているのかを知らねばならない。つまり「論理とは何か」と「論理定項は何を意味するのか」とは、同じ問いの異なる表現なのである。

これらの問いに対して二種類の答えが可能である。第一は論理学や論理命題が何らかの特定の対象に関するものと考えるものである。「論理とは**人間の思考**の規則である」、「論理とは**言語の**普遍的法則である」、「論理とは**宇宙の**根本法則である」、といった答えはすべてこの第一類型に属する。第二の答えは論理や論理命題は人間の思考や言語や宇宙といった特定の対象についてのものではない、それは一定の対象について何かを述べているのではない、というものである。第一の答えが論理に何がしかの経験的要素を認めるものであるのに対し、第二の答えはそれを絶対的に拒絶するものである。次に引用するラッセル宛ての一九一二年六月二二日の手紙は、この時点でウィトゲンシュタインが、すでに今述べた形でこの問題について考えていたこと、そしてその答えが第二の類型に属すると確信していたことを示している（なおここで言われている「見かけの変項」とは「$(\exists x)(F(x))$」の「$F(x)$」中の変項xのように、量化子の内部に取り込まれた変項のことである）。

論理学は依然としてるつぼの中にあります、それでも一つのことが私にはだんだんはっきりしてきました。それは論理の命題は見かけの変項しか含まないこと、また見かけの変項についての正しい説明がどのような形のものとなるにせよ、その説明からいかなる論理定項も存在しないことが結論としてでてこなければならないということなのです。

論理学は他の科学とは全く異なった種類のものとされねばなりません。（全集第一巻、p.339）

「論理定項が存在しない」とは、“∪”や“・”といった記号に対応したいかなる論理的対象も存在しないということである。早くも一九一二年に芽生えた「論理学が特定の対象を持たず、論理定項も存在しない」というこの考えは、「論理ノート」（一九一三）で次のように表現されている。

まず第一にこのことは論理定項の存在が不可能なことを表示している。論理定項の存在に反対する理由は、論理学の一般性にある。論理学はものの特殊な集合を扱うことはできない。（「論理ノート」p.302）

この思考は、戦場での「草稿」を経て『論考』へと引き継がれてゆく。次に示すように、論理定項に関する思考は一九一四年一二月二五日の「草稿」で再度定式化され、ほとんどそのままの形で『論考』に再録される。

命題の可能性は当然記号による対象の代表という原理に基づいている。……私の根本思想は、論理定項は代表機能を持たない、というものである。（『草稿』、p. 189）

命題の可能性は記号による対象の代表という原理によっている。私の根本思想は「論理定項」は代表機能を持たない、事実の論理は代表されえない、というものである。（『論考』4.0312）

他方、論理の特殊性・独自性に関する思考は、「論理ノート」で次のように表現され、そのまま『論考』に収録されている。

論理の諸命題の正しい説明は論理の命題に、他の全ての命題とは対照的な独特の位置

を与えるものでなければならない。(「論理ノート」、p.292;『論考』6.112)

このように論理の独自性という思考は『論考』の基層を形成してゆくのだが、「論理とは何か」という問いに対する答えとして見る限り、それは未成熟なものでしかなく、問いに対する答えというよりは、答えに対する条件を示しているにすぎない。それは「論理とは何か」については何も述べておらず、ただ論理学や論理命題が何か特定の対象について何かを語っているとみなすものであってはならない、という条件を述べているだけなのである。

といって論理学や論理命題が何の意味もないナンセンスだとウィトゲンシュタインが考えていたのではない。それらは確かに「何か」を語っているのであるが、通常の仕方で「何ものか」について「何事か」を語っているのではないのである。こうして論理に関するウィトゲンシュタインの問いが、実はきわめて困難なものであることが次第に明らかとなってゆく。最終的に彼が直面した問題状況は次のようなものである。論理学と論理命題が述べていることが明らかにされねばならないが、同時にそれらは何かについて何事かを語るものであってはならない。——絶望的とも見える思考のこうした難局を打開すべく、ウィトゲンシュタインは一人ノルウェーの寒村にこもり、哲学的思考に没頭するのである。

3．言語、論理、語りえないもの――「ムーアノート」の思考の地平

『論考』期の思考には三つの大きなブレークスルーが存在するが、中でも一九一三年秋から一九一四年春にかけてノルウェーで切り開かれたものが最も重要である。そこではじめて「言語と論理の関係」という謎が解明されるのであり、同時にそこから「世界の鏡像としての論理」、「同語反復としての論理命題の意味」、「示されるものと語られるものの区別」、「言語の限界」という、『論考』の最重要概念が出現するのである。それらは全て単一の巨大な思考の不可分な部分であり、この思考こそ『論考』の言語思想の根幹をなす。「ムーアノート」冒頭の数ページに集約的かつ圧縮されて示されているこの重要な思考は、『論考』においては多くの主題の下に分散して表現され、見えにくくなっている。「ムーアノート」冒頭部は、『論考』の言語思想を正しく理解するための決定的な鍵を我々に与えるのである。以下、まず「ムーアノート」に沿って、この思考がいかなるものかを明らかにするとともに、それが『論考』でどのように表現されているかを示すことにしよう。次

いで、「語りえないもの」という概念に関して、この思考が内包する（それゆえ『論考』が内包する）重大な問題について考えることにしよう。

ヴェルベットモンキー語は論理的推論ができない

今触れた「ムーアノート」の思考の背後には、「人間の言語はどれだけの表現力を持つのか、そしてそれはなぜか」という重要な問題が存在している。霊長類の「言語」と人間の言語の比較を通じて、これがどんな問題なのか説明しよう。

チェイニーとセイファァースの研究によって有名になった東アフリカのヴェルベットモンキーは、鷲、大蛇、豹の三種の捕食者に対して、異なった警告信号を仲間内で自由に使うことで知られている。これは一つの言語とみなせる。この言語で表現される思考は人間の言語に翻訳するなら、「鷲が来た」（あるいは「逃げろ、鷲だ」）、「大蛇が来た」、「豹が来た」の三つである。この言語はどれだけの表現力を持っているのだろうか。この言語は三つの思考を表現する力しかないのかといえばそうではない。今後ヴェルベットモンキーが環境との適応の中で、第四、第五の信号を獲得する可能性を否定するものは何もない。そして彼らの「語彙数」の生理的限界がいくつなのかは、人間の場合と同様、曖昧にしか決定できないだろう。つまり彼らの言語の表現力とは語彙数の問題ではなく、構造上どのような思考が表現可能で、どのような思考が表現できないかという問題なのである。

たとえば彼らの信号の数が今後、「ウサギだ」、「芋だ」、「水場だ」……といかに増えようとも、この言語は、信号と信号を「かつ」、「または」、「でない」等の論理的接続詞で結びつけ、別の信号を作るメカニズムを持っていない。だからたとえば、「豹が来れば、大蛇は来ない」という思考を表現できない。従ってこの言語では「豹が来れば、大蛇は来ない。豹が来た。だから大蛇は来ない」という推論も表現できない。つまりヴェルベットモンキー語で思考する生き物には、論理的推論ができないのである。我々には容易に表現できる論理的推論は、構造的に定められたヴェルベットモンキー語の限界の外部にあり、これがヴェルベットモンキーには論理的推論ができないという事態の本質なのである。人間の言語と彼らの言語の表現力の決定的な違いは、両者の構造の決定的違いに由来するのである（数学的にやや専門的に言えば、両者の構造上の決定的違いは回帰性 recursiveness の有無、ということになる）。これが二つの種を隔てている差異である。「命題論理」（およびそれに必要な回帰的構文構造）という機構を持っているため、人間言語はヴェルベットモンキー言語にない表現力を持っているのであり、そのため我々人間は推論できるのである。これはどちらの言語の語彙が多いかということに全く無関係である。

このようにして様々な言語について、それぞれの構造によって決定されている内在的表現力の大小という問題について考えるなら、可能な最大の表現力を持つ言語というものを想定することができる。もしそんな言語が存在すれば、それは「語ることが可能な全てのことを語りうる言語」であるはずであり、それによって思考する生き物は「考えうる全てのことが思考できる存在者」であろう。こうした言語を**表現力極大言語**、あるいは単に**極大言語**と呼ぶことにしよう。そしてある言語を極大言語たらしめる構造的性質を**言語の極大性条件**と呼ぼう。こうした言葉を用いて表現するなら、「ムーアノート」の根本問題とは「我々人間の言語は果たして極大言語か」ということに他ならない。これに対するウィトゲンシュタインの最終的な答えは、「然り」というものである。

「ムーアノート」でのウィトゲンシュタインの思考はここに止まらない。人間の言語が極大言語であるという思想から、「論理とは何か」という問いに対する驚くべき答えが導かれるのである。すなわち我々の言語を極大言語たらしめている極大性条件こそ、我々が「論理」とか「論理的性質」と呼ぶものであり、論理命題とはこの性質の体系的な表示である、というのがその答えである。次に挙げる「ムーアノート」冒頭のいくつかの「考察」が共同して表現しているのはこうした思考に他ならない（各「考察」の末尾の番号は「ムーアノート」所収の全「考察」に本書が便宜上♯1から順につけた通し番号である）。

語ることが可能な全てのことを表現しうるもしくは語りうる言語が存在するとすれば、この言語はある性質を持たねばならない。そしてこのことが実情であるなら、この言語が当の性質を持つことは、もはやこの言語でも、またいかなる言語でも、語ることができない。（「ムーアノート」#4, pp.317-8）

従って全てのことを表現できる言語は、それが持たねばならない性質によって、世界のある性質を反映（mirror）している。そしていわゆる論理的な命題は、この性質を体系的な仕方で示すのである。（「ムーアノート」#6, p.318）

本来の命題はいずれも、それが語ることに加えて、世界について何かを示している。なぜならば、その命題が意義を持たねば使用されえないし、意義を持てば世界の何らかの論理的性質を反映（mirror）しているからである。（「ムーアノート」#9, p.318）

いわゆる論理的な命題は、言語の、そしてそれゆえに世界の論理的性質を示すものの、何も語らない。（「ムーアノート」#1, p.317）

この論理的性質が何であるかを語ることはできない。語るためにはこのことを語る言語が問題の性質を持たないことが必要であるし、そしてこの言語がまともな言語であることは不可能だからである。（「ムーアノート」#3, p.317）

ここで表現されている思想を**ムーアノートの地平**と呼ぼう。それは次の四つの内容からなる。

(Ⅰ) 人間の言語は極大言語である
(Ⅱ) 通常「論理」と呼ばれているものは、言語の極大性条件であり、人間言語はこの「論理」を持つが故に極大言語なのである
(Ⅲ) 言語の極大性条件を言語によって語ることはできない
(Ⅳ) 極大言語は極大性条件としての論理的性質を示すことにより、世界の論理的性質を映している

(Ⅰ)、(Ⅱ)はこれまで述べた通り、「論理とは何か」という問いに対してウィトゲンシュタインが「ムーアノート」においてたどりついた答えである。他方(Ⅲ)、(Ⅳ)には全く新しい概念

が登場している。即ち(III)は「語られることと示されることの区別」という概念を、(IV)は「世界の論理的性質」という概念を含んでいる。これら二つの概念については後にあらためて考察することにし、ここではまずこのムーアノートの地平がどのように『論考』に引き継がれ、その思考の基層をなしているかを、いくつかのテキストを通して確認しよう。

「語る」ことの超越論的条件としての論理

(I)の出発点である「人間の言語は極大言語か」という問いは、先の(#4)が極大言語が「存在するとすれば」と仮定形で語っていることが示すように、重大な問題であり、ウィトゲンシュタインが簡単に結論に達したのでないことは明らかである。たとえば一九一四年九月二六日の草稿では、次のように、人間言語の極大性に対する確信が疑問に付されている。

任意の意義のいずれもが我々の二次元の文字で表現可能である、という我々の確信、——この確信には必ずきちんとした根拠があるのだろうが——、この確信の根拠はどこにあるのか!?(『草稿』p.135)

『論考』に至ってようやく人間言語の極大性は明確に肯定される。

各々の語がいかに、そして何を意味するかについての観念を少しも持たずに、あらゆる意義を表現する言語を構成する能力を人間は有している。(『論考』4.002)

『論考』のこうした結論を考慮するなら、「およそ語られうることは明晰に語られうる」という『論考』「序文」の有名な言葉も、月並みな「明晰な思考の勧め」などではなく、人間言語の極大性を主張していると理解しなければならないだろう。すなわちはじめの「語られうる」を「いかなる言語によってであれ語られうる」と、第二の「語られうる」を「人間言語によって語られうる」と解釈するなら、これは無意味な同語反復でなく、人間言語の極大性を主張する極めて重要な命題として理解できるのである。(cf.『論考』4.116)

(II)は後に回そう。(III)はいまさら確認するまでもないほど著名な『論考』の主張であり、命題の論理形式が語りえないことは4.12-4.1211で、論理命題が何も語らないことは、6.11、6.1264で、くり返し述べられている。

(IV)は論理が単に言語の性質であるだけでなく、世界の性質でもあるという主張であり、**論理の世界性テーゼ**とも呼ぶべきものであるが、その最も簡潔で明瞭な表明は次の6.13

である。（『論考』5.511, 6.12, 6.22も参照）

論理学は学説ではなく、世界の鏡像である。（『論考』6.13）

論理が世界の鏡像であるということと、言語（あるいは命題）が世界の像であるということとは、全く異なることである。命題の内容と命題の論理的性質は、世界の全く異なる性質を、異なった仕方で「映して」いるのである。たとえば「富士山は日本で一番高い山ではない」という命題は偽であり世界について何も正しいことを**語っていない**。にもかかわらずこの命題は有意味であることを通じて、すなわちある論理形式を持つということを通じて、世界の様々な性質（たとえば、富士山という山が日本という場所に存在するという性質、山は高いという性質を持つということ、等）を**映している**のである。

(II)に戻ろう。（#4）、（#6）で明言された、論理が言語の極大性条件であることは、『論考』の言語思想の核心であるにもかかわらず、なぜか『論考』にその直接的な表現を見出すことはできない。『論考』の根本思想の把握しにくさ、「論理と言語の関係」が『論考』で謎であること、その大きな原因はここにあると言ってよいだろう。とはいえ、この思考が『論考』において全く隠されているのではない。それは6.13の後半に登場する「論理は超越論的である」という命題によって間接的に表現されているのである。

今仮に、本当の意味での「語る」とは極大言語において語ることである、と考えてみよう。すなわち、全てを語りうる言語において語ることのみが真の意味での語ることであり、限定された語りの可能性しか持たない言語で語るのは、単に許された選択肢から何かを選んでいるにすぎないのだ、と考えてみよう。この観点に立てばヴェルベットモンキーは、信号機が何も語らないのと同様、いまだ何も語っていないことになる。我々がいやしくも何事かを語ることを可能にしているのは、我々の言語を極大にしているものとしての論理ということになる。つまり論理とは筋道立てて考える道具や理屈をひねり出す道具などではなく、「語る」という行為そのものを支えている大地のような根本条件なのである。

論理とは、それ自身は語られないにもかかわらず、「語ること」を可能とするような根底的条件なのである。「論理は超越論的である」という考察は、こうした思考を、カントの概念を借用しながら、論理は語ることを可能とする超越論的条件である、と言おうとしているのだと解釈するとき、最も明瞭な意味を持つことになろう。論理の持つこうした性質を我々も**超越論的**と呼ぶことにしよう。

示されるものと語られるもの

『論考』の中で、「示されるもの」と「語られるもの」の区別と、それに基づく「示されるが語りえぬもの」という概念ほど、我々を強く惹きつけるものはない。右で示したように、この区別の起源は「ムーアノート」であり、その根底には、「語ることそのものを可能にしながらも、それ自身については語ることができない何ものかとしての論理」という概念が存在する。「語る」ことを可能とする条件としての「論理」は、「語る存在」としての我々人間から完全に隠されてはいない。それは「語る」という行為を行なう言語において示されている。ただ、言語によって、それについて語ることはできない、と『論考』は言う。論理が単なる推論の規則体系ではなく、「語る」という行為を可能にしている根源的な土台そのものであるという『論考』の思考は、言語と論理の本質に関する極めて重要な洞察である。しかしながら、本当に『論考』が主張するように「論理」について語ることはできないのだろうか。現に人々はたとえば論理学で「論理」について語っているのではないのだろうか。論理は語りえないというウィトゲンシュタインの主張に対しては、ラッセル以来くり返し疑問が示されてきた。それは単純であるが故に重大な疑問であり、ウィトゲンシュタインの言葉を絶対視して簡単に退けられるものではない。論理の不可言性というウィトゲンシュタインの主張は、極めて興味深いものであるが故に、その妥当性が慎重に検討されなければならないのである。以下、この問題に関するウィトゲンシュタインの主張が厳密に何であるかを明らかにした上で、それがどこまで正しいのかを吟味することにしよう。

はじめに『論考』に登場する二種の「語りえないもの」の区別を確認しておこう（これは『ウィトゲンシュタイン入門』〔ちくま新書〕において永井均が最初に指摘したものである）。第一の「語りえないもの」とは、単に言語の表現力が及ばないために語りえないのでなく、一切の存在の総体としての世界の内にそもそも存在しないが故に言葉の射程を超えており、そのため語りえないものである。比喩的に言えば、それは世界と言語の「外部」に「存在」する何かであり、人間の思考と言語を超えた何かである。この「何か」は第三部の主題となる。第二の「語りえないもの」とは、言語の中に示されているが言語によっては語りえないものとしての「論理」であり、これまで論じてきたものであると同時に、以下の考察の主題となるものである。

これら二種の「語りえないもの」のうち、前者は単に語りえないだけではなく、それを示すことも、それについて考えることもできない。それは我々の知性によってとらえることのできないものであり、『論考』の「哲学は思考可能なものを限界づけ、これにより思考不可能なものをも限界づけねばならない」（4.114）という言葉で「思考不可能」と呼ばれているものに他ならない。他方「示されうることは語られることができない」（4.1212）という言葉において意味されている「語りえないもの」とは、第二の「語りえぬもの」としての論理である。こうした言葉の背景にある「示されること」と「語られること」の相補的区別も、もっぱらこの第二の語りえぬものについて当てはまることである。

論理がこうした第二の意味で「語りえない」と言われる場合、それが「言語」を単位として主張されているのか、「命題」を単位として主張されているのかによって、その内容は全く違ってくる。前者は後者よりはるかに強い主張である。まずは論理の語りえなさが言語を単位として主張されている例を「ムーアノート」と『論考』から示そう。

語ることが可能な全てのことを表現しうる、もしくは語りうる言語が存在するとすれば、この言語はある性質を持たねばならない。そしてこのことが実情であるなら、この言語が当の性質を持つことは、もはやこの言語でも、またいかなる言語でも、語ることができない。（「ムーアノート」#4, pp.317-8）

言語の中に反映されていることを、言語は描出できない。

言語において自らを表現することを、我々は言語によって表現できない。(『論考』4.121)

ここで主張されていることをそのまま受け取るなら、言語の中に示されている論理的性質、具体的には論理的推論の形式や命題の論理形式は、いかなる方法によっても語りえないことになる。従ってフレーゲやラッセルの論理学的著作や『論考』そのもの、そして全ての論理学の教科書は、論理について何かを示していても、何も語っていないことになる。「語る」という言葉によほど特殊な意味を与えるのでない限り、これは容易に承服できる主張ではない。

このように言語という単位で主張されると信憑性をうしなうこのテーゼも、個々の命題や推論を単位にして考えるなら、極めて興味深い洞察を示すことになる。次のような例を考えよう。サバンナに住むヒトの集団のリーダーが「豹が来れば大蛇は来ない。豹が来た。だから大蛇は来ない」と主張し、サブリーダーが「豹が来れば大蛇は来ない。豹が来た。でも大蛇も来るかもしれない」と主張したとしよう。集団のメンバーはサブリーダーの結論を退け、リーダーの結論を受け入れた。なぜだろうか。それは彼らがリーダーの推論が**示す**論理的性質(具体的には肯定式「((p⊃q)・p)⊃q」という推論形式の正しさ)を直覚し、それに基いて結論を受け入れたからである。彼らは論理学も論理記号も知らないかもしれないが、語る者である限りにおいて示された推論形式の正しさと誤りを、知覚・判断する能力を持っているのである。

同時にリーダーは「豹が来れば大蛇は来ない。豹が来た。だから大蛇は来ない」と**語ることにおいて**、自分で意識しないまま肯定式という**推論形式を示している**のである。リーダーの「語り」に示されているのは推論形式ばかりではない。「大蛇は来ない」という命題において、彼は大蛇なるものが存在すること、それは来るかもしれないものであること等を、語ることなく示し、この示されたことのおかげでメンバーは彼が語ったことを正しく理解したのである。このように我々が何かを語るとき、**語られず示されているもの**が常に存在する。それは我々の語りを支え、「語ること」と「語られたことを理解すること」を可能にしている言語の暗黙的機構・暗黙的前提としての論理である。

このように、語られることなく言語のうちに示されているものが言語の論理的性質、すなわち論理である。従って「語ること」を可能とする超越論的条件としての論理そのものは、示されるが語られえない、というウィトゲンシュタインの主張は、個々の命題や推論を単位として解釈する限り正しいのであり、言語的存在としての我々が論理とどのような根底的な関係で結ばれているかを明らかにする重要な考察である。

だからと言って「示されるもの」と「語られるもの」の区別は、ウィトゲンシュタインの言うように絶対的なものなのだろうか。問題は、ある命題に示された論理的性質を、他の命題によって語ることも本当にできないのか、ということである。上記の引用が示すように、『論考』のウィトゲンシュタインはこの可能性をきっぱりと否定している。論理はどのようにしても語りえないものと考えられている。他方、論理学をはじめとする様々な場で、我々は**現実に論理について語っている**(ように思われる)。一体どちらが正しいのだろうか。本当に論理は、ウィトゲンシュタインの言うように語りえないものなのか考えてみよう。

ウィトゲンシュタインの神秘主義

さきほどのサバンナのグループの例を再度用いよう。自分を無視したメンバーの態度に立腹し、サブリーダーが「なぜ俺の意見がだめでリーダーのが良いんだ」と騒ぎ出すとしよう。これに対してあるメンバーが「あなたの推論は非論理的ですが、リーダーのは論理的だからです」と言う。サブリーダーがさらに、「リーダーの推論のどこが論理的なのだ」と問い、メンバーが「それは肯定式だからです」と答え、サブリーダーはさらに「肯定式ってなんだ」と問うとしよう。問題は、はたしてこのメンバーが肯定式という推論形式を単に示すのみでなく、言葉で語り、そのことによってリーダーが正しく、サブリーダーが誤っている理由を語れるのか、ということである。答えはもちろん、語れる、である。具体的にはメンバーは次のように肯定式が何かを言葉で語ることができる。

メンバー：「肯定式とは二つの前提と結論からなり、しかも次のような条件を満たす推論形式です。すなわち、第一の前提は二つの命題を『もし……ならば』で結合した形を持ち、第二の前提と第一の前提の第一の命題が同じで、結論と第一の前提の第二の命題が同じであるような形式です」

当然この後、メンバーはサブリーダーに向かって「あなたの推論が肯定式でないのは、……」と続けることになるが、我々はそれをフォローする必要はもうないだろう。今示したメンバーによる肯定式の記述は煩雑で回りくどいものである。フレーゲの論理記号（p⊃q, p∴q）が簡潔に示す推論形式を言葉で語ると、かくも複雑になるのである。しかしポイントは、いかに煩雑となろうとも、我々の言語は肯定式という推論形式を**言葉で表現する力**を持っているということである。これは肯定式だけにあてはまるのでなく、あらゆる推論形式と論理形式にあてはまる。人間の言語が持つこのような強力な表現力の秘密は

無制限の命名言及能力にある。なぜメンバーが肯定式という推論形式を言葉で表現できたかと言えば、そこに登場する命題に、「第一の前提」、「第二の前提」等と**自由に名を与え**、「もし……ならば」といった表現を論理的接続概念の**名として自由に使用する**ことにより、命題の内部構造について**自由に語る仕組み**を、我々の言語があらかじめ持っているからなのである。

何にでも名をつけ、何についても語れること、これが「極大言語」としての人間の言語が持つ、強大な表現力のもう一つの秘密なのである。同時に我々の言語はこの力のために、存在しないものは言うに及ばず、存在するはずのないものにまで名を与えてしまい、様々な問題を抱え込むことにもなる。「ラッセルのパラドックス」をはじめとする論理的パラドックスの多くは、人間言語がこうした強大な表現力を持っているがために生じる事態である。こうした問題に対処すべくラッセルらが行なったように、人工的言語を構成し、そこでその表現力を制限することは自由であるし、場合によっては有益であろう。しかしそれは人間言語がこうした強力な表現力を持っているという事実を寸分たりとも変化させはしない。自然言語そのままでは、『論考』3.333が言うようにラッセルのパラドックスが「片付く」わけではないのである。

『論考』3.333で一見パラドックスが片付いたかに見えるのは、自然言語の表現力に対する恣意的な制限、すなわち関数に名を与えることを禁止するという制限が、こっそりと密輸入されているからにすぎない（事態と命題の命名を禁止するという同様の恣意的制限は3.144, 5.54で密輸入されている）。論理は語りえない、と主張することによって、ウィトゲンシュタインは自然言語が極めて大きな表現力を持つという事実から眼をそむけているにすぎないのである。こうした態度は、本当は言語によって語りうることがらを語りえないものであるかのように振舞うことにより、神秘的なものの領域を不当に拡大することでもある。その意味で**安易な神秘主義**と呼ぶことができよう。『論考』のウィトゲンシュタインは、一体どのような背景から、かくも安易な神秘化に身を委ねてしまったのだろうか。ここでウィトゲンシュタインの思考の神秘主義的要素について考えてみよう。

古今東西の様々な神秘主義を見てもわかるように、人間の言葉を超え、人間から絶対的に隠されている神秘的なものに対する衝動は、人間の中に普遍的に存在している。それは言葉によってすべてを明るみに出そうとすることに対する原初的な反発であるし、人間性以前の場所に人間性の根源を求める衝動であると言ってもよい。この衝動は今日さらに大きな意味を帯びている。それは我々の時代がすべてを言葉と数と計算によって明るみに出そうとする時代であり、文化と制度の不可逆的均質化を背景として、際限なく普遍言語を求める時代だからである。こうした際限なき言語化という自己の時代に対する根本的反発として、我々の中にも神秘的衝動が広く存在している。我々は隠されたものを密かに求めているのである。ウィトゲンシュタインもこうした時代の一員として、時代の神秘的衝動を自己の内部に敏感に感じ、表現している。たとえば一九一五年五月二五日の草稿で彼は、「神秘的なものへの衝動は、科学によって我々の願望が満足されないことから生じる」(『草稿』、p.214) と記している。「話をするのが不可能なことについては、人は沈黙せねばならない」という『論考』7の最終命題は、まさにこの「神秘的なものへの衝動」の主体的表現にほかならない。

こうした時代にあってウィトゲンシュタインの神秘主義を他と区別している大きな特徴は、彼が論理的思考と神秘主義を結合しようとしていることである。もし我々が自己の神秘的衝動に無条件に身を委ねるなら、多くの場合、我々は言語化の可能性に目をつむり、実際には語りうるものを (それが語りえないものであってほしいがために) 語りえぬ神秘的なものとみなしてしまう。これが右で述べた安易な神秘主義である。それは恣意的な神秘主義であり、闇の深みを求めるあまり、自らの目を覆うことにほかならない。それに対して『論考』のウィトゲンシュタインの目的は、言語 (つまり論理的思考) の内的原理に即してその限界を確定し、それによって語りえぬもの (神秘的なもの) の領域を確定しようということである。もしこの目的が首尾よく達成されたなら、結果として確定された「神秘的な領域」は、我々が神秘的であってほしいと思っているものではなく、事実絶対的に神秘的なものとなるだろう。それは本来の意味での神秘的なものである。論理的思考を前提として神秘的なものの存在を示そうとするこうした思考を**論理的神秘主義**と呼ぼう。論理的思考と科学を前提とせざるをえない我々の時代が、ウィトゲンシュタインの思考に惹きつけられる大きな要因がこの論理的神秘主義なのである。

「語りえない」ことと「語るべきでない」こと

こうした観点から見るなら、右に示した論理に対するウィトゲンシュタインの安易な神秘主義は、自己の哲学的目標に対する重大な背信だと言わねばならない。この自己背信の大きな原因は、「語るべきでない」ということと「語りえない」こととの混同であったと思われる。言語の原初的で生き生きとしたあり方、というものについて考えてみよう。論理を例に取るなら、サバンナのリーダーがしたように論理を用いて実際に推論することがこうしたあり方だといえるだろう。そこにおいてリーダーは、論理について語ることなく論理を用いていたのである。他方、後でメンバーがしたように論理について語ることは、明らかに論理本来のあり方ではない。彼らの記述において肯定式という推論形式はいわば「標本化」され、もはや論理としては生きていないからである。論理を用いることが論理を生かすことであるのに対し、論理について語ることは論理を殺すことなのである。より一般的に言えば、ある行為について語ることは、その行為を「標本化」し、殺すことである。言語にとってもっとも重要なのが生きて使われることであるとすれば、そうした二次的な言語使用は言語から生命を奪う過程であり、なされるべきことではないといえるだろう。論理や論理形式は示されればよいのであり、あえて語るべきではないのである。こうした考えは「ムーアノート」の次の「考察」にはっきりと示されている。

例えば主語―述語命題に関して、それがいやしくも意義をもつならば、当の命題の真偽は知らないにしてもその命題が理解されるや否や、その形式も見て取られるということは明らかである。「Mはものである」という形式の命題がかりに存在したとしても、それは余計なもの(同語反復)であろう。それが語ろうとすることは〝M〟を見るときに既に見て取られることだからである。(「ムーアノート」#19, p.321)

しかしながら「あえて語るまでもない」あるいは「語るべきでない」と「語りえない」は同じではない。論理はもっぱら使うべきであり、それについて語るべきものではない、ということから、論理が語りえないということは決して導かれない。『論考』のウィトゲンシュタインは、この点で致命的な飛躍を行なっているのである。こうした飛躍を彼自身に対して見えにくくしているのが、『論考』が言語の命名能力に対して加えている人工的な諸制限である。より具体的には、命題や関数に対する命名の制限である。すでに触れたように、『論考』3.333においてウィトゲンシュタインは関数の自己言及が不可能であると主張しているが、それは関数表現をそのまま使って関数自身に言及しようとする場合にしかあてはまらないことである。

「(x)は曖昧である」という関数を例にとろう。今この関数表現をそのまま使いながら、この関数にこの関数自身を適用してみる。すると、「(x)は曖昧である)は曖昧である」という意味のない表現になってしまう。しかし「(x)は曖昧である」という関数に「『曖昧である』という関数」という名を与えるなら、この関数の自己適用は「(『曖昧である』関数)は曖昧である」という意味のある文となるのである。一般にある言語表現に言及するには、その言語表現をそのまま言及する文中に挿入する必要はなく、文脈に適合した名をつければよい。そうすることによって、文が自分自身について語ったり、関数が自分に適用されたりすることが自由にできるのであり、これが人間言語の表現力なのである（有名なゲーデルの不完全性定理の証明は、こうした命名能力を極限まで駆使してなされている）。『論考』3.333でのウィトゲンシュタインのラッセルのパラドックスの「解決」は、自然言語の表現力の恣意的な制限の結果にすぎないのであり、タイプ理論や公理論的集合論による「解決」になんら勝るものでもない。日常言語のありのままを「論理的に順調」として擁護しようという『論考』本来の野心を、この解決は完全に裏切っているのである。

論理神学

このように『論考』でのウィトゲンシュタインは、自己の論理的神秘主義に背き、安易な神秘主義に転落してしまったのだが、『論考』が示した論理的神秘主義という理念そのものは極めて大きな意味を持っている。それは我々の時代における「神」に関する語り方の、一つの可能性を示したといってもよいだろう。それは我々の時代における神学の一つのあり方、**論理神学**と呼びうるものである。というのも、もし論理的神秘主義がその理念通りに貫徹されたなら、それが示す「語りえないもの」とは言語と思考の可能性の外側にあるものであり、さきほどの分類の第一の「語りえぬもの」に他ならないからである。それはプロチノス以来の西洋神秘主義が「人間の言葉と思考を超えた何か」として追い求めてきたものであり、象徴的に「超越者」、「神」と呼ばれてきたものである。『論考』で次のように「思考不可能なもの」、「語りえぬもの」と呼ばれているのは、明らかにこうした「存在」である。

哲学は思考不可能なものを、内側から思考可能なものによって、限界づけねばならない。(『論考』4.114)

哲学は語りうることを明晰に描出することによって、語りえぬことを意味するであろう(『論考』4.115)

論理神学とは論理と言語の限界を論証的に示すことにより、超越的存在を間接的に意味する営みである。『論考』自身が実現しそこなったこの論理神学という理念を、より忠実に実現したのがゲーデルであると解釈することができる。ゲーデルの不完全性定理の核心とは、数学的論証言語の表現力の限界(数学において証明的に語りうることの限界)を具体的に示すことにより、その外側にある真理の存在を示したことである。こうして示された真理は純粋に数学的なものでしかなく、なんら神秘的要素を含むものではない。しかし数学的証明言語の限界を超えたこうした真理の存在が、類比的・象徴的に暗示しているのは、我々の言語の表現限界を超えた真理の存在、すなわちいかにしても語られることも思考されることもない真理の存在である。それは本来の意味での、神秘的なものそのもの、である。ゲーデルの証明自身はこうした神秘的なものについて直接何も語っていない。しかしそれはそうしたものの可能性を、沈黙のうちに、限界の彼方にほのかに示しているのである。

4．言語と絵画——ゴプラナ号の言語哲学

要するに問題は、何が命題を単なる画像から区別するのかを確定することなのである。

『草稿』1914.12.2

人間は絵を描く唯一の動物である。絵画は言語と並ぶ人間固有の表象体系である。両者は深い共通の根源で結ばれていると思われる。しかし言語哲学にとって重要なのは、両者の共通性でなく差異である。なぜなら言語の本質を明らかにするとは表象体系として言語がどのような固有性を持っているのかを明らかにすることであり、それは言語と絵画が表象体系として本質的にどこが違うのかを明らかにすることだからである。冒頭の引用が示すように「命題と絵はどう違うのか」という問いこそ、第一次世界大戦最初の数ヵ月間、

戦艦ゴプラナ号上で、命題の本質を考察していたウィトゲンシュタインの思考の中心に存在していた問いである。この問題はなぜか『論考』のテキストから姿を消している。このため言語（命題）の本質に関する『論考』のウィトゲンシュタインの思考の真髄は隠されてしまい、その結果、ウィトゲンシュタインは命題を一種の絵画のごとく考えていた、という俗信が広く流布することとなった。この点に関して彼の思考を正しく理解する唯一の方法は、言語と命題の本質に関してウィトゲンシュタインが実際に格闘していた問題を知り、それをめぐる彼の思考をたどること、そしてそれに応じて『論考』のテキストを見直すことである。そのためにまず必要なのは、ゴプラナ号期の草稿を正しく読解することである。

言葉はどのように物事を描写するか

言語にとって論理とは何かという根本問題に対する答えは「ムーアノート」で示された。にもかかわらずこの思考が『論考』という書物として結実するには、第一次大戦下での三年近くに及ぶ哲学的格闘がなお必要であった。それは「論理とは語ることをそもそも可能とする根本条件である」という根本思想を、フレーゲ論理学の具体的内容と結合させ、人間固有の活動である「語る」とはどういうことなのかを明らかにすることがなお要求されていたからである。草稿に示されている戦場での最初の思考が、「語る」とはいかなることか、という問いへと次第に収斂してゆくのはこのためである。

しかしそれは「語るとは言葉によって何かを描写し、伝えることである」という答えによって簡単に解決できる問いではない。この問いが問うているのは、そもそも言葉によって何かを描写するとはいかなることか、ということなのである。それは語ること、すなわち言葉の本質を最も深い場所で問おうとする問いなのである。言葉によって何かを描写するとき、我々は必ず何らかの命題を用いるから、この問いは最終的に「命題とは何か」、「命題はどのように物事を描写するのか」という問いへと逢着する。まず『論考』のテキストがこの問いをめぐって何を語り、それがこれまでどのように解釈されてきたかを確認しよう。

『論考』のテキストを通読する限り、「命題とは何か」という問いに対する明快な答えが4.01–4.0412で示され、それが『論考』の言語観の核心部を構成しているように見える。その答えとは**命題画像説**として広く知られてきたものである。「命題は現実の像である」(4.01)、「命題は事態の論理像である」(『草稿』p.167；1914.11.3）といった言葉が示すように、その要点は、命題は事態を描き出す一種の画像である、ということである。そして命題が事態を描く具体的方法は次のように示されている。

ある名はあるものの代理となり、他の名は他のものの代理となり、そして名同士が結合されている。そして全体が活人画（タブロー）のように事態を表出する。（『論考』4.031）

ここから自然に導かれるのは、命題は一種の絵画であり、両者の間に表象体系として根本的な差異はない、という考えである。それによると、絵画が事態に登場する人や物を色と形で表現するのに対し、命題はそれを名で表現するのであり、命題とは名を使って描かれた絵だ、ということになる。こうした見解を**命題―絵画同類説**と呼ぼう。『論考』のテキストのみを読むと、命題画像説がウィトゲンシュタインの言語観の核心であり、それは命題―絵画同類説に基づいていると考えるのがきわめて自然である。こうした見方がこれまで『論考』解釈の通説として広く受け入れられてきたのである。しかし一歩踏み込んで考えてみると、この通説は決して説得力あるウィトゲンシュタイン解釈ではない。そもそも命題―絵画同類説はあまりにも単純で通俗的な見解ではないだろうか。それは、ウィトゲンシュタインほどの哲学者が何年も費やし、『論考』という書物でわざわざ表明しなければならないものなのだろうか。『論考』が本当に言語と論理に関する深遠な哲学的思考の産物であるなら、こんな見解が本当にその心臓部なのだろうか。『論考』の読者なら誰もが一度は持ったであろうこうした素朴な疑問こそ、我々を『論考』の言語思想の真の核心へと導くのである。その真の核心は、こうした疑問を捨てずに草稿のテキストを丹念に読み解くとき明らかとなるのである。

草稿において命題画像説は一九一四年九月末から一〇月初旬にかけてのごく短い期間にほぼ完全な形で登場する (cf.『草稿』pp.135-139)。しかしながらこれ以降約二ヵ月半の間、ウィトゲンシュタインの思考は引き続き命題の本質という問題をめぐって続けられている。そこでウィトゲンシュタインが極めて重大で困難な問題と格闘していたことは、次のような日記の記述からも明らかである。

「終日仕事をする。問題を攻め落とすのに絶望する。しかし空しく事から撤退するよりは、この砦の前で血を失おう」(MS102, p.1v ; 1914.10.31)

もし一〇月初旬に命題画像説という決定的解が見出されたのなら、一二月までウィトゲンシュタインは一体何について必死に考えていたのだろうか。彼の「問題」とは何だったのだろうか。これらの疑問は、命題画像説が答えではなく、一つの問いなのだと考えることによって氷解する。そもそもの問いは、命題とは何か、であった。これに対し、「命題は事態の論理的画像である」という答えに、あなたは満足できるだろうか。ウィトゲンシュタインは満足しただろうか。否である。「論理像って何？　それはただの像とどう違うのか」とさらに問うのが当然ではないか。そして絵画は事態の論理像ではないのだから（なぜなら絵画に論理はない）、この問いは絵画と命題はどこが違うのかという問いに他ならないのである。これこそ一九一四年一〇月から一二月にかけて、ウィトゲンシュタインが死に物狂いで格闘していた問いなのである。その結果、彼は全く新しい思考に到達する。この思考こそ『論考』の言語観、そして論理観の真の核心と呼びうるものである。それは「論理的足場」、「論理的場所」、「論理空間」という三つの新しい概念によって表現される思考であり、『論考』では3.4-3.42に示されているものである。

絵画は否定できるか

この新しい思考を理解する最良の方法は、ウィトゲンシュタイン自身が遭遇した、単純だが決定的な問いに、自分も直面してみることである。それは「絵画は否定できるか」という問いである（『草稿』p.182；1914.11.26）。この問いの背後には「命題はいずれも否定可能である」（『草稿』p.162；1914.10.30）という、命題の本質的特徴に関する思考が存在する。どのような命題であれそれが命題である限り「……でない」を付加することによって簡単に否定できる。もし絵画と命題が「像」として本質的に同類であるなら、絵画も簡単に否定できるはずである。他方、絵画が否定できないとすれば、そこに両者の本質的な違いが潜んでいるはずである。

興味深いことに、絵画は否定できるか、という問いに遭遇したとき、我々はその可能性を即座には否定しない。「否」と答える代わりに、どのようにすれば絵を否定できるか、を考えるのである。これは絵画と命題の間に表象像としての共通性が存在するためである。つまり絵にも「意味」があり、それに応じて絵の「真偽」について語りうるからである。たとえば絵師に「秀吉公大坂城築城之図」なるものを描かせれば、それは「秀吉は大坂城を築いた」という命題と大体同じことを「語る」はずである。その絵が史実を反映していれば、その絵を「真」と呼べるだろう。このように絵画も言語のようにある内容を「語る」のだから、それを「……でない」と否定することも、当然可能だと我々は考えるのである。しかし現実に絵を否定しようとすると、そこで絵と命題の大きな違いに遭遇せざるをえない。

「秀吉公大坂城築城之図」にどのように手を加えれば、「秀吉は大坂城を築かなかった」ということを語らせることができるだろうか。秀吉像を塗りつぶす、絵を描きかえる、絵全体を塗りつぶす、×印を書き加える、等といろいろ考えられるかもしれない。しかし、その絵をもう一度否定して「秀吉は大坂城を築かなかったのではない」を意味するようにしろ、と言われたとき、我々はある本質的な理由によって絵は否定できず、それこそが絵の「語り」と言語の「語り」の違いだと悟るのである。しかしこの違いが何かを語ることはきわめて難しい。これこそウィトゲンシュタインの問題であった。

この本質的な差異をとらえ・表現しようと苦闘するウィトゲンシュタインに、まずひらめいたのが「論理的足場」という概念である。命題（たとえば「秀吉は大坂城を築いた」）は、一見すると独立して、ある事態を描いているように見える。しかし全ての命題の周りには見えない足場が張り巡らされていて、この足場を伝って我々は次々と関連した他の命題へと移動できる。「秀吉は大坂城を築いた」から「否定」という踏み板を通って「秀吉は大坂城を築かなかった」へ、さらにそこからもう一度否定を通って「秀吉は大坂城を築かなかったのではなかった」へと移動できる。そしてこの地点はよく見ると元の場所なのである。また「ならば」という継ぎ板を用い、「家康は江戸城を築いた」という別の命題と結合して「秀吉が大坂城を築いたなら家康は江戸城を築いた」という第三の命題へと移動もできる。

それだけではない。この足場にはある法則に従った「安全な通路」が存在する。たとえば「秀吉は大坂城を築いた」と「秀吉が大坂城を築いたなら家康は江戸城を築いた」という二地点を通過すれば「家康は江戸城を築いた」という地点へと「安全」に移動できる。

つまりはじめの二命題が真ならば、第三の命題も必ず真なのである。論理の足場にはこうした「安全な経路」が無数に張りめぐらされており、論理的推論とはこうした経路を移動することに他ならない。このように各命題は自らの周りにあらかじめ論理の足場を従えており、そのため推論によって我々の思考を拡張できるのである。命題によって事態を描くとは、こうした論理的足場によって思考の世界を構成することなのである。一九一四年一〇月二〇日に登場し、『論考』4.023として再録されている次の考察が内包するのはこうした思考である。

命題はそれの論理的足場の助けで世界を構成する。従って命題においてそれが真ならば全ての論理的なものがいかなる事情にあるかをも見て取ることが可能である。たとえば偽な命題から推論することも可能なのである。(『草稿』p.152;『論考』4.023)

否定、連言、選言、条件といった「論理定項」とは、命題に後から加えられる何かではなく、あらかじめ命題の周りに配置された思考の道を組み立てる装置なのである。絵画が否定できないのは、こうした装置とそれが組み立てる足場を自らの周りに持っていないためなのである。

論理空間の中の一つの場所

こうして「論理的足場」という概念によって、論理定項があらかじめ命題に組み込まれたものであることがとらえられるのだが、次にウィトゲンシュタインが表現しようとするのは、一つ一つの命題が実はある巨大なものの一部であるということである。それを表現する概念が「論理空間」と「論理的場所」である。今、全ての可能な述語と名が我々に与えられたとしよう。「築く(x, y)」、「愛する(x, y)」……、「秀吉」、「大坂城」、「淀君」……といった具合に。それらの全ての組み合わせを考えると、全ての可能な要素命題が出来上がる。それを全て集めよう。その中には現実に起こったこともあれば起こらなかったこともあるが、全体としてそれは全ての可能な出来事を表現しているだろう。しかしそれらはいまだ、全ての可能な思考を表現していない。たとえば「秀吉が淀君を愛したなら家康は大坂城を築いた」はこの全体の中には存在しない。それは可能な思考であるが、可能な事態でないからである。というのも「ならば」や「または」を含んだ事態は存在しないからである。

従って可能な全思考というものを考えようとすれば、全ての要素命題を集めるだけではなく、全ての要素命題をその論理の足場とともに集め、足場を繋ぎ合わせ、それらが組み立てるあらゆる可能な思考からなる一つの巨大な、無限に巨大な全体を考える必要があるのである。この巨大な全体こそ「論理空間」に他ならない。それは**全ての可能な思考からなる宇宙**であり、全ての思考と存在の可能性を尽くすものである。この論理空間という観点から考えるなら、一つ一つの命題はもはや独立した存在でも、一個の像でもなく、巨大な思考空間を支える格子の中の一つの格子点にすぎない。それぞれの格子点は可能な思考の宇宙の中の一つの場所を意味し、一つの可能な思考を表す。これが「論理的場所」である。それゆえ命題によってある事態を描写するとは、一つの像を描くというよりは、むしろ思考の宇宙の中の一つの論理的場所を指定することなのである。これこそが『論考』の最終的な命題理解であり、その言語観の核心をなすものである。草稿での萌芽的考察と、『論考』の完成された考察を合わせて示そう。

一つの言明が可能であるには、論理的な座標が現実に一つの論理的場所を決定せねばならないのだ。(『草稿』p.160；1914.10.29)

命題は論理空間における場所を決定する。この論理的な場所の存在は、専らその構成要素の存在によって、すなわち有意義な命題の存在によって保証されている。(『論

考』3.4）

（命題という）像をめぐる論理の足場が論理空間を決定する。（『草稿』p.187；1914.12.15；cf.『論考』3.42）

一つの命題は論理空間の一つの場所だけを決定することが許されているにすぎないものの、当の命題によって論理空間全体がすでに与えられていなければならない。（『草稿』p.179；1914.11.23；cf.『論考』3.42）

こうした観点からするなら、「論理定項」と「論理命題」の意味というウィトゲンシュタインを悩ませてきた問題は一挙に解決する。否定、連言、選言といった「論理定項」とは論理空間内の一つの場所から別の場所へと移行する手続き、思考を拡張するための装置なのである。『論考』はそれを「真理操作」と呼び、5.2-5.32で詳述している。他方、「論理命題」とは論理空間内での「安全な思考経路」としての無数の論理的推論の「ルート図」のごときものであり、その意味で「世界」について何かを示しているのである。こうした思考をウィトゲンシュタインは次のように表現している。

> 論理の命題は世界の足場を記述する、いやむしろ描出する。論理の命題は何にも関わらない。論理の命題は名が意味を持ち要素命題が意義を持つことを前提している、そしてこのことがそれと世界との結合なのである。シンボルのある結合、すなわち一定の特性を本質的に持った結合が同語反復であるということは明らかに世界についての何かを表示しているに相違ない。（『論考』6.124）

こうして我々はようやく「ムーアノート」で語られた論理と世界の関係にたどり着くことになる。「ムーアノート」で論理の命題は、言語の論理的性質を**示すこと**により世界の論理的性質を**映す**、と言われた。論理に映されている世界、それはあるがままの物の世界ではない。それは言語によって描出されうる世界である。そのためには各命題が無限に伸びる論理的足場を従えていたように、世界は無限の思考宇宙としての論理空間に取り囲まれていなければならない。こうであってこそ世界は言語によって語られる世界、すなわち言語化された世界となるのである。ある意味で論理空間が世界そのものなのである。『論考』の語る世界とはこうした言語化された世界であり、それだからこそ命題のみならず、事実や対象もまた論理形式を持つのである。次の考察が示そうとしているのはこうした論理と言語に包含浸潤されている「世界」概念である。

論理空間における諸事実が世界である。（『論考』1.13）

論理は世界を満たす。世界の限界は論理の限界でもある。（『論考』5.61）

最後に絵画と言語の差異にもう一度立ち返ろう。絵画と言語は、我々に無限な意味を与えることのできる二つの形式である。絵画は意味を持ち、何かを語る。しかし絵画の意味を限定することも、語り尽くすこともできない。それは、絵画の「語り」と「意味」が、言語とは別の次元に存在し、絵画の伝える「思考」が論理空間には存在しないものだからである。論理空間が可能な思考と存在の限界であるとすれば、絵画の意味とは思考可能な宇宙の内部でないところに存在する何かなのである。絵画は意味を持つが、我々はそれを思考できない。絵画は論理を有しないが故に論理空間と無縁であり、まさにそのために言語と思考によって尽くせない意味を有するのである。純粋な絵画は無限の意味を内包する。他方、語られた言葉はどのように短いものであれ、思考の全宇宙とともに与えられる。語られた言葉について考えるとは、思考の宇宙の中の一つの論理的場所について考える。

ることであり、その場所から無数の思考の場所へと伸びる経路について考えることである。言葉で何かを語るとは、無限に広がる思考の経路への入り口を示すことなのである。

語るとはこのようなことである。それが言葉を持つということであり、人間であるということなのである。言葉を持つ存在としての人間は、すでに無限の思考宇宙の中に存在しているのである。それは語りうるもの、思考しうるもの、存在しうるもの、の全領域であり、限界である。もし「神」という名がこうした存在と思考の領域を越えることの象徴であるなら、人間は言葉をもつ存在であることにおいて、すなわち人間であることにおいて、すでに「神」と内側から接しているのである。これが人間が「神」と接しうる唯一の道である。

5．言語と「私」――後スランプ期の思考

新たな主題――「全ての存在の本質の陳述」

ゴプラナ号期の思考を通じて「論理空間」という概念に到達したウィトゲンシュタイン

は、思考の内的必然性に従って次の主題へと進んでゆく。それが「全ての存在の本質の陳述」、すなわち、世界の構成要素の解明、という問題である。そもそも「論理空間」という概念が登場したのは、命題が何かを語るとはいかなることか、という問いへの答えにおいてであった。この答えによると、命題は論理空間内の一つの場所として、ある思考を特定することにより何かを語るのであった。しかしこの答えはいまだ完結していない。語ることの本質をより鮮明に示すためには、全論理空間にはどれだけの可能的思考が内包されているのかが明らかにされねばならないのである。論理空間が内包する可能的思考は、単位命題(『論考』はそれを「要素命題」と呼ぶ)を否定や連言といった論理操作によってつなぎ合わせることによって形成されるから、この問いは論理空間にはどれだけの単位命題が存在するかを問うことに等しい。そして単位命題は述語(性質や関係)と対象の組み合わせを表現するから、結局これは、どのような述語と対象が世界に存在するのか、世界内の事実はどのような対象と性質・関係から構成されているのかを問うことに他ならない。このようにして命題の本性に関する問いは、事実と対象の本質に関する問いへと転換されてゆく。ゴプラナ号期末の次の草稿はこうした問いの変化を示している。

私の課題全体は命題の本質を説明することに存している。

すなわち命題がそれの像である全ての事実の本質を陳述すること。
全ての存在の本質を陳述すること。
（そしてここでの存在Seinは存在するexistierenを意味していない——もし意味するとすれば無意義となろう）（『草稿』p.192；1915.1.22）

この後ウィトゲンシュタインは三ヵ月のスランプ期を経て、本格的に思考を再開する。それが後スランプ期である。「全ての存在の本質の解明」という極めて包括的な課題は、後スランプ期において「単純な対象とは何か」というより限定された問いとして探求されることになる。「対象」をめぐるこの思考の中で、ウィトゲンシュタインは全く予期することなく、**言語の根源的私的性格**と呼びうるものを発見する。これこそ「私の言語の限界が私の世界の限界である」（5.6）という『論考』の謎めいた「考察」の源泉である。この時期の思考の具体的歩みをたどる前に、「対象」と「名」というその中心的概念を『論考』がどのように規定しているのかを確認しておこう。

右で提起された世界の論理的限界をめぐる問題は、『論考』において究極的には「対象とは何か」という問いへと収束するのだが、その背景には『論考』が「名」と「対象」という二つの概念を極めて広い意味で使用しているという特別な事情が存在する。先に述べたように、世界の論理的限界を知るには可能な事態の全体を知る必要があるが、あらゆる可能な事態は何らかの要素命題によって記述されるから、結局これは要素命題の全体を知るという問題に他ならない。ところで要素命題は、述語と狭義の名から構成されているが、『論考』はここで「名」という概念を極めて広い意味で用い、述語も狭義の名もともに「名」と呼ぶのである(4.22)。つまりこの広義の「名」が指示するもの全てが『論考』の広い意味での「対象」なのである(3.203)。従って『論考』において、世界の論理的限界を明らかにするという問題は、結局、「対象とは何か」という問題へと収斂するのである。本質的にこの問いは「要素命題とは何か」や「名とは何か」という問いと同じことを問うものである。これらはいずれも、言語化された世界の最も単純な構成要素は何かを問うことにより、語りうる事柄の総体を限定しようとしているのである。

この問いそのものは決して困難な問いではない。それは「対象」の総目録、すなわちあらゆる述語と固有名の総目録を作ることによって答えうるものである。それは概念一覧表(あるいはカテゴリー表)と全存在者の名簿を作ることであり、煩雑な作業かもしれないが、原理的になんら問題を含むものではない。現にアリストテレスの『カテゴリー論』は、こうした精神に基づく哲学史上画期的な著作であった。しかし現実に『論考』にはカテゴリー表らしきものは一切存在しない。『論考』は「対象とは何か」という問いを、答えを出さないまま放置しているように見えるのである。これが「対象」をめぐる『論考』の問題であり、研究者の間で様々な解釈と憶測を生んできたものである。しかしこれが問題であるのは、「対象とは何か」という問いにウィトゲンシュタインが答えようとしていたと前提する限りのことでしかない。もしウィトゲンシュタインが、「対象とは何か」という問いは答えられない問いであることを発見したのなら、その答えが『論考』に存在しないのは問題ではなく、むしろ当然のこととなろう。以下において、事実そうであることを示したいと思う。

このように「対象とは何か」という問いが解答不可能であるとウィトゲンシュタインに確信させたもの、それこそが言語の中の私的な部分の発見、全ての言語が「私の言語」であることの発見であった。以下に示すように、この決定的な発見は「単純な対象」という問題をめぐる思考の過程でなされたものなのである。

「分析」という問題

そもそも「対象とは何か」という問いはウィトゲンシュタインにとって厄介な問題であり、簡単にカテゴリー表によって解決できるものではなかった。それは「分析」という次のような特殊な問題が存在していたためである。

「薩長は幕府と対立した」という命題を例にとろう。この命題で「薩長」は何らかの対象を指示する名だと考えよう。ところが現実には「薩長」という名の藩は存在しないから、「薩長」は「ペガサス」のように実体のない名となり、この命題は、存在しないものについて語る命題ということになる。従ってこの命題はどのようにしても真とも偽とも判定しがたいものとなる。そればかりでなく「薩長は幕府と対立しなかった」というこの命題の否定命題も、真とも偽とも判定できないことになる。結果としてこれら、二命題は「すべての命題は真または偽であり、ある命題が真ならばその否定は偽である」という根本的な論理法則に服さないことになり、他の命題との論理的結合関係を失い、論理空間に存在しないことになる。すなわち何の思考も表現しない無意味な命題ということになるのである。

しかし実際には「薩長は幕府と対立した」という命題が表現する思考を我々は理解するし、それが事実であることも知っている。どこに問題があるのだろうか。この問題を解決するためにラッセルが導入したのが「分析」という概念である。今、「薩長」が名ではなく「薩長＝薩摩藩と長州藩」という定義による「略称」(それをラッセルは「記述」と呼んだ)だと考えよう。そうすれば元の文は定義により「薩摩藩は幕府と対立し、かつ、長州藩は幕府と対立した」という真なる連言命題に変形される。元の命題の背後に、我々はこの連言命題を読み取り理解していたのである。この変形過程がラッセルのいう「分析」、「論理分析」であり、命題の真の姿と意味を明らかにするものと考えられた。可能なあらゆる分析の結果現れる命題が「完全に分析された命題」である。今、仮に「薩摩藩は幕府と対立し、かつ、長州藩は幕府と対立した」が完全に分析されているとしよう。その場合「薩摩藩」、「長州藩」、「幕府」、「対立」といったこの命題に登場する表現は「真の名」であるということになる。これらの「真の名」が名指すものが「単純な対象」、すなわち世界の構成元としての本来の対象なのである。

従って何が本当の対象かを知ろうとすれば、まず全ての命題を分析し「薩長」のような表現を全て真の名で置き換えなければならない。こうして「対象とは何か」という元の問題は、「命題の完全な分析とは何か」、「真の名とは何か」、「単純な対象とは何か」という問題へと変換される。しかもこれらの問題はもはや「対象」や「名」を列挙することによっては解決されない。それは論理において「対象」と「名」とは一体いかなる概念であるのか、論理的分析は一体どこで完結するのか、を問う哲学的問題だからである。つまるところそれは論理において「単純」とは何を意味するのかという問いに他ならない。次に示すように後スランプ期の思考は「単純」をめぐるこうした概念的な問いから始まったのである。

「単純なものが存在するのか」との問いは意義があると幾度も思われるのだ。しかしこの問いはやはり無意義に相違ない。（『草稿』p.204；1915.5.5）

しかし私がこのことについて考える時、私がものの概念、単純な対応付けの概念を抱いていることは明らかである。（『草稿』p.205；1915.5.6）

問い。我々は論理学において単純な対象なしで済ますことは可能か。（『草稿』p.206；1915.5.9）

二つの単純概念

単純であるとはどのようなことか、という問いに対し、ウィトゲンシュタインは対立する二つの解答を抱きながら思考を進めていった。後スランプ期の思考はそれらをぶつけ合いながら最終的に一方へと答えを絞り込んでゆく過程であるといってよい。二つの解答とは**分析的単純概念**と**論理的単純概念**である。分析的単純概念は対象に即した単純概念であり、対象を分割し分解するという過程の極限において得られる、それ以上分解できないものを「単純なもの」と考えるものである。この概念は次のような思考から導かれる。

しかし我々は単純な諸対象の存在を特定の単純な諸対象の存在から推論するのでなく、むしろその存在を分析の最終結果としていわば記述によって即ち諸対象に至る過程によって知っているのだということもまた確かと思われる。(『草稿』p.213；1915.5.23)

この概念によれば、何が単純な対象なのかは、物体はどこまで分割するとそれ以上は分割できないのか、我々の視覚像の最小単位は何か、といった問題と不可分であり、結局物理学や心理学といった経験科学によってのみ決定できることである。他方、**論理的単純概念**とは我々が事物をひとまとめにし「もの」として対象化する作用と、そうして対象化した「もの」に名を付けるという命名作用に着目したものである。たとえば私が眼前の時計を「この時計」と呼び、それについて何かを語るとき、それが歯車やぜんまいへと分解できることを私は全く意識しないし、その事実は私がこの時計について何かを語るということと無関係である。私は眼前のこの「もの」について話がしたいのであり、そのためそれを「この時計」と呼ぶのである。これが**対象化―命名作用**である。この作用のおかげで我々はどんなものであれ自分が関心を持つ「もの」について「あの星座は美しい」、「この湖は深い」などと語ることができるのである。先に述べた人間言語の命名能力の根本とはこの対象化―命名作用なのである。それは語ることを可能としている根本的な作用であるという意味で、一つの**論理的操作**と呼ぶことができる。こうした観点からすれば、我々が何かを「対象」としてとらえ、それに名を与える限り、あらゆる物が「対象」となる。物体のみならず、関係、性質、メロディー、命題、等あらゆるものが「対象」なのである。こうした「対象」概念を草稿は次のように表現している。

我々は運動中の物体も、しかもその運動を併せてものとして把握できる。かくして地球のまわりを回転する月が太陽のまわりを動くことになる。ところでこうした対象化(Verdinglichung)が論理的操作にすぎないことは明らかなように思われる――その可能性は最高に重要かもしれないが。あるいはメロディーや話された文といった対象化について考えてみよう。(『草稿』pp. 210-211; 1915.5.19)

アプリオリに我々に与えられていると思われるのは、これという概念である。――この概念は対象という概念と同一である。関係や性質などもまた対象である。(『草稿』p.232; 1915.6.16)

草稿でウィトゲンシュタインは以上の二つの単純概念の間を幾度となく揺れ動くが、最終的に彼の見解を決定するのが人間の言語（日常言語）に対する彼の態度である。もし**分析的単純概念**が正しいなら、何が単純な対象なのかは物理学や心理学の将来の結果によってのみ決定できることになる。従ってこれまで人類は様々なことを語りながらも、自分が語っていることの本当の意味を知らずに語ってきたことになる。こうした人類の集団的無知は、何が究極の対象なのかが明らかになり、それに適合するように我々の言語が改良されたときにのみ解消されるであろう。従って自然言語はあるがままでは論理的に不完全なのである。このように分析的単純概念は自然言語（日常言語）に対する批判的・否定的評価を内包している。これこそラッセルが抱いていた見解であり、彼が『論考』に寄せた序文で、誤ってウィトゲンシュタインに帰した立場でもある。他方、**論理的単純概念**によると、人類は常に自分が語りたいことをそのまま語ってきたのであり、それは科学の存在や進歩と無関係である。こうしたことを可能にしてきたのが人類の言語に内包される対象化—命名という論理的操作であり、この操作があるがために自然言語はそのままで論理的に完成されているのである。これが自然言語に対するウィトゲンシュタインの基本的態度である。草稿と『論考』はそれを次のように表現している。

人類が専ら用いている諸命題は現にあるがままで意義を持つであろう、そして将来の分析を待ってはじめて意義を獲得するわけではない。（『草稿』p.234；1915.6.17）

我々の日常言語の全ての命題は、事実それがあるがままで論理的に完全に順調である。（『論考』5.5563）

こうしてウィトゲンシュタインは最終的に論理的単純概念を選ぶ。『論考』に登場する「対象」、「名」、「単純」といった概念はこの論理的概念に基づいてのみ十分に理解しうるものである。『論考』が論理的単純概念に立脚していることは、次に挙げる一連の「考察」において明言されている。『論考』の「対象」問題は未解決ではないのである。

思想の諸対象に命題記号の諸要素が対応するように、思想は命題において表現可能である。（『論考』3.2）

これらの要素を私は「単純記号」と称し、当の命題を「完全に分析されている」と称することにする。（『論考』3.201）

命題において適用されている単純記号は名と呼ばれる。（『論考』3.202）

名は対象を意味する。対象が名の意味である。(『論考』3.203)

ここでウィトゲンシュタインはラッセルから受け継いだ「完全に分析された」という概念を、いわば再解釈しているのである。「完全に分析された命題」とは、そこに登場する対象がそれ以上分割できないことを意味するのでなく、話者の思考において捉えられたままの対象であることを意味するのである。『論考』の「名」と「対象」はもののあり方に即した存在論的概念ではなく、話者の意図する思考に即した論理的概念なのである。

言語の主体としての「私」の発見

こうして「単純なもの」に関する問題は解決するが、なお一つ問題が残っている。それは『論考』において対象、名、要素命題の具体例が一切挙げられていないという問題である。もし論理的単純概念が正当なものであり、自然言語がそのままで論理的に完結しているのであれば、それらの例は自然言語の語彙を列挙すればよいだけではないだろうか。仮にこの枚挙作業が経験的知識を前提として論理学にふさわしくないのであれば、すくなくとも語彙の抽象的グループを、アリストテレスのようにカテゴリー表として示すことはできよう。それが論理学の一部をなしていけない理由は何もないと思われる。しかし『論考』は単に名、対象、要素命題の例を挙げていないだけではなく、それが不可能だと次のように言明しているのである。

今や我々は要素命題の可能な形式に関する問いにアプリオリに答えなければならない。

要素命題は名からなる。しかし我々は異なった意味を持つ名の個数を陳述できないので、要素命題の合成をも陳述できない。（『論考』5.55）

なぜ名の枚挙ができないのか、ここで『論考』は理由を挙げていない。しかし、その隠された理由こそ、言語に内在する拭い去りがたい私的要素であり、語る主体としての「意味する私」の存在なのである。『論考』において「私の言語」という概念が突然登場するのは、「要素命題」に関するこの5.55番台の「考察」に続く5.6においてだが、それは決して偶然ではない。要素命題の例が挙げられないことと、『論考』の「言語」が「私の言語」であることは、ウィトゲンシュタインの思考において密接に結びついているのである。最も客観的で公的なものであるはずの論理の最深部に「私」が存在することを発見することにより、ウィトゲンシュタインはこの結びつきを見出した。この発見により独我論がウィトゲンシュタインの哲学的思考の中心的問題として一挙に登場するのである。

もともと彼が個人的に独我論的感情を持っていたことは紛れもない事実だが、それはこれまで言語をめぐる彼の哲学的思考とは無縁であり、彼の哲学的思考に主題として入り込む余地の全くない外的要素であった。ところが言語哲学の内部から、論理に内在するものとして私的存在が発見されたとき、彼の個人的感情と言語をめぐる哲学的考察が、一挙に巨大な地下水脈によって結ばれるのである。どのように言語をめぐる彼の思考に「私」が登場するのかを簡単に見て、第二部の物語を終えることにしよう。

言語の主体としての「私」に関する思考は、すでに一九一五年五月二三日の草稿で「私の言語の限界が私の世界の限界を意味する」という言葉で表明されている。しかしそれは突発的な孤立した思考である。それが何を意味するのか、なぜそれがこの時期に登場するのか、「単純な対象」をめぐる問題とどのように関係しているのか、はこの段階で全く隠されている。これらは後スランプ期最後の数日になってようやく表面に浮上してくるのである。

事の発端は日常言語の論理的完全性という問題である。ウィトゲンシュタインが考えるように日常言語が論理的に完全であり、自らの目的を充足しているなら、その各命題は「完全な意義」を持たねばならない。完全な意義を持つとはそれが語る内容が明確であり、どのような状況下にあってもその真偽が決定できるということである（『草稿』pp.233–4；1915.6.16）。しかしこれは明らかに事実に反している。たとえば私が目の前の時計について「この時計は机の上にある」と言うとしよう。現実の状況下でそれは真である。しかもし時計が半分机からはみ出し、今にも落ちそうな場合、私の命題は真であろうか偽であろうか。誰かにこう問われたら、私は「私はこの時計の現実の状態を描写したのであり、そんな仮定的状況まで想定しなかった」と答えるだろう。この意味で私の命題の意味にははっきりしていないところがあり、曖昧だったのである。しかし私が「机の上にある」という表現によって、今眼の前の時計と机の**この**関係のみを指していたとすればどうだろうか。つまり私が「この時計は**このように**机の上にある」を意味したとすれば、今にも落ちそうな状況下では私の命題は偽となるだろう。こうして私の命題は「完全な意義」を持つのである。

我々が何かを語る際、常にそこには「これ」や「このように」が隠されているのではないか。それは我々が「もの」を対象化―命名する最も基本的な論理操作と不可分ではないか。つまり対象化―命名という基本的な論理操作には、つねに何かを「これ」や「このように」として「私」たる話者に結び付ける作用が内在しているのではないか。とすれば論理の最も根本的なところに、常に「私」の作用が介在していることになる。対象化作用なしにいかなる論理操作もないから、論理と「私」は不可分であり、論理によって支えられている言語は「私」と不可分だということになる。全ての対象化に「これ」が隠されているように、全ての言語には「私の」が隠されている。これこそ後スランプ期の末にウィトゲンシュタインが到達した思考なのである。

こうした思考を前提とすれば、『論考』5.6で突然「私の言語」が登場するのはなんら驚くべきことではなくなるだろう。表面的に曖昧な日常言語が「論理的に順調」であるためには、対象化―命名という論理的操作を「これ」という言葉により遂行している「私」が存在せねばならないのである。それは根本的な論理操作の主であり、言語主体と呼びうるものである。以下の後スランプ期最後の数日のテキストに集中して現れる「私」とは、こうした言語主体に他ならない。「対象」、「名」、「単純」とはすべてこうした主体としての「私」にとってのものに他ならない。

私が欲することの全ては、私の抱いている意義が完全に分解されることだけなのだ。

(『草稿』p.236；1915.6.17)

私は日常の命題の曖昧さを正当化したいだけである。というのもそれの正当化は可能だからである。

明らかに私は自分が曖昧な命題で何を意味しているかを知っている。しかし他人がそれを理解せず、「そうか、だが君がそのことを意味しているのなら、君はこれこれを付け加えねばならなかったのだよ」と語ったとしよう。今度はまた別の人がそれを理解せずに、当の命題を一層詳細にすることを要求するであろう。そのとき私は答えるだろう、だってそれは自明なのだよ、と。（『草稿』p.248；1915.6.22）

私が誰かに「時計が机の上にある」と語り、そして彼が「そう、しかし仮に時計がこれこれの具合にあるにしても、君はやはり『時計が机の上にある』と語るだろうか」と語るとする。そこで私はおぼつかなくなるだろう。このことは私が「上にある」という語で一般に何を意味しているかを知らないことを示している。私が自分で何を意味しているかを知らないことを示すために人がこのように私を窮地に追い込むならば、私は「自分が何を意味しているかを私は知っている。私はまさにこれを意味しているのだ」と語り、その際たとえば該当する複合物を指で指し示したりするであろう。（『草稿』p.248；1915.6.22）

この対象は私にとって単純である。(『草稿』p.249 ; 1915.6.22)

「私」と使用

意味する「私」をめぐるこうした思考を通じ、同時に言葉とその使用の区別という概念が浮かび上がってくる。たとえば「の上にある」という表現の論理的性質と意味は客観的に決定されていて、この表現によって「の下にある」を意味することはできない。しかし「の上にある」という表現が厳密にどのような位置関係までを意味するのかは、各話者が現実の場面で、その表現によって何を意図するのかによってのみ決定されるのであり、それは話者、発話場面によって異なる。従って意味が完全に確定した要素命題を特定しようとすれば、表現の現実の適用を待たなければならないことになる。何が名で、何が要素命題かは論理のみによってでは決まらず、各話者(各「私」)が具体的場面で名を適用するまで待たなければならないのである。これこそ『論考』において要素命題と名(そして対象)の例が一つも挙げられていない真の理由である。

『論考』はこのことを5.557(それは5.6の直前に位置する)で次のように明言している。「対象」と「名」をめぐる問題を『論考』が未解決のまま放置しているのでないことは、この「考察」からも明らかである。そして「使用」という概念が「後期」独自のものでないこともここから明らかである。

論理の適用がいかなる要素命題が存在するかを決定する。

適用の内にあることを論理は先取りできない。

論理がその適用と衝突してはならないことは明らかである。

しかし論理はその適用と接触せねばならない。

従って論理とその適用は相互に干渉してはならないのである。（『論考』5.557）

言語には本来的に「私」的な要素が内包されているということ、これは『論考』期の思考のもたらしたもっとも大きな発見の一つである。語るということ、意味するということ、思考するということ、そして言葉を持つということ、それらの可能性は「私」の存在と不可分なのである。第三部で見るように、この思考は同時に独我論という全く新しい思考世界を切り開き、ウィトゲンシュタインの今後の思考に大きな問題を突きつける。この問題の深刻さは、それが言語の本質に由来すること、従っていかなる人間も、そして一瞬も、それから逃れられないことにある。

［第3部］

生をめぐる思考

〈1914-1918〉

「1916年5月4日
たぶん明日、照明灯係に志願し上に登る。

その時はじめて私にとっての戦争が始まるのだ。

そして生もまた存在しうるのだ。たぶん死に近づくことが私の生に光をもたらすだろう。神よ我を照らしたまえ」

（東部戦線で照明燈係に決死で志願する前日の暗号日記 MS 103，P. 8v）

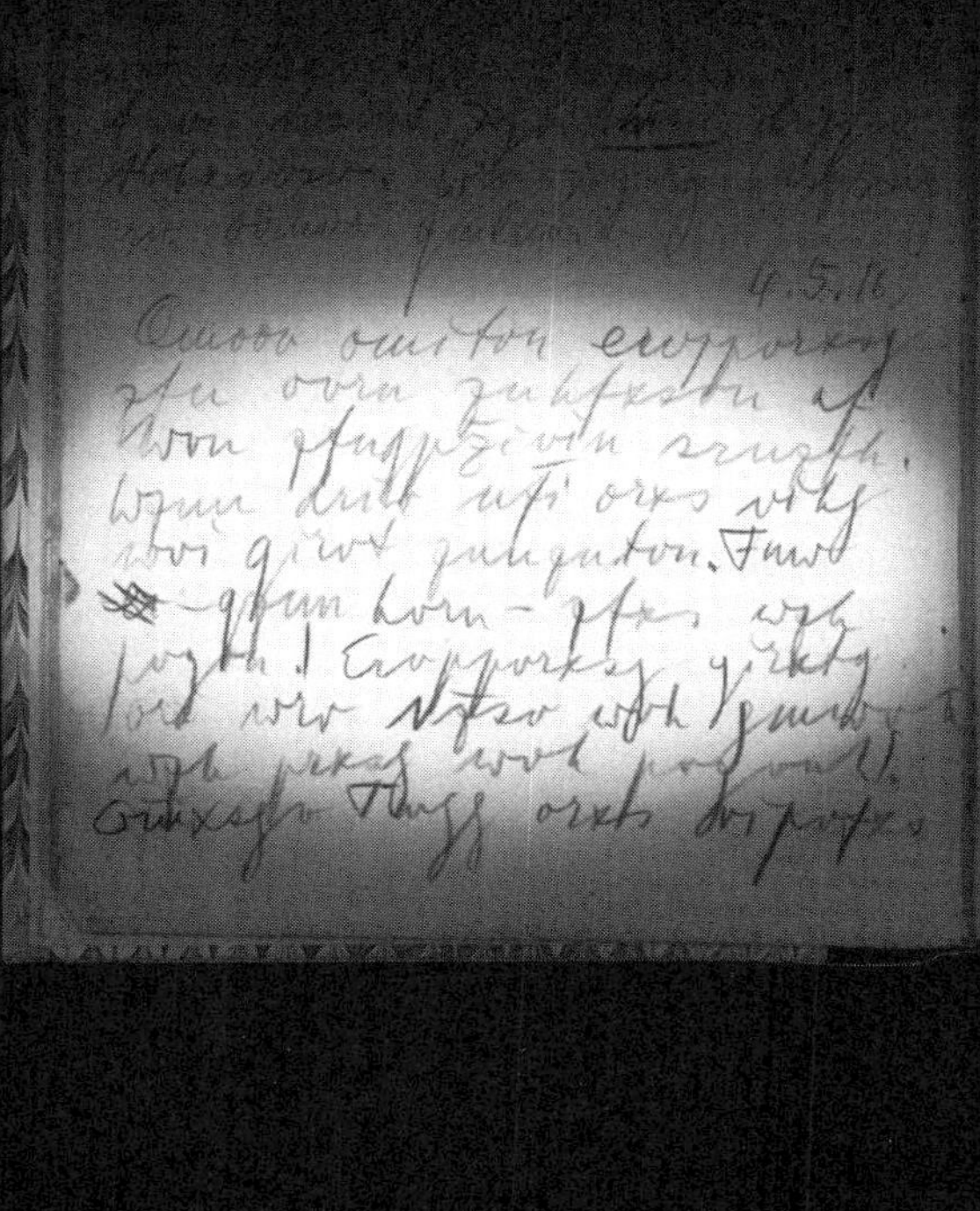

1. 生と言語

ウィトゲンシュタインの思考には、言語と並ぶもう一つの主題が存在する。それが「生」である。彼の思考の究極の目的は、この二つのテーマの内在的な結びつきを探ることにあったということができる。この点において彼の言語哲学は、二〇世紀の多くの言語哲学（その多くは彼の影響によって生まれたものだが）と決定的に異なっている。二〇世紀の言語哲学の多くは言語を一つの対象としてとらえる。結果として言語哲学は哲学の多くの分野の一つとなる。しかし我々が言語について哲学的に考察しようとするとき、我々が求めているのは言語という一対象について考えることではなく、人間の存在を包括するようなものとしての言語の本質をとらえることである。それは我々において言語と生が不可分であるということのうちに示されている。

我々が発するあらゆる言葉、我々が思考するあらゆる言葉、それらは必ず我々の生の具体的局面において生まれるのであり、生のその局面を刻印されている。同時に我々のあらゆる体験、感情、想念は何らかの言葉をまとって我々の前に姿を現す。すなわち我々の全存在は言語に満たされており、同様に一つの宇宙としての言語の中にあらゆる存在が宿っている。これが人間は言語を持つ動物であるということの意味に他ならない。こうした観点からすれば、言語を一対象とみなす言語哲学は、言語をその本来の姿において扱うものではない。言語をその全体性と本質においてとらえるためには、すなわち本来の意味での言語哲学であるためには、我々の思考は言語と生を不可分なものとしてとらえなければならない。この意味でウィトゲンシュタインは自分の哲学的思考が本来の意味での言語哲学であることを常に求めていた。

言語が持つこうした包括的性格と自分の哲学的思考が占めるべき包括的な位置を、ウィトゲンシュタインが極めて早い段階から強く意識していたことは疑いえない。「論理ノート」(1913)の次の言葉はこうした意識をはっきりと示している。

「哲学」という語は常に自然科学より上位もしくは下位のものを指示すべきであって、自然科学と並んであるものを指示してはならない。……論理の諸命題の正しい説明は論理の命題に、他の全ての命題とは対照的な、独特の位置を与えるものでなければならない(「論理ノート」pp.291-292)

しかしながら言語の包括性が生との結びつきにおいてのみとらえられるということが、この時期のウィトゲンシュタインにはまだ意識されていなかったことも、また明らかである。言語と生の結びつきという最も根源的な主題は、第一次世界大戦下の思考の歩みの中ではじめて姿を現すのである。それはウィトゲンシュタインの思考の歩みの中で生という新しい主題が出現することにより、いわば否応なく主題化されるのである。

『論考』期の思考の歩みの中で、生という主題は内的、外的、二つの経路を通じて出現する。内的経路とは言語をめぐる思考の内的必然性によって、ある主題が生み出される道である。第二部で見たように言語をめぐるウィトゲンシュタインの思考は最終的に「意味する私」へとゆきつく。「意味する私」とは生の具体的局面で言語を使用する一個の人間であり、こうした「私」にあって、言語と生は不可分である。あるいは、「私」と「生」はそもそも同一主題の二つの面なのだ、と言ったほうがいいのかもしれない。「私」について考えるとは主体一般について考えることではなく、今生きているこの具体的存在について考えることであり、生について具体的に考えることである。他方、生について考えるとき、我々は必然的に自分が知る唯一の具体的生について考えるのであり、その中心である「私」について考える。こうしてウィトゲンシュタインの言語思想は、まず「意味する私」という概念を介して生という主題に触れることになる。

他方、外的経路とはウィトゲンシュタイン自身の生に起きた問題が、やがて彼の哲学的思考の主題へと転化する道である。『論考』期に「生」がウィトゲンシュタインの思考の主題となるのは、主としてこの外的経路による。しかし、いったん生という主題が導入されると、言語と生の内的関係は、必然的に彼の思考にとって最も根底的な問題とならざるをえない。それゆえ『論考』期に、生をめぐる思考がどのように生まれ、展開し、言語をめぐる思考とどのように関わりあったのかを理解することは、ウィトゲンシュタインの生涯の思考の歩みを理解する上でとりわけ大きな意味を持っているのである。

2. 生の問いの起源

生をめぐる『論考』期の思考は、全て一つの問いから発している。それが「生の問題」である。『論考』はこの問題について次のように簡単に、間接的に触れているにすぎない。

可能な全ての科学的な問いが答えられた場合でさえ、我々の生の問題は依然として全く手を付けられないままになっている、と我々は感じる。……（『論考』6.52）

生の問題の解決を人が認めるのは、この問題が消え去ることによってである。……

(『論考』6.521)

しかし草稿は、『論考』の5.6番台、6.4番台、6.5番台に示されている思考の全てが、この「生の問題」とそこから派生する問いに対する答えであることを教えてくれる。何より草稿は、ここで「生の問題」と呼ばれているのが、具体的には「生の意味の問題」、すなわち「生に意味はあるのか、あるとすればそれは何か」という現実的な問題であることを示している。つまりウィトゲンシュタインの哲学的思考にとって、生という主題の直接の起源は、第一次大戦下の彼自身の生から生じた「生の意味の問題」なのである。

自らが生きる中で直面した「生の意味の問題」が、長く複雑なプロセスを経て哲学的思考の対象となるとき、ウィトゲンシュタインの生をめぐる哲学的思考が開始される。同時にそれまで手稿ノートで「日記」欄を占めていた「生の意味の問題」が「考察」欄へ移動するのである。この過程は(1)生の問いへの背景(1914.8~1916.3)、(2)生の問いの醸成(1916.4~1916.5)、(3)生の思考の噴出(1916.6~1916.7)、の三つの時期に分けて考えることができる。

生の問いへの背景（1914.8〜1916.3）

ヨーロッパの軍隊の慣行通り、ウィトゲンシュタインは前線と後方で交互に勤務した。『論考』期の思考の形成にとって最も重要な時期（一九一四年夏―一九一七年初頭）に限れば、彼は二度の前線生活を体験している。最初は入隊直後から一九一四年一二月初頭まで続いた、ヴァイクセル川の戦艦ゴプラナ号での艦上勤務であり、次が一九一六年三月末から八月中ごろまでの東部戦線である。生をめぐる思考の起源という観点からすれば、東部戦線に配属されるまでの時期は、問題の発生にいたる背景形成という意味を持つ時期である。この間、彼の生は極めて低い状態にあった。後に噴出する生の思考の背景となるこの時期にあって、注目しなければならないのは、(a)生の意欲の低さ、(b)トルストイ『要約福音書』の決定的な影響、(c)孤立した自我意識、の三つである。

(a)生の意欲の低さ

ウィトゲンシュタインはこの時期、日記で生の意欲の欠如、不幸感、抑うつをしばしば訴えている。それは哲学的思考が順調なときにも、スランプ期にも見られる現象である。たとえば「日記」の次の記述は彼の哲学的思考が比較的順調な時期のものである。

あまり気分は良くない。本当に生きたいという意欲が無い！——とても沢山仕事をした。(MS101, p.44v ; 1914.10.19)

気分悪い。とても沢山仕事する。午後ましになる。しかしあまり幸せではない。(MS101, p.45v ; 1914.10.20)

とても沢山、そして確信を持って仕事をした。夕方少し疲れる。こうした状態で私は抑うつに陥りやすい、でも勇気を出せ！(MS.101, p.45v ; 1914.10.21)

スランプ期にはウィトゲンシュタインの自己の生への評価はさらに低くなり、「私は燃えかすとゴミの詰まった燃え尽きたストーブのようだ」(MS102, p.65v ; 1915.3.7) といった言葉が見られるようになり、「仕事」への不安から次のように自殺も考えられる。

仕事せず。いつか再び仕事をすることがあるのだろうか。……暗い気持ち。……自殺について考える。いつか再び仕事をすることがあるのだろうか。(MS102, p.62v ; 1915.2.26)

こうした生に対する低い意識は、東部戦線で死に直面することにより、いわば覚醒する。その中から生の問いと生の思考が噴出するのである。

(b)トルストイ『要約福音書』の決定的な影響

ラッセルが伝えているように、一九一四年九月初頭、偶然立ち寄った書店で、ウィトゲンシュタインはトルストイの『要約福音書』と運命的な出会いをする。この書物がウィトゲンシュタインに与えた影響の大きさを正確に測定することは不可能であるが、比較の対象としてはフレーゲの影響力以外に考えられないと言えるほど、甚大なものであるのは確かだ。ブライアン・マクギネスら少数の例外を除き、これまで大多数の解釈者は、明らかにその影響を過小評価してきた。

『要約福音書』を通じて、トルストイはウィトゲンシュタインに二重の影響を与えている。一つはもちろんその内容を通じてであるが、もう一つはトルストイ自身が『福音書』にたどりついた道のりを通じてである。トルストイは人生後半になって「生の問い」に目覚め、生の意味を求めて苦闘した末に、『福音書』のなかに埋もれていた解を見出した。このいきさつを彼は「緒言」で次のように述べている。

予がキリスト教へ導かれたのは、神学的研究でも歴史的研究でもなく、五十歳のとき、われとは何ぞ、わが生の意義は那辺にありやということについてみずからたずね、また周囲のあらゆる賢人たちにたずねて、汝は原子の偶然な結合であるという答えをえた事実によってである。人生に意義はない、人生そのものが悪である——こうした答えをえたことによって、予は絶望におちいり、みずから殺さんとまでしたのであったが、その時、むかし自分が信仰を持っていた子供の時分には、人生が自分にとって意義のあったこと、および、予の周囲の信仰を持っている人々……は信仰を失わず、人生の意義を獲得していることを思い出して、予は……周囲の賢人たちの解答の真実性に、疑念をいだくにいたったのである。そして、キリスト教が人生の意義を理解する人々に与えている解答を、あらためてしらべてみる気持になったのである。
(中村白葉訳、河出書房新社、トルストイ全集第十四巻、p.256)

トルストイのこの体験を、ウィトゲンシュタインは東部戦線で繰り返すことになる。そして『要約福音書』の言葉として与えられていた解答の真の意味を、自らの体験を通じて発見するのである。

内容を通じて受けたトルストイの影響についても、特別の注意が必要である。『要約福音書』を読めば明らかなことだが、トルストイは四福音書から「イエスの教えそのもの」を導き出す際に、「キリスト教の名を僭した例の醜悪な伝説」から切り離して取り出そうとしている。その「醜悪な伝説」には、イエスの教えを無理に旧約聖書と結びつける教義の一切、全ての黙示思想、すなわちキリスト教の公的な教義の大半が含まれるのである。

教会に忠実な信者には衝撃的かもしれないが、トルストイは、救世主、最後の審判、魂の不滅、復活、三位一体といった、イエスが語ったのではない「虚偽の解釈」からイエスの教えを切り離して、復元しようとしたのである。ウィトゲンシュタインが強烈な影響を受けたのはトルストイ自身の思想ではなく、トルストイによるイエス解釈である。その骨格をトルストイは「キリストが弟子達に教えた祈り」として各章の冒頭に掲げているが、それを集めると次のようになる。

イエス・キリストの福音は、外面的神に対する信仰を、生命の悟りとかえた。
神の子なる人は肉において弱く、霊によって自由である。
ゆえに人は、肉のためでなく霊のために働かなければならぬ。
万人の生命は父の霊よりいず。
ゆえに、父の意志は万人の生命であり幸福である。

わたくしの意志を行なうことは死に導き、父の意志を行なうことは真の生命を与える。ゆえに人は真の生命を受けるためには、この世において肉の偽りの生命を拒否して霊に生きなければならぬ。

永遠の生命の真の糧は、父の意志の遂行である。

ゆえに真の生命は、ただ現在における生命である。

時間的生命の欺きは、人から、現在における真の生命を隠蔽する。

このゆえに、誘惑に陥らないためには、生涯のどの瞬間にも、父とともにあらねばならない。

個々の生命は、肉の欺きであって、悪である。真の生命は、万人に共通の生命である。

このゆえに、自己の生命によらず、父の意志における一般的生命によって生きる者のためには、死はない。

肉の死は父との一致である。(河出版全集第十四巻、pp.263-337)

ここに示された「イエスの教え」は、一言で言えば「生の哲学」であり、我々の生を意味ある「真の生命」として生きるための教えである。その核心は、一個の私として生きるのでなく、全ての生命に共通な命の本源としての霊に生きることによってのみ人は真の生命を生き、永遠の現在に生きる、という点にある。トルストイの解釈では、イエスがくり返し語る「わが父」とは、生命の本源としての霊に他ならない。

この「イエスの教え」の影響の痕跡を、ウィトゲンシュタインの様々なテキストに見出すのは困難ではない。たとえば、「もし永遠ということで無限な時の継続ではなく無時間性が理解されているのなら、現在の中で生きる人は永遠に生きるのである」（『論考』6.4311）という『論考』の言葉は「イエスの教え」の復唱とみなせるし、一九三七年頃に書かれた、キリスト、キリスト教、福音書、パウロ、等に関する宗教的諸「考察」（たとえば『反哲学的断章』pp.93-94, 99-100を見られたい）にはトルストイの福音書解釈の強い影響を認めることができる。

「イエスの教え」の影響の最大の痕跡は、東部戦線において噴出するウィトゲンシュタイン自身の「生の思想」である。ただ、そうした成果を生み出す前に、「イエスの教え」はウィトゲンシュタインの生そのものを大きく変える。何よりも彼は祈りを始める。この時期の「日記」からは、常に衰えようとする自らの生の炎を「霊」と「神」への祈りによって懸命に持ち上げようとする姿が浮かび上がってくる。たとえばトルストイを読み始めて一〇日余りの後、彼はすでに「私は霊において自分にくり返し『人は肉において弱く霊によって自由である』というトルストイの言葉を言い聞かせている」（MS101, pp.20v-21v；

1914.9.12）と書き記している。また、これ以降、日記では祈り（「霊よわれと共にあれ」、「霊と共に生きよ」、「神よわれを助け給え」等）が頻繁にくり返され、「私の霊は私の中で抑うつに抗して語っている」（MS101, p.45v ; 1914.10.20）のような、霊に励ましを求める言葉がしばしば登場する。

(c) 孤立した自我意識

孤立した自我意識も、「霊」に対するウィトゲンシュタインの態度と切り離せない。背景には出身階級の全く違う他の兵隊達に対する、ブルジョア出身のウィトゲンシュタインの社会性の欠如がある。おそらく彼らからすれば、ウィトゲンシュタインはわざわざ志願兵となった鼻持ちならない、そして滑稽な若造としか映らなかったであろう。他方、ウィトゲンシュタインにとって彼らは耐えがたい「俗物」だったのであり、彼の日記は「俗物」に対する嫌悪感の吐露で満ちている（「夕方カフェで多くの将校と一緒になる。ほとんどは豚のように振舞う」〔MS102, p.54v ; 1915.1.27〕等々）。こうした周囲への意識は必然的に彼に孤立感をもたらすが、それにうち勝つよりどころを、ウィトゲンシュタインは自我のうちに、強固な自我の優越の内に見出そうとする。その結果、彼の内部では、周囲への排他的態度を伴った強固な自我意識が、霊に対する宗教的意識と奇妙に結びついた状態が出現する。それは次のような言葉に示されている。

ここには何かを打ち明けられるような人がいないことをしばしばつらく感じる。しかしあらゆる力に抗して自分を保ってゆこう。(MS101, p.51v ; 1914.10.30)

自分を持ち、常に自分へと逃避できるのはなんと幸せなことか。(MS102, p.3v ; 1914.11.2)

私は自分自身を、自分が安心して安らげる自我を、自分から消えてゆく待ち焦がれた遠くの島のように見ている。(MS102, p.10v ; 1914.11.9)

霊においてのみ生きよ。それは荒涼とした出来事の果てしない海から護られた安全な港である。(MS102, p.44v ; 1914.12.13)

こうした自我意識が後の独我論をめぐる複雑な思考の背景をなしているのである。

生の問いの醸成期（1916.4〜1916.5）

ウィトゲンシュタインの生の低い状態は、東部戦線におもむいてから変化し始める。まず不幸感の弱々しい訴えが消えるとともに、「善く生きることは困難だ。しかし善き生は美しい」(MS103, p.2v ; 1916.3.30) とか「生は一つである」(MS103, p.3v ; 1916.4.6) といった、生きることを主題化する倫理的言葉が日記に出現する。そして戦いが激しさを増す中で、危険な監視塔の任務の志願を決意したとき、決定的な変化が起きる。死を前にして真剣に生きざるをえない状況に直面し、彼の生は光を発し始める。日記の次の記述はこうした変化の記録である。

たぶん明日、照明灯係に志願し上に登る。その時はじめて私にとっての戦争が始まるのだ。そして生もまた存在しうるのだ。たぶん死に近づくことが私の生に光をもたらすだろう。神よ我を照らしたまえ。(MS103, pp.8v–9v ; 1916.5.4)

絶え間ない生命の危険にさらされる。神の恩寵で夜は無事すぎる。時々ひるむ。これは偽りの人生観の学校だ。(MS103, pp.9v–10v ; 1916.5.6)

死のみが生にその意味を与える。(MS103, p.12v ; 1916.5.9)

これから少し後に、いよいよ「生の意味の問い」が日記に登場する。それはウィトゲンシュタインが生の意味を単にイエスの言葉においてのみならず、自らの生のうちに見出しつつあることを示していると言っていいだろう。

人生の目的について考える。それはできることの中ではまだしも最良のことだ。私はもっと幸福になるべきである。ああ、私の霊がもっと強ければ。神よただ我と共にありたまえ。アーメン (MS103, p.15v ; 1916.5.28)

こうして彼の中で生の思考は言葉として取り出されることを待ちながら醸成されてゆくのである。

生の思考の噴出 (1916.6〜1916.7)

東部戦線が緊迫の度合いを強めるなかで、ブルシーロフ攻勢として知られているロシア軍の大攻勢が、六月四日に開始される。しばらくは持ちこたえるものの、ウィトゲンシュタインの所属するオーストリア第七軍は総退却を余儀なくされ、将兵一万六千のうち、わずか三千五百しか残らないという大敗北を蒙る。この前後、ウィトゲンシュタインの記述は「考察」欄からも「日記」欄からも姿を消すが、唯一の例外として、大攻勢の真っ只中の六月一一日に突然、以下のような「生の思考」が「考察」欄に噴出する。

神と生の目的とに関して私は何を知るか。
私は知る、この世界があることを。
私の眼が視野の中にあるように、私が世界の中にいることを。
世界について問題となるものがあり、我々はそれを世界の意味と呼ぶことを。
世界の意味が世界の中になく、その外にあることを。
生が世界であることを。
私の意志が世界を満たしていることを。
私の意志が善か悪であることを。
それゆえ善悪が世界の意味と何らかの形で関連していることを。
生の意味、すなわち世界の意味を我々は神と呼ぶことができる。

そして父としての神という比喩をこのことと結びつけることができる。

祈りとは生の意味に関する思考である。

世界の出来事を私の意志によって左右するのは不可能であり、私は完全に無力である。

私は出来事への影響を断念することによってのみ世界から独立できるし、それゆえある意味で世界を支配することができる。（『草稿』pp.253-254）

「神と生の目的とに関して私は何を知るのか」という問いかけが明確に示しているように、ここでウィトゲンシュタインは生に関して自らの中に宿る思考を全て汲み尽くして言語化しようとしている。それは、内的対話を通じて思考の穴を詰めてゆくといういつもの批判的思考法ではなく、自分の生の思想の骨格を、説明や反問抜きに一挙に提示する思考法である。この意味で、彼の生の思想の輪郭はここに示されているのであり、これ以降、草稿に出現する様々な「生の思考」は、ある意味でそれに対する注釈・解説・拡張にすぎない。それゆえ六月一一日の生の思想の本質的特徴を知ることは、『論考』期の生の思考を理解する上で、ひいては生涯にわたるウィトゲンシュタインの生の思考を理解する上で決定的に重要である。

六月一一日の生の思想の特徴は、「イエスの教え」との比較により明らかとなる。「イエスの教え」との共通点は、どちらも生の意味に関する思想であり、生の意味の源を神(あるいは霊)に見出す宗教的な思想であるということである。『論考』期に源を持ち、終生持続するウィトゲンシュタインの生の思想とは、なによりも生の意味に関する宗教的思想なのである。ウィトゲンシュタインを理解しようとすれば、このことは常に銘記されねばならない。

厳密な意味での「神」

他方、ウィトゲンシュタインの生の思想が「イエスの教え」と決定的に異なっているのは、「世界」という思考要素が全体の要となっている点である。そこでは生と世界は同一視され、生の意味は我々が生きる世界の意味として考えられている。加えて六月一一日の思考では、この世界の限界やその外部も思考の対象となっている。より厳密に言えば、それらは思考されえないものとして特別な「思考」の対象となっている。もちろんここで言われる「世界の外部」とは世界の空間的な外側ではなく(そのようなものは存在しない)、「私の言語が私の世界の限界を意味する」というウィトゲンシュタインの言語思想に基づいて理解されるべきものである。

すなわち「世界の外」とは、言語によって限界づけられた世界の限界の彼方、すなわち我々の思考の彼方、語りうることの彼方、言いかえるなら「語りえず、思考しえない何物か」に他ならない。それが「神」である。生の思考という観点から見れば、『論考』の全言語哲学の存在意義は、直接語りえない存在としての「神」に言及する手段を提供することにあったとすら考えられるのである。第二部で述べたように、以下にあげる『論考』の命題で「語りえぬこと」と呼ばれているのは、（論理形式なども含む）「語りえぬもの」一般ではなく、厳密な意味での「神」である。

哲学は思考可能なものを限界づけ、これにより思考不可能なものを限界づけねばならない。哲学は思考不可能なものを、内側から思考可能なものによって、限界づけねばならない。（『論考』4.114）

哲学は語りうることを明晰に描出することによって、語りえぬことを意味するであろう（『論考』4.115）。

このように東部戦線で噴出したウィトゲンシュタインの生の思想は、それまで練り上げられてきた彼独自の言語思想をその基底として湧き出している。それを介してのみ彼の哲学的思考は「神」という存在に達することができたのである。それは「イエスの教え」を起源としながらも、決定的にウィトゲンシュタイン的な言語的思想である。これ以降彼の思考の奥底には、トルストイ・イエス的な生の思想と自己の言語思想の融合点を見出すという課題が、常に存在し続けることになる。第二部で触れた論理的神秘主義とは、そうした融合の一つの表現であると言えるだろう。

この後、ウィトゲンシュタインの所属するオーストリア軍は、六月下旬から七月にかけて再びロシア軍と戦うが、またも圧倒され、カルパチア山中に後退することを余儀なくされる。山岳地帯の雨と霧とロシア軍の砲撃の下で、ウィトゲンシュタインの生はさらに違った段階を迎える。日記の次の記述に見られるように、「生きたい」という欲求が噴出し、生きることとそれ自身が無条件に意味あることとして体験されるのである。

砲撃を受ける。砲撃のたびに私の魂は縮み上がる。私はもっと生きたいとこんなにも思う。(MS103, p.17v ; 1916.7.24)

昨日砲撃を受ける。ひるんだ。死を前にして不安を感じる。私は今かくも生きたいという願いを持っている。そして生きることをいったん嬉しく思ったら、それを断念するのはとても難しい。それはまさに「罪」であり、分別のない生であり、偽りの人生観である。（MS103, pp.18v-19v；1916.7.29）

こうして、「生の倫理」とも呼ぶべき根本的な観点が、身をもって確認される。それはこれ以降ウィトゲンシュタインの生を支え、支配してゆく根本的な倫理的宗教的観点である。その観点からするなら、最も根本的な罪とは自殺であり、究極的な倫理とは「生きよ、そして幸せに生きよ」という幸福律なのである。

上述の日記（1915.2.26）において自殺を考えたとき、そこには罪の意識は全く示されていなかった。言いかえるなら、そのときウィトゲンシュタインは自分が生きることを、それ自身価値あることとは認識していなかった。そこには「生の問題」が存在していたのである。それに対して『草稿』の末尾で次のように語られるとき、生の意味はすでに体感されているのであり、「生の問題」は消滅している。『論考』期の生の思考とは、この生の倫理の解明と展開に他ならない。

自殺が許される場合は、全てが許される。

何かが許されない場合には、自殺は許されない。

このことは倫理の本質に光を投じている。というのも、自殺はいわば基本的な罪だからである。(『草稿』p.288；1917.1.10)

3. 生世界論と倫理

六月一一日の言葉を起点とし、『論考』6.4-6.45において展開されている『論考』期の生の思考の核心は、「生は世界である」という言葉(『論考』5.621)に示されている。それは生と世界が一つとなるような特別な生のあり方に関する考察であり、**生世界論**と呼びうるものである。それは生きることに意味があるような生のあり方に関する考察であり、世界に意味があるような世界のあり方に関する考察なのである。この生は、生き物に等しく与えられた生理学的生でも、心を持つ生き物としてのヒトに与えられた心理学的生でもない。それを前提としながらも、その上で、ある条件下においてはじめて成立する特別な生である。

そしてこの特別な生、特別な世界が成立する条件が、ウィトゲンシュタインにとっての倫理に他ならない。ここに倫理と論理の間の対称性が見出されるのである。言語（あるいは「語ること」）は無条件に成立している事態ではなかった。あらかじめ存在していて我々に与えられるものではなかった。それは世界が一定の条件を満たす場合にのみ成立するものであった。その条件が論理にほかならず、この意味で「論理は超越論的である」(6.13)。同様に「意味ある生」としての生世界も、生き物が存在すれば無条件に成立し、あらかじめ存在するものとして我々に与えられているものではない。我々がある生き方をした場合にのみ、はじめて存在するものである。その、意味ある世界の存在を可能とする条件が倫理である。その意味で、論理と同様「倫理は超越論的 transzendental なのである」(6.421)。『草稿』の次の言葉はこうした生、世界、倫理の関係を簡潔に表現している。

> 世界と生は一つである。
> もとより生理学的な生は「生」ではない。心理学的な生についても同様である。生とは世界である。
> 倫理は世界に関わらない。倫理は論理と同じく、世界の条件でなければならない。
> （『草稿』pp.261-262；1916.7.24）

この独特の意味での倫理は、善悪に関わる教えや規則という通常の意味での倫理より、はるかに多くのものを含んでいる。というのも六月一一日の言葉を振り返ればわかるように、生世界の存立条件は、一方で我々の意志とその善悪に関わるとともに、他方で世界の意味としての神にも関わっているからである。それは思考と言語を超越した存在としての神に関わるがゆえに「超越論的 transzendental である」ばかりでなく、「超越的 transcendent なのである」（『草稿』p.265；1916.7.30）。すなわち、ウィトゲンシュタインの倫理は、神と不可分なのである。

このため倫理は、論理が語りえないのとは別の理由によっても語りえない、すなわち二重に語りえない。もしウィトゲンシュタインにとっての倫理が人間の行為の善悪に関する規則にすぎないのなら、論理命題に類似した「倫理命題」が存在し、それらは何も語らないが人間の行為について何かを示す、ということでかまわないはずだ。しかし、実際にそうならないのは、倫理が神と不可分であり、論理よりもさらに我々の言語から隔てられているからである。「倫理が表明されえないことは明らかである」（6.421）という言葉は、倫理と超越的なるもの（＝神）とのこうした結びつきがあってはじめて意味を持つ。後年の、自己の倫理に対する次のような言葉も、こうした観点からのみ理解可能となる。

なにかが善であるとすれば、それは神的である。奇妙な話だがこれが私の倫理の要点である。（『反哲学的断章』p.28；MS107, p.192；1929.11.10頃）

「神」を「考える」ということ

生世界が成立する超越論的条件としてのウィトゲンシュタイン的倫理は、具体的にはどんな内容を持っているのだろうか。六月一一日の言葉が示すその第一の条件は、神の存在そのものである。神とは世界の意味の別名に他ならないから、生と世界に意味があるために神が存在しなければならないというのは、ほとんどトートロジーであるといってもよいだろう。しかしながら神の存在を生世界の第一条件とすることはできない。なぜならば、述べてきたように、神が世界の外側にあるとは、神が我々の言語と思考の限界外にあるということに他ならないので、そうした神の存在を通常の意味で考えたり、知ったりすることはできないからである。つまり神が存在するという条件は、それが成立しているかどうかを知ることのできないものなのである。それゆえ厳密に言えば『論考』の次の言葉のとおり、我々は神について考えることも、神は考えられないものだと語ることもできないのである。

我々が何を考えることができないのかを、我々は考えることができない。従って我々が何を考えることができないのかを、我々は語ることもできない。（『論考』5.61）

にもかかわらず、我々は「神」という言葉を使う。ウィトゲンシュタイン自身も、草稿、日記において「神」について多くを語っている。そのとき、我々は一体何を考え、何を語っているのだろうか。そのとき、我々は何も考えず、「神」という意味のない言葉を発しているのだろうか。そうではない。そのとき、我々はある意味で「神」について「考えている」のである。しかし「考える」という言葉は、言語の限界内の対象についてのみ意味を持つのであって、「神」について言われるときには、類比的な意味しか持ちえない。「神について考える」と言われるとき、我々はすでに「神」と通常の「考える」とは異なる特別な関係に入っているのである。

この特別の関係に入る行為が「祈り」に他ならない。ウィトゲンシュタインがしたような仕方で「神」について「思考し、語る」とき、人は語りえないことを語ろうとして無意味な言葉を発しているのでなく、**祈っている**のである。それは言語の限界を侵犯することではなく、言語の中に秘められた（そして『論考』においては隠されつづけた）、「語ること」とも「示すこと」とも違う、我々と言語の第三の関わり方なのである。この意味で『論考』期の思考が内包する言語の幅はその外見より大きく、『哲学探求』期の思考との差は外見より小さい。「祈りとは世界の意味についての思考である」という六月一一日の言葉は、厳密にこうしたことを意味していると考えなければならない。こうした「祈り」において示されている神との関係が「信仰」であり、それこそが生世界が可能となるための第一条件に他ならない。

「信仰」とは神を信じることであるが、このときの「信じる」とは、通常の信じる（たとえば「車にガソリンは入っている」と信じる）とは類比的な関係にしかない、特別な「信じること」である。それは超越的な関係であり、それがいかなるものかを言葉で記述することはできない。何よりそれは単なる認知的な信念ではなく、我々のあり方、生き方を最も根源的で不可逆的な場所において規定するような、最深部に位置する「信念」である。間接的に表現するなら、「信仰を持つ」とは「生と世界に意味があると考え、そのように生きること」に他ならない。こうした意味で「神を信じること」が生世界が可能となるための第一の条件なのである。この条件について『草稿』は次のように語っている。

神を信じるとは、生の意味に関する問いを理解することである。

神を信じるとは、世界の事実によって問題が片付くわけではないことをみてとることである。

神を信じるとは、生が意味を持つことをみてとることである。(『草稿』p.256 ; 1916.7.8)

このようにウィトゲンシュタインの倫理がまず要求するのは信仰である。ウィトゲンシュタインの倫理と宗教は不可分なのである。

芸術作品のごとき唯一の生

生世界の第二の条件は、世界の意味／神を信ずる私が意志を持ち、その限りで世界から独立だということである。しかしウィトゲンシュタインの生世界論がまず表明しているのは、次のような自己の無力さに対する強烈な感情である。

世界の出来事を私の意志によって左右するのは不可能であり、私は完全に無力である。(『草稿』p.254 ; 1916.6.11)

世界は私の意志から独立である。(『草稿』p.254 ; 1916.7.5)

このことがどうあるにせよ、いずれにしても我々はある意味で依存している。そして我々が依存するものを、神と称することを。

神はこの意味では運命そのものであるか、あるいは――同じことになるが――私の意志から独立な世界である。(『草稿』p.257;1916.7.8)

従ってウィトゲンシュタインの倫理の主人公となるべき独立した自由な私とは、圧倒的な世界と運命の力の前で、全く無力でありながらも自己の独立を保ちつづける存在である。より適切にいうなら、圧倒的な世界と運命の前で独立した自己を保ちつづけることが、生と世界を意味あるものとする第二の条件なのである。次の言葉は事実の記述としてではなく、こうした条件、目指すべき目標として読まれなければならない。


私は運命から独立しうる。

二つの神的なもの、すなわち世界と私の独立した自我が存在する。(『草稿』p.257;1916.7.8)

私が世界と運命に抗して独立した自我として在るとき、生と世界は意味あるものとして存在する。同時にそのように生きる自分もそれに応じて自分に対して違ったあり方をする。そのとき、自分の生は「比類のないもの」として存在し始めるのである。これについて草稿は語っている。

もっぱら、私の生は比類のないものであるという意識から、宗教、学問、そして芸術が生じる。（『草稿』p.265; 1916.8.1）

そしてこの意識が生そのものである。（『草稿』p.265; 1916.8.2）

自分の生が比類のないものであるとは、自分の生が他人の生にはない特徴を持っている（ユニークである）ということと無関係である。そういう意味で自分の生が「比類のないもの」かどうかを本当に知ることはできないし、知ろうとすることは、自分の生に意味を見出すという観点からはむしろ有害である。なぜならそうするためには自分の生を他人の生と比べなければならないが、自分の生が比類のないものであるとは、自分の生をそうした比較と離れたところで、比較というものが存在しないところで、唯一無二なものとして生きることに他ならないからである。我々はたった一つの生を一回しか生きられないのであるから、事実、自分の生は唯一無二のものである。

比較を超えた唯一の生として自分の生を見る見方は（すなわち自分の生をありのままに見る見方は）、あるものを単なる道具や対象としてではなく、一個の芸術作品として見る見方と共通するものを持っている。それはあるものを多くのものの一つとしてではなく、一つの世界として、唯一のものとして見る見方である。この見方をウィトゲンシュタインはスピノザの言葉を借り「永遠の相の下での」見方と呼び、そこに倫理と芸術の間の深い関わりを見出す。「倫理学と美学は一つである」（『論考』6.421）という『論考』の言葉の背後には、次のような思考が存在している。

芸術作品とは永遠の相の下にみられた対象である。そしてよい生とは永遠の相の下にみられた世界である。ここに芸術と倫理の連関がある。
日常の考察の仕方は諸対象をいわばその中心から見るが、永遠の相の下での考察はそれらを外側から見るのである。
従ってこの考察は世界全体を背景として持っている。（『草稿』p.273；1916.10.7）

多くのものの一つとしては全てのものが同じようにつまらないものだが、世界としては等しく意味をもっている。（『草稿』p.274；1916.10.8）

このように「生と世界は一つである」というウィトゲンシュタインの生世界論とは、自己の生を永遠の相の下で、すなわち一個の芸術作品のごとくに見ることに他ならない。ところがこうした思考は『論考』では極めて間接的に、不十分にしか表現されていない。次の命題がその全てである。

永遠の相の下での世界の直観が限界づけられた全体としての世界の直観である。限界づけられた全体という世界の感情が神秘的である。（『論考』6.45）

ここから我々は『論考』という書物に関する重大な教訓を再確認することができる。それは、この書物は多くを隠しており、隠されたものを知るためには草稿がきわめて重要な意味を持つ、ということである。

幸福に生きよ！

以上の条件が満たされるとき、すなわち神とも呼ばれる生と世界の意味を信じ、自己を保ち、自分の生を比較を超えた唯一のものとして生きるとき、我々は意味ある生／世界を生きる。広い意味でのウィトゲンシュタインの倫理の根本はここにすべて示されている。そして、このような生が成立したとき、生き方の具体的方向を示すような狭義の倫理についても考えることができる。ウィトゲンシュタインが最終的に到達した結論に従えば、狭義の倫理は、究極的に「幸福に生きよ」という幸福律に収斂する。草稿では狭義の倫理について様々な考察がなされているが、最終的には「生」という概念から導かれる一種のトートロジーとして幸福律が次のように肯定される。

私は幸福か不幸かのいずれかである。これが全てである。善悪は存在しないと語ることができる。
幸福に生きよ！（『草稿』pp.257–258；1916.7.8）

幸福に生きよ！　ということより以上は語り得ないと思われる。（『草稿』p.263；1916.7.

29)

文句なしに幸福な生は善であり、不幸な生は悪なのだ、という点に再三私は立ち返ってくる。そして今私が、なぜ私はほかでもなく幸福に生きるべきなのかと自問するならば、この問いそれ自身が同語反復的な問題提起だ、と思われるのである。即ち幸福な生はそれが唯一の正しい生であることを自ら正当化すると思われるのである。実はこれら全てがある意味で深い秘密に満ちているのだ。倫理学が表明されないことは明らかである。(『草稿』p.264 ; 1916.7.30)

幸福律が「深い秘密に満ちている」のは、それがある意味で生きることと同義だからである。生と世界に意味を見出す者にとって、そのように生きることが幸福であるということであり、「幸福に生きよ」とは「生きよ」ということに他ならない。他方、生をそのように見ることができないものには、そもそも生きることが、なぜ自殺より善いのかがわからない。幸福とはそのように生の価値を見出せないものに対して、外から与えられる目標ではない。生きる意味を知らないものは、なぜ幸福に生きなければならないかも知らない。そうした者に生きることと幸福に生きることの意味を教えることはできない。これが

『論考』が「幸福律」そのものには言及せず、「幸福な人の世界は不幸な人の世界とは別の世界である」(『論考』6.43)という間接的な言葉しか残していない理由だと考えられる。

生きる意味と幸福の意味は言葉にできず、人に教えることも人から教わることもできない。幸福に目印は存在しない。人はそれを自らの生において自分で発見しなければならない。それを発見したとき「生の問い」そのものが消滅する。戦場においてウィトゲンシュタインに起こった最大の出来事とは、この生の意味の発見と生の問いの消滅だった。次の言葉は他でもないウィトゲンシュタイン自身のこうした体験の記述だと考えられる。

そして幸福な人は現に存在することの目的を満たしている、とドストエフスキーが語る限り彼は正しいのである。
あるいは生きることのほかにはもはや目的を必要としない人、すなわち満足している人は、現に存在することの目的を満たしていると語ってもよいであろう。(『草稿』p.255 ; 1916.7.6)

このことが永い懐疑の末に、ある人々に生の意義が明らかとなった時、彼らがこの意

義がどの点に存するかを語りえなかったことの理由ではないか。（『草稿』p.256；1916.7.7 cf.6.521）

一九五一年、ウィトゲンシュタインは知人のベヴァン医師宅で息を引き取るが、意識を失う前に「彼らに私の人生は素晴らしかったと伝えてください」という最後の言葉を、付き添いのベヴァン夫人に残したと伝えられている。この言葉の意味は、若き日における生の意味の発見という光に照らすとき、はじめて理解されると思われる。

4．主体と独我論

自我、自我とは深い秘密に満ちたものである。

『草稿』1916.8.6

『論考』の主体論と二つの主体

ウィトゲンシュタインの哲学的思考の主題の中で「主体」あるいは「自我」ほど謎めい

ているものはない。とりわけ『哲学探求』に代表される「後期」の思考にあってはそうである。というのも「後期」には「主体」や「自我」といった主題はそれ自身で登場せず、代わりに「私は知っている」とか「私は意味する」といった、「私」という言葉の様々な使用法をめぐって思考が展開されるからである。それが単に語法に関する言語学的考察ではなく、背後に「主体」や「自己」といった哲学的主題が存在しているのは明らかである。しかし「私的言語」をめぐる考察をはじめとする「私」に関わる「後期」ウィトゲンシュタインの思考が、厳密に何を狙ったものなのかは解釈者にとって大きな謎であった。

この点『論考』期のテキストと思考は、「主体」や「自我」について直接語っているため、この問題について我々に貴重な手がかりを与えてくれる。『論考』そのものは「主体」と「自我」について二ページ(5.6~5.641)を割いているにすぎないが、草稿には『論考』のテキストの背後に存在する複雑な問題をめぐる思考が記録されているのである。草稿においてウィトゲンシュタインは「主体」と「自我」をめぐる根本的な問題を取り上げ、それにまつわるあらゆる思考の可能性を探っている。「主体」と「自我」に関する「後期」の思考は、この枠組みの中に位置付けることによってのみ、正しく理解されるのである。『論考』の主体論の全貌を把握する上で、一つ重要なことがある。それは「主体」をめぐる『論考』のテキストで、ウィトゲンシュタインが実は二つの異なる主体について論じているということである。この問題を先駆的に指摘した古田祐清氏の言葉を借りて、二種類の主体を言語的主体、倫理的主体と呼ぼう。言語的主体とは言語を用い、様々なことを意味する主体であり、第二部で論じた「意味する私」、「語る私」である。他方、倫理的主体とは生世界を生き、その意志と行為が善悪という価値を帯びる主体であり、「意味ある生を生きる私」である。それはウィトゲンシュタインによって「形而上学的主体」もしくは「哲学的自我」と呼ばれているものである。

これまでの考察から明らかなように、これら二主体は異なる起源を持つ概念である。すなわち言語的主体という概念は、ウィトゲンシュタインの思考が言語に関する最終的な問題に遭遇した一九一五年四月〜六月期の思考から生まれたものであり、倫理的主体は一九一六年の生世界論から生じたものである。これら二主体の関係は、論理と倫理の内在的関係という大問題を内包する重大な問題であるが、『論考』においても草稿においても主題的に論じられることはない。それは『論考』期の思考が「後期」へと残した問題の一つなのであり、第五部で示されるように、それに対する答えとみなしうる思考は、彼の死の直前になってようやく表面に浮上してくるのである。これら二主体のそれぞれについて論じる前に、一見すると単一の主体について論じているかに見える『論考』のテキストに、どのように二つの異なる考察が埋め込まれているかを示しておこう。

主体に関する『論考』のテキストは5.6から5.641までの十二命題からなっている。形式的にそれらは単一の体系を構成している。すなわち「**私の言語の限界**が私の世界の限界を意味する」という5.6を主命題とし、それを5.61, 5.62, 5.63, 5.64という四つの一次副命題が説明・展開し、さらにそれらを5.621や5.631といった二次副命題が敷衍して、全体として一つの主体概念を提示しているかのように見える。しかし『論考』ではしばしば見られることなのだが、命題番号のこうした体系性は見せかけのものにすぎない。実は、主体をめぐるテキストは5.6～5.62と5.621～5.641という不連続な二つの部分からなり、それぞれが言語的主体、倫理的主体という別の主題について語っているのである。

このことはこれらのテキストを論点の進行に注目しながら追ってゆくことにより明らかとなる。すなわち前半で論点は「主体と世界」(5.6)、「世界の限界」(5.61)、「独我論」(5.62)と順に進行してゆくが、後半に入ってこれらは再度「主体と世界」(5.621～5.63)、「世界の限界」(5.631～5.634, 5.641)、「独我論」(5.64)、と反復されるのである。かといってウィトゲンシュタインがここで同じ考察を反復しているのではない。「主体と世界」、「世界の限界」、「独我論」という同じ論点をめぐって、言語的主体と倫理的主体という二つの主題について考察が展開され、結果としてこうした、平行テキスト構造が現れたのである。5.62の独我論とは言語的主体に関する独我論であり、5.64は倫理的主体に関する独我論である。それらは別のものである。『論考』には一つではなく二つの独我論が存在するのである。

言語的主体と言語的独我論

『論考』5.6の「**私の言語の限界**が私の世界の限界を意味する」という命題に示されている言語的主体をめぐるウィトゲンシュタインの思考の根底には、我々の言語は相互に完全に伝達可能な部分と完全には伝達可能ではない部分から成り立っているという直観が存在する。前者を言語の**客観的部分**、後者を言語の**私的部分**と呼ぶなら、『論考』5.6は、言語が客観的部分のみならず、私的部分をも含むことを前提としたときにはじめて意味を持つ命題である。もし言語が客観的部分のみから成るのなら、「私の言語」と「あなたの言語」は同一であり、命題5.6は「言語の限界が世界の限界を意味する」ということになる。単に言語と世界の間には内的関係が存在することを主張する命題となっていたであろう。私的部分が存在するからこそ言語は「私の言語」と「あなたの言語」に分裂するのであり、このように言語が分裂するのに応じて、世界も「私の世界」と「あなたの世界」へと分裂してゆくのである。

では言語のどのような部分が客観的で、どのような部分が私的なのだろうか、そしてそれはなぜなのだろうか。ここに言う言語の「私的な部分」とは何らかの偶然の理由により相互に伝達不可能となっている部分ではない。それは我々の言語を言語たらしめているその根本的な性質によって、もともと相互に伝達不可能な部分なのでなければならない。それゆえ我々の言語のどの部分が私的かという問いは、我々の言語を言語たらしめ、それによって世界のあらゆる事実を表現することを可能としている言語の本質的「仕組み」のどの部分が私的か、という問いなのである。我々の言語を言語たらしめているこの「仕組み」こそ、「ムーアノート」で示された「語ること」の超越論的条件としての「論理」に他ならない。この意味での「論理」を**広義の論理**と呼ぶなら、言語的主体をめぐるウィトゲンシュタインの思考の根本前提とは、広義の論理には公的な部分と私的な部分がある、ということであり、我々が直面している問題とは、広義の論理のどの部分が公的でどの部分が私的なのか、そしてそれはなぜかというものである。

広義の論理の中で、論理学が対象としている「狭義の論理」や「数」が、最も公的な部分に属するのは明らかである。「でない」、「または」、「かつ」といった論理的接続詞や、自然数の意味に関して、話者間の不一致はほとんど存在しない。これらの表現はいわば言語の公的極に位置しているのだが、それはそれらの表現の意味に関して、話者の裁量に委ねられる部分が極小だからである。他方、他の多くの言葉はその意味の一定部分を話者の裁量に委ねており、その程度に応じて**私的**だということができる。

第二部で示されたように、ウィトゲンシュタインは「単純対象」と「完全な分析」という概念をめぐる思考を通じて、我々の言語にはこうした私的な要素が内在していることを発見したのである。この発見はウィトゲンシュタインの思考にとって大きな転換点となったはずである。というのも、仮に我々の言語に私的な要素が内在していなかったら、ウィトゲンシュタインは「意味する私」としての言語主体について思考する必要は全くなかったであろうからである。彼の思考は言語主体ではなく、もっぱら言語についてのみ展開されたはずである。たとえウィトゲンシュタインのものの見方に、本来、独我論的傾向があったとしても（『論考』期の多くの日記的記述は事実そうであることを示唆しているが）、それが彼の言語哲学の内容として表に現れることはなかったであろう。言語的主体に関する思考としての独我論は、我々の言語に内在する私的要素の発見が切り開いた思考の可能性なのである。

我々の言語の公的極に位置するのが狭義の論理と数であるのに対して、その私的極に位置するのが「これ」という表現である。「これ」という表現は二重の意味で言語の私的極に位置している。第一にその意味に関して話者の裁量に委ねられている部分が最大であり、客観的に規定されている部分が最小である。この点で「これ」は最も非客観的であり、最も私的である。「これ」が何を意味しているかは、もっぱら話者の意図に依存している。第二に「これ」のような話者依存的表現が言語の中で機能するためには、話者が自分の発話意図を明らかにする表現が存在しなければならないが、それは「**私は**『これ』によって……を意味した」のように、発話中の話者自身である「私」を含むものでなければならない。「これ」は「私」という表現を要求するという意味で私的なのである。「これ」は「私」という言語的主体の名を要求することにより、言語的主体の存在を要求するといってもよい。言語的主体をめぐるウィトゲンシュタインの思考の第一の内容とは、現に我々が所有する言語は私的極と言語主体を内包する言語である、という認識なのである。「**私の言語の限界**が私の世界の限界を意味する」という『論考』5.6の唐突な言葉はこの認識の表明に他ならない。

伝達不可能な「これ」と独我論

言語主体をめぐるウィトゲンシュタインの思考の第二の内容は、私的極と言語主体を内包するという我々の言語の根本規定が、ある思考の可能性を否応なく開くという認識である。こうして開かれる思考とは、「これ」によって「私」が意味するものの中に、ある特別なものがあり、それは何らかの内在的な理由によって他者には決して伝達できない、という思考である。我々が目の前の物体やその形や色を「これ」として名指そうとするとき、こうした伝達不可能性は生じない。それに対して、「私」が感じている何か、しかも「私」だけが感じていると考えている何かを「これ」によって名指そうとするとき、それが他者には伝達不可能であるという可能性が開かれる。しかもこの「何か」は経験的理由（たとえば「私」だけが特異な感覚能力を持っているといった）によってではなく、内在的で原理的な理由によって伝達不可能なのである。

それはそもそも伝達不可能な何かであり、いかなる条件下でも伝達不可能なのである。そして伝達不可能なこの「何か」は、「私」（具体的には自分を「私」と呼ぶ限りでのL・ウィトゲンシュタイン）に、そして世界の中で「私」のみに特権的な性質を与えるものである。それは、この「何か」を認識することによって「私」が「世界が**私の**世界である」（『論考』5.62）ことを確信するという性質である。「世界が私の世界である」こと、これが独我論の核心であり、結論である。この排他的な世界の要求は独我命題と呼ぶべきものである。独我論者L.W.は自らのうちの、人には伝えられないある性質を「これ」として認識し、その結果、独我命題が正しいことを確信するのである。こうした排他的独我認識とその根拠となる「これ」、そして「これ」の伝達不可能性、これら全体が『論考』で次のように表現される言語的独我論の内容であると考えられる。

この見解［5.6を指す］が、独我論がどの程度真理であるか、との問いを決定するための鍵を与える。

すなわち独我論が考えている（言わんとする）ことは全く正しい。ただそのことは語られることができず、自らを示すのである。

世界が**私の**世界であることは、唯一の言語（私が理解する唯一の言語）の限界が私の世界の限界を意味することに示されている。（『論考』5.62）

最後の文は意味不明であるが、それは必然的に意味不明なのであると考えねばならない。というのも、もしこの文が理解可能で真であったなら、独我命題の根拠が示されうるということ、つまり独我論が伝達不可能ではないことになるからである。この命題が何を意味しようとも、もしウィトゲンシュタインがこれによって独我論の根拠を記述しようとしているなら、彼の描写が正しければ正しいだけ、他者には理解不可能とならざるをえないのである。

ウィトゲンシュタインが彼の言語的独我論を5.62のように提示する限り、その内容に対する我々の知的接近は絶対的に拒否されているといってよい。というのも彼の言語的独我論を理解する鍵は、「世界は**私の**世界である」という法外な排他的主張の根拠である「これ」が一体いかなる性質なのか、という唯一点なのだけれども、それは原理的にウィトゲンシュタイン以外は知りえないものとして封印されているからである。それが何かについて様々な推測は可能である。神秘的体験ではないか、と考えることもできよう。しかしいかに考えようとも、我々の解釈を空想から区別する材料が存在しないのである。この意味で『論考』のウィトゲンシュタインは独我論について見事に沈黙を守り、結果として神秘的独我論者として自らを示しているといえるだろう。明らかにこの禁欲的神秘主義が人々の『論考』に惹かれる大きな理由なのである。ただしこの神秘主義的封印は、永遠には続かない。第四部で見るようにそれは再度開かれ、そのことによってウィトゲンシュタインの思考は再び大きく動き始めるのである。

自我の出現

あらかじめ与えられた自然的世界に、善悪や意味は存在しない。それは『論考』6.41の言う、「全てがあるようにあり、全てが生起するように生起する」世界である。その中で人間は他の動物と同様に一個の生き物として生き、世界の一部として存在する。我々のあらゆる経験も、こうした生き物としての人間に生起する一つの出来事であり、世界に生起する他の出来事となんら変わるものではない。自然的世界とは非生物と生き物が、ともにあるがままにある世界であり、そこに生きる物をあえて主体や自我と呼ぶ理由は存在しない。それは主体も自我も存在しない世界である。

このような自然的世界に棲む人間という生き物が、世界と生に意味を見出し、単に生きるのでなく自らの生世界を生きる時、すべては一変する。生世界と自然的世界のこの決定的な違いは、生のあらゆる局面に及び、世界全体を満たす。それらの現象は互いに孤立したものでなく、我々人間が生世界を生きているという大きな出来事の様々な側面である。にもかかわらずそれらの諸現象の中でひときわ我々の注目を惹き、生世界の出現を象徴するとも言える現象が存在する。それが善悪の出現、すなわち生世界を生きる人間とその行為が、善悪という意味を帯びるという現象である。自然的世界の一部としてのいかなる生き物も、善悪という意味を帯びることはない。それゆえ人間とその行為が善悪という意味を帯びるに至るということは、善悪という意味を帯びることのできるあるものが新たに「現れる」ことに他ならない。この「あるもの」を『論考』期の思考は「自我das Ich」と呼ぶのである。それは次に述べられているように、善悪という意味を帯びうる唯一の存在であり、その限りにおいて「意志」という能力と不可分な存在である。

表象する主体は恐らく空虚な妄想であろう。しかし意志する主体は存在する。仮に意志が存在しないとすれば、我々にとって自我と名づけられ、倫理の担い手でもあるあの世界の中心も存在しないことになろう。本質的に自我のみが善や悪なのであり、世界はそうではない。（『草稿』p.267；1916.8.5）

このように生世界と善悪の出現に相関して自我が出現する。自我が世界内の現象としての心理学的諸現象・諸体験と無関係であるということを強調するため、『論考』はそれを「哲学的自我」とも呼ぶ。それは生世界を生き、様々な意味を帯びた諸行為をなす主体であり、しかも世界の内部には属さないがゆえに、「形而上学的主体」とも呼ばれる。それ自身は、それを「私」と呼ぶ。それは我々が倫理的主体と呼んだものである。この様々な名を持つ存在が、生世界の出現に相関して「出現する」のであるが、そのあり方は極めて特異である。なぜならそれは何らかの体験や現象を介して我々の前に出現するのではない。すなわち我々の前に決して姿を現さないからである。もしそれが我々の前に姿を現すなら、それは世界の一部として姿を現さざるをえず、その限りで今問題となっている存在であることをやめる。我々はそれを「対象」としては決してとらえられない。我々がそれにかかわりあえる唯一の仕方が、「善悪について語るとき、それについて語る」ことを通じることによるものである。それは言語という次元においてはじめて出現する存在なのである。『論考』主体論（5.6–5.641）の後半部（5.621–5.641）は、こうした存在の出現を告知するテキストである。『論考』は言う。

従って、ある意味で哲学において非心理学的に自我について論じうるという、そのような意味が現実に存在するのである。

「世界は私の世界である」ということを通じて自我は哲学の中に入ってくる。

哲学的自我は人間ではない。人間の肉体でも、心理学が関わる人間の魂でもない。それは形而上学的主体であり、世界の部分ではなくて限界である。（『論考』5.641）

「自我とは深い秘密に満ちたものである」というウィトゲンシュタインの言葉通り、こうして存在を告知される「世界の限界」としての形而上学的主体は、『論考』期の思考の中で最も謎に満ち、とらえがたいものである。それがかくもとらえがたい理由は、それについて語ることの可能性について、全く相反する二つのことが述べられているからである。一方で5.641が述べるように、ある意味で我々は哲学的自我／形而上学的主体について語りうる。すなわちそれらの語を有意味に使用しうる。このことは「私」という表現について考えるなら、自明と言わねばならないだろう。我々が「私」という言葉を用いて自分の行為の善悪について語るとき、我々が語っているものはここに言う「哲学的自我」である。我々は「私」という言葉によって、善悪と倫理の担い手としての自分について現に語っているのである。他方、こうした存在が何であるかを語ろうとするとき、我々は何も語ることができない。それはこの存在が世界の中には存在せず、我々の目の前に決して姿を現すことがないからである。『論考』6.423の「倫理的なものの担い手としての意志」とはこうした「形而上学的主体」のことなのだが、6.423は、それについて語りえないと述べる。

倫理的なものの担い手としての意志について話をすることはできない。
そして現象としての意志は心理学の関心をひくにすぎない。（『論考』6.423）

このように『論考』は形而上学的主体について、相反すると思える二つのことを述べているのだが、『論考』の「形而上学的主体」を一層捉えがたくしているのは、その**語りえなさ**がとりわけとらえにくい性質を持っていることである。我々はこれまで神、論理、倫理、という三つの語りえない存在に遭遇してきたが、それぞれはっきりした「語りえない」理由を持っていた。神は我々の思考と言語の限界を超えたものであるがゆえに語りえず、論理と倫理はそれぞれ「語る」、「意味ある生を生きる」という行為をそもそも可能とする条件であるがゆえに語りえないのであった。こうした理由は、神、論理、倫理が言語と世界に対してどのように位置付けられているかについて、我々にある理解を提供した。

それに対して「主体は世界の部分ではなく限界である」という言葉は、「主体」について我々に何の具体的理解ももたらさないのである。そこから引き出せるのは、主体が世界の内部に存在せず、かといって神のように世界の外に存在するのでもないという抽象的条件にすぎず、世界の限界である主体とはいかなる存在なのかについて何も教えないのである。これ以上『論考』も草稿も何も語らない。従って「主体」という糸をたどる限り、我々の探究の道は閉ざされており、状況は言語的独我論の場合と極めて似ている。しかし『論考』の「主体」は「意志」を介して善悪といった価値や世界の意味と結びついているため、「意志」を通じて「主体」に迫るという道は残されている。

意志と主体の二つの側面

ウィトゲンシュタインは草稿の一九一六年のテキストに、「意志」についての豊富な思考の痕跡を残している。『論考』本体にほとんど収録されていないこのテキストから、我々は『論考』期のウィトゲンシュタインの意志概念のおおよその輪郭を知ることができる。そしてこの意志概念を通じて、この時期の主体概念を探ることが可能となるのである。これらのテキストから浮かび上がってくるのは、この時期ウィトゲンシュタインが意志と主体のそれぞれについて、**グローバルな側面**と**ローカルな側面**と呼びうる二つの側面を区別して認めていたということである。つまりこの時期ウィトゲンシュタインは、グローバルな意志の主体としてのグローバルな主体と、ローカルな意志の主体としてのローカルな主体という、二種の倫理的主体について思考していたと言うことができるのである。意志と主体の二つの側面とは次のようなものである。

主体と意志のグローバルな側面とは、主体が生きる生世界の隅々までが、主体の生に関わった意味と価値を帯びるという現象を指す。一例を挙げるなら主体は隣人の顔を単なる物体や形としてでなく、喜び、怒り、悲しみ、といった意味を帯びた表情として認知する。しかし表情とは顔がそれ自身として持つ性質ではなく、生き物の頭部という世界の一部が、主体の意志との関係においてはじめて持つ価値であり、世界の内には存在しないものである（表情については『草稿』pp.275–276；1916.10.15を参照）。同様に主体が住まう世界のあらゆる部分は、それぞれ固有の意味と価値を帯びている。世界のあらゆる事物は、主体の意志とある関係を持つことにより固有の意味と価値を帯び始める。主体が意味を帯びた世界に棲んでいるとは、主体の意志が世界全体にみなぎっているということなのである。

この主体の意志は、世界の特定の部分に向けられているのでなく、世界全体を満たしている。これが主体の**グローバルな意志**である。それは主体が生世界を生き、世界全体が意味と価値を帯びるという事態における主体と世界の関係の総体であり、生きる主体が生世界に対して持つ態度の総体である。それは「世界意志」とも呼びうるものであり、それによって世界に意味が「付加」されたり「脱落」したりするのである。生をめぐるウィトゲンシュタインの草稿ではこのグローバルな意志は次のように語られている。


私は知っている、私の意志が世界にあまねく浸透していることを。(『草稿』p.254；1916.6.11)

善なる意図、または邪悪なる意図が世界に作用するならば、その意図は事実に対してではなく、世界の限界に対してのみ、すなわち言語によって写像されえず言語において示されうるだけのものに対してのみ作用を及ぼしうるのである。

つまりこの場合世界はこれによって総じて別の世界になるのでなければならない。

世界はいわば全体として増大もしくは縮小せねばならない。ちょうど意味の付加もし

くは脱落によるように。（『草稿』p.255；1916.7.5）

ものは私の意志に対する関係によってはじめて「意味」を獲得する。（『草稿』p.275；1916.10.15）

そしてこの意味で私は全世界に共通な意志についても話すことができる。ところでこの意志がより高貴な意味での**私の**意志である。私の表象が世界であるように、私の意志は世界意志である。（『草稿』p.278；1916.10.17）

このように語られるグローバルな意志の源としての主体が、グローバルな主体である。それは「私の意志は世界意志である」と語る「私」に他ならない。ではそのように語るグローバルな主体とは誰なのだろうか、それはどのような存在なのであろうか。それは一般的な主体概念や自我概念を指すのではない。戦場において思索を続けるL・ウィトゲンシュタインという具体的存在を指すのは明らかである。というのも右に引用したテキストはいずれも、ウィトゲンシュタインという存在が、戦場で自らを「私」と呼びながら、自己の生の意味について思考し、発した言葉としてのみ十分に理解されるものだからである。

同時に、このグローバルな「私」は、単なる一個人としてのL・ウィトゲンシュタインとは決して考えられない。というのもこの「私」は世界のあらゆる意味と価値の源泉であることを自ら宣言しているが、ウィトゲンシュタインの生世界論において世界の意味の源泉という立場を占めうるのはただ神という存在のみだからである。従ってこのグローバルな「私」が「私の意志が世界意志である」と正当に語りうるような存在であるのなら、それは何らかの仕方で神と共同し、その結果、神とともに世界の意味の源泉として存在している限りでのL・ウィトゲンシュタインという個人であることになろう。しかしながらウィトゲンシュタインの宗教観に従う限り、この「何らかの仕方で神と共同する」とは、いかなる種類の神秘的な体験でも、神の直観的認識でもありえない。というのも、もしそうなら、神が世界内の現象として体験され、世界内の現象がそれ自身で価値を帯びることになり、彼の生世界論の根本と衝突するからである。

従って「神との共同」とは、世界の意味について思考すること、即ち祈ることであり、その結果としての信仰することと考えなければならない。つまりグローバルな「私」とは、祈り、信仰することを通じて自らの意志を神の意志に合一させ、自らが意味の源泉となろうとする存在なのである。こうした「私」のあり方を**宗教的自己**と呼べるだろう。こうした宗教的自己の目指すもの、それが次に述べられるような神の意志との一致としての幸福なのである。

幸福に生きるためには私は世界と一致しなければならない。そしてこのことが「幸福である」と言われることなのだ。

このとき私は、自分がそれに依存していると思われるあの見知らぬ意志といわば一致している。これが「私は神の意志を行なう」と言われることである。(『草稿』pp.257-8; 1916.7.8)

したがって、宗教的自己とは祈りを通じて神との一致を求めるという「私」のあり方であると同時に、そうした「私」が究極的にそのように在りたいと願う「私」のあり方なのである。

奇妙なことだが、宗教的自己としてのグローバルな「私」と独我論的な言語的主体は、ある意味で極めて似た側面を持っている。というのも宗教的自己とは「私の意志は世界意志である」と言う「私」であり、そのように言うのは「世界は私の世界である」と言うことにほぼ等しいからである。言うまでもなく「世界は私の世界である」という命題こそ、言語的独我論のエッセンスであり、独我論を独我論とする主張そのものである。従って宗教的自己は明らかに**宗教的独我論**と呼ぶべきものを内包しているのである。

厳密には宗教的独我論と言語的独我論はどのような点で類似し、どのような点で異なっているのだろうか。両者の共通点は、いずれにおいても「私」が**世界全体**とある関係を結んでいる、あるいは結んでいると主張していることである。言語的独我論の「私」は世界全体を「わがもの」としていると主張するし、宗教的独我論の「私」は自分が世界全体の意味の源泉であると主張する。それに対して我々が日常的に「私」として生きる時、我々は世界のごく一部とのみ関係を結ぶにすぎない。我々の生環境はあくまでもローカルであり、世界全体と関係することによって我々は生きてゆけない。従って言語的独我論と宗教的独我論の共通点とは、そこに示されている「私」のあり方がともに日常的な「私」のあり方と根本的に異なっているということ、我々が生きてゆくのに不可欠な地域性がそこには欠如しているということである。宗教的自己と世界の独我性を自覚した言語的主体は、ともに非日常的な「私」のあり方なのである。

言語的独我論と宗教的独我論

他方、両者の決定的違いは言語的独我論が排他的であるのに対し、宗教的独我論はそうでないことである。言語的独我論の根幹は、「私」には他のどの存在も持っていない唯一無比の特別性がある、ということである。その結果として「世界は私の世界である」と言われるのであり、それは「世界はこの私だけの世界である」ということに他ならない。排他的独我論者が他の独我論者と世界を共有することは、独我論の放棄に他ならない。それに対して宗教的自己が求めるのは祈りと信仰を通じた神の意志との一致であり、他の「私」が同様に祈りによって神の意志と一致することを拒むものはそこには存在しない。複数の「私」が同時に「世界は私の世界である」と主張することは宗教的自己というあり方と何ら矛盾するものではない。宗教的自己には、神という共有点を介した他の「私」との交通の可能性が内包されていると言ったほうが、むしろ適切かもしれない。

実は『論考』のテキストは、言語的独我論と宗教的独我論のこの違いを微妙な方法で示している。「世界は私の世界である」という表現は『論考』に二度登場する。一度は言語的独我論の提示において (5.62)、もう一度は哲学的自我の導入において (5.641) である。ここで言う「哲学的自我」とは我々がグローバルな主体と呼んでいるものであり、宗教的自己にして倫理的自己であるような存在である。これら二つのテキストには次に示すような微妙な差が存在する。

世界が**私の**世界であることは、唯一の言語（私が理解する唯一の言語）の限界が**私の**

世界の限界であることを意味することに、示されている。(『論考』5.62)

「世界は私の世界である」ということを通して、自我は哲学の中に入ってくる。(『論考』5.641)

5.62で「世界は私の世界である」という独我論命題は引用符に入れられず、しかも「私の」が(ドイツ語原文ではゲシュペルトで)強調されている。それによって「世界はこの私L.W.の世界である」という排他的な内容を主張していることが示されている。つまりここで意味されているのは、我々が言語的独我論と呼ぶ排他的な独我論なのである。それに対し5.641では独我論命題は引用符の中に入れられている。したがって哲学的自我が哲学に導入される契機となるのは、世界がL.W.という具体的一個人の世界であるという個別の事態によってではない。むしろ「私」の意志が世界を満たし、世界の意味の源泉となる、という一般的な事態であり、それはどの「私」にも起こりうる事態なのである。つまりここで問題になっているのは、我々が宗教的独我論と呼んだ非排他的な独我論なのである。このようなほとんど無意識的と見られる表現の差異のうちに、『論考』には二つの独我論が存在するという事実が示されているのである。

述べたように、宗教的自己としてのグローバルな主体は、非日常的な「私」のあり方である。それに対し**ローカルな主体**とは日々を生きる日常的な「私」のあり方であり、ローカルな主体が個々の行為の遂行において行使するのがローカルな意志である。意志を持ち、善悪と倫理の担い手である、と言われる「私」とはこのローカルな主体である。世界の一部とだけ関係し、それと交わることにより行為し、その結果として善悪という価値の担い手となるもの、従って自らの行為に倫理的責任を負うものは、このローカルな主体のみなのである。

倫理と善悪は世界全体に関わることではなく、「私」の身の回りの局地においてのみ生じる現象である。それは世界の中の現象である。ここに『論考』でウィトゲンシュタインが倫理的主体を十分に扱えなかった根本的な理由がある。というのも『論考』の大前提とは、世界内の存在や現象にはいかなる価値も意味もない、従って倫理的には中立である、ということだったからである。この大前提と、倫理的主体と倫理的行為は世界内のローカルな現象であるという事態を和解させることはできない。『論考』という最終的テキストには、世界内現象の価値的倫理的中立性という最終的な結論が記載されているにすぎない（6.4-6.432）。そこでは「いかに世界があるかは、より高貴なことにとっては全くどうでもよいことである」（『論考』6.432）とすら語られている。宗教と倫理は世界内の現象には全く無関係であり、ローカルな主体はそこに全く場所を持たないかのように語られているのである。しかし草稿のテキストは、そのような問題がウィトゲンシュタインの思考に全く存在しなかったのではないこと、『論考』的原理と倫理的問題の間にせめぎあいが存在したが、結局は、ローカルな主体を世界内から完全に追放するという形で強引に決着させたことを示している。それは倫理的主体という問題の解決ではなく、その封印にすぎない。最後にこの封印の過程を簡単に見ておこう。

「意志する主体」をそぎ落としていく

出発点は生をめぐる他の思考と同様、一九一六年六月一一日の思考の噴出である。そこでは倫理的主体としての「私」、すなわちローカルな主体がこの**世界の中に**存在することが明言されている。

神と生の目的とに関して私は何を知るか。
私は知る、この世界があることを。
私の眼が視野の中にあるように、私が世界の中にいることを。
……

私の意志が善か悪であることを。（『草稿』p.253）

これは他の諸原理や諸前提を考慮することなくストレートに示された力強い直観である。この直観に抗して、諸原理や諸前提への考慮に後押しされた冷めた思考が、ローカルな主体を世界の中から徐々に追放してゆく。あたかもローカルな主体がグローバルな主体に吸収されるがごとくに。その第一歩が「思考し表象する主体」の世界内からの追放であり、そのプロセスは一九一五年五月二三日の草稿に起源を持つ『論考』の次の印象的な命題に示されている。

思考し表象する主体は存在しない。
もし私が「私が見出した世界」という本を書くとすれば、そこでは私の身体についても報告がなされ、またどの部分が私の意志に従いどの部分が従わないか、等が語られねばならないであろう。すなわちこれが主体を孤立させる方法であり、むしろある重要な意味で主体は存在しないことを示す方法なのである。というのもこの本では主体だけが論じることのでき**ない**ものとなるであろうからである。（『論考』5.631）

ここでウィトゲンシュタインは一体何を「証明」しているのだろうか、主体は存在しないということであろうか。そうではない。ここで示されているのは、もし世界が対象化されうるものだけから成り立っているなら、世界に主体は存在しない、ということである。そしてそもそも主体とは、作用の主とはなっても決してその対象となることのないものであるから、もし「世界は対象化されうるもののみから成り立っている」ということが前提されるなら、これは同語反復にすぎない。それゆえここで本当に問題となっているのは、「この世界」とは対象化されうるものだけから成り立っているのか、それとも決して対象化されない存在（=主体）も「この世界」に属するのか、ということである。世界をめぐるこの問題は、決して解決されることなくウィトゲンシュタインの思考において、この後も問題でありつづけるであろう。

主体へのこの第一撃に対してウィトゲンシュタインの原初的直観は反発する。

表象する主体は恐らく空虚な妄想であろう。しかし意志する主体は存在する。仮に意志が存在しないとすれば、我々によって自我と名づけられ、また倫理の担い手でもある、あの世界の中心も存在しないこととなろう。（『草稿』p.267；1916.8.5）

このように主体が「意志する主体」としてとらえられるとき、意志と主体の世界内性、ローカリティは否応なく強調されることになる。

我々は意志に対していわば世界の中での手がかりを明らかに必要としている。……

しかし私は全てのことを意志することはできない。

というのも意志作用を考察すると、世界のある部分は他の部分より私により近いと思われるのである。（この通りとすれば、耐えがたいことなのだが）

しかし通俗的な意味で私があることを行なうものの他のことは行なわないというのも無論否定しえないことである。（『草稿』pp.281-3；1916.11.4）

この意志する主体を、ウィトゲンシュタインの思考は、タマネギの皮を一枚一枚むくように世界の内部から次々と取り去ってゆく。そこで用いられる方法はさきほどと同じもの、すなわち全てを次々と対象化し、対象化しえたものは世界の内部に存在はするが、「意志する主体」とは無関係なものとして問題の外へと除去するのである。他方、対象化しえないものは、そのことによって世界の内部から除去される。こうして「意志する主体」とその「意志」はどんどんやせ細り、ついには消滅する。

こうした攻撃はまず通俗的な意志概念に対して仕掛けられる。通俗的概念によれば、意志とは我々の心的な作用であり、我々の身体を動かし行為の動因となるものである。それは我々が経験するある種の心的現象である。これに対してウィトゲンシュタインは「身体的行為の原因となる心的経験としての意志」というものを身体的行為と切り離した上で徹底的に対象化する。そしてこうした分離が可能である限りそれは意志そのものではなく、それに付随する外的現象にすぎないことを示そうとする。意志は行為と内的関係になければならないのである。それは心的経験ではない。こうした思考の痕跡は草稿、『論考』の双方に明瞭に残されている。


既に意志行為を遂行することなく意志するのが不可能なことは明らかである。

意志行為は行為の原因ではなく、行為そのものである。（『草稿』p.281；1916.11.4）

全ての経験が世界であり、そして主体を必要としない。

意志行為は経験ではない。（『草稿』p.283；1916.11.9）

倫理的なものの担い手としての意志について話をすることはできない。
そして現象としての意志は心理学の関心を引くにすぎない。（『論考』6.423）

こうしてほとんど空虚になった「意志する主体」、すなわちローカルな主体は最終的にグローバルな主体に置き換えられるのである。

意志する主体を仮定すべきいかなる理由が存在するのか。
私の世界ということでは個体化にとって十分ではない、とでもいうのか。（『草稿』pp. 283-4；1916.11.19）

ウィトゲンシュタインのこの最終的解決が極めて不十分なものであることを確認しておこう。個体化、すなわち異なる存在を区別するためには、「**私の世界**」という所有格によって表されるグローバルな主体、世界の限界としての主体で十分である、とウィトゲンシュタインは言う。しかしここで求められているのは単なる個体化ではない。ある行為がなされたとき、その行為の主であり、それに対して責任を取りうるような存在を他の存在と区別し同定することが求められているのである。それなしには行為や善悪の価値は存在しえない。そしてこうした存在の同定は、ある行為に対する「誰がやったのか」という問いに対して、「**私がやった**」と答える存在なしには成立しない。「世界が私の世界である」ことだけでは行為の善悪は扱えないのである。

ここで「私が」と主格で名乗りをあげる存在こそが「意志する主体」と呼ばれるものである。そして「私がやった」という答えに対しては「『私』とは誰か」となお問いうるのであり、それに対する答えが必要なのである。『論考』においていったん封印されたこの必要性に真に答えうるのは、言語を生きる「私」をおいて他にない。しかしウィトゲンシュタインがこの「私」に出会うまでには、なお気が遠くなるほど困難で長い思考の旅が必要なのである。

[第4部]

『哲学探究』の思想

〈1929-1946〉

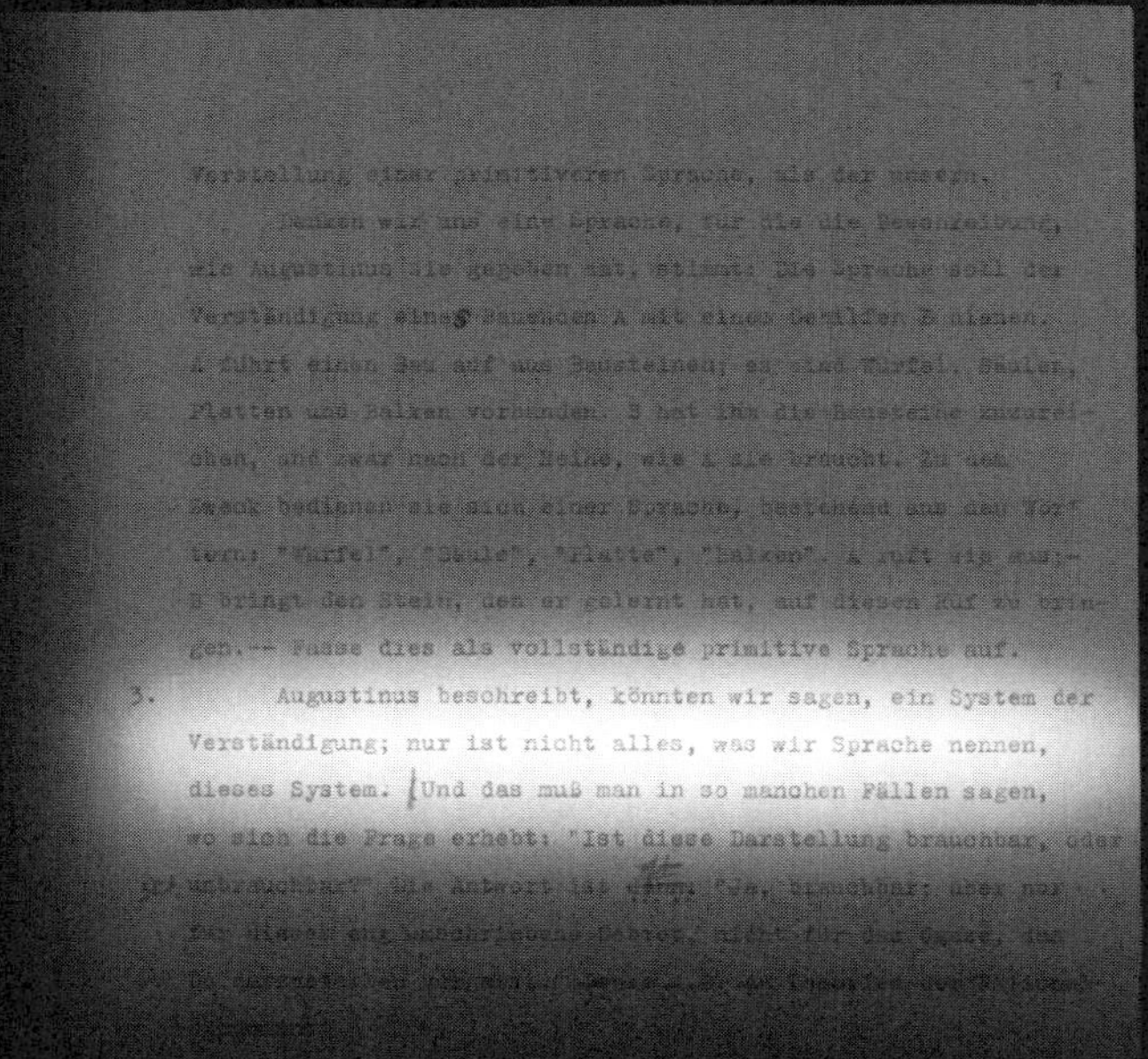

- 7 -

Vorstellung einer primitiveren Sprache, als der unsern.

Denken wir uns eine Sprache, für die die Beschreibung, wie Augustinus sie gegeben hat, stimmt: Die Sprache soll der Verständigung eines Bauenden A mit einem Gehilfen B dienen. A führt einen Bau auf aus Bausteinen; es sind Würfel, Säulen, Platten und Balken vorhanden. B hat ihm die Bausteine zuzureichen, und zwar nach der Reihe, wie A sie braucht. Zu dem Zweck bedienen sie sich einer Sprache, bestehend aus den Wörtern: "Würfel", "Säule", "Platte", "Balken". A ruft sie aus;-- B bringt den Stein, den er gelernt hat, auf diesen Ruf zu bringen. -- Fasse dies als vollständige primitive Sprache auf.

3. Augustinus beschreibt, könnten wir sagen, ein System der Verständigung; nur ist nicht alles, was wir Sprache nennen, dieses System. Und das muß man in so manchen Fällen sagen, wo sich die Frage erhebt: "Ist diese Darstellung brauchbar, oder unbrauchbar?" Die Antwort ist dann: "Ja, brauchbar; aber nur

「§3 アウグスチヌスの記述しているのは、意志疎通の一つのシステムである、と言うことができよう。ただ我々が言語と呼んでいるものすべてがこのシステムであるわけではない」

(『探究』I 最終タイプ原稿 TS227a, P. 7)

1．『哲学探究』の謎

『哲学探究』は二つのタイプ原稿（TS227, TS234）を遺稿管理人メンバーであるアンスコムとラッシュ・リーズが「第一部」（『探究』Ⅰ）、「第二部」（『探究』Ⅱ）と名づけて合本にし、一九五三年に編集・出版したものである。これらのタイプ原稿は極めて完成度の高いものであり、「後期」ウィトゲンシュタインの思想を知るうえで最も重要なテキストである。しかしその後の研究は両者が相互に独立性の強いテキストであることを示しており、「もしウィトゲンシュタインがこれらを出版していれば、第二部は第一部の末尾に組み込まれたであろう」という編纂者の当初の見解は疑われ始めている。本書も両者を独立したテキストとみなし、単に『哲学探究』と言うときには『探究』Ⅰ（TS227）を意味することとする。ちなみに、「一九四五年一月　ケンブリッジ」という日付のある『哲学探究』の「序文」はTS227の一部を構成しており、『探究』Ⅰ（TS227）への序文であることは明らかである。ウィトゲンシュタインが生前、序文を書き、一度は出版を意図したテキストとは『哲学探究』Ⅰ（TS227）である。

『哲学探究』はウィトゲンシュタインをめぐる最大の謎である。それはこの重要なテキストが全体としてどのような構造を持ち、何を主題としているのかが実は不明だからである。これまで解釈の大勢は、『哲学探究』は言語、意味、理解、論理、等の主題に関するテキスト群の緩やかな繋がりであり、全体を貫く明瞭な構造や主題は存在しない、というものであった。この大勢に唯一の例外として抗したのが、アメリカの哲学者S・クリプキである。一九八〇年代初頭、彼は、『哲学探究』は「規則」に関する議論と「私的言語」に関する議論を二つの柱とした明確な構造を持った書物であるという新説を展開した（ソール・クリプキ『ウィトゲンシュタインのパラドックス』産業図書）。この新解釈は、その中で彼が論じた「規則のパラドックス」と呼ばれる議論とともに激しい論争の渦を巻き起こしたが、『哲学探究』の解釈としてはクリプキ説は疑わしい、というのが今日再び大勢となっている。

第四部の目的は、遺稿資料を可能な限り用い『哲学探究』の全体的な構造と、主題の有無という問題に決定的な解を与えることである。そしてもし全体的な構造が存在するなら、ウィトゲンシュタインの思考はどのように展開し、最終的にどのような結論を我々に提示しているのかを明らかにすることである。結論を先取りするなら、我々の結果は構造に関するクリプキの洞察の正しさを示している。そうした構造を通じて示されている思考は驚くべきものである。

2. 時期区分と関連主要テキスト

一九一八年夏、『論考』を完成させたウィトゲンシュタインは一一月のオーストリアの敗北とともにイタリア軍の捕虜となる。捕虜収容所から一九一九年八月ウィーンに帰還したウィトゲンシュタインは『論考』の出版元を求めて奔走するが、哲学的活動そのものは完全に中断する。それがようやく再開されるのは彼が再びケンブリッジに戻る一九二九年一月のことである。この間九年のブランク（周知のようにその間彼はオーストリア山間部の小学校教師をしていた）に関しては様々な解釈が可能であるが、再開前後の哲学的思考の連続性を考えるなら、哲学的思考が『論考』で使い果たされたための長期スランプと考えるのがもっとも自然であろう。ウィトゲンシュタイン自身、大学復帰への援助を申し出たJ・M・ケインズへの手紙でこうした説明をしている。

私が学術的な仕事に復帰するために何かできることがあるかとあなたは書いています

が、できることは何もありません。この問題についてはどうしようもありません。というのも私自身がそうした活動に対して強い内的衝動をもはや感じないからです。本当に言うべきことを私は全て言ってしまい、そのため泉は涸れてしまったのです。変に聞こえるかもしれませんが事実そうなのです。（LWCL, p.205 ; 1924.7.4）

哲学的思考への内的衝動の復活に伴いケンブリッジに帰還したウィトゲンシュタインは、ただちに手稿ノートに日々の思考を書き留めてゆく習慣を再開する。記念すべき最初の「考察」の日付は「一九二九年二月二日」（MS105, p.1）である。『探究』「序文」でウィトゲンシュタインは「わたくしがこの一六年間没頭してきた哲学的探究」という表現を用いているが、この「一六年間」とは一九二九年二月から『探究』テキストが実質的に完成する一九四五年までの一六年間を意味するのである。この時期は、その長い思考運動が最終的に『探究』として結実したという意味で**『探究』期**と呼ばれるべきものである。

本書では、この『探究』期を指標となるテキストの成立時期を目安として、さらに四つの時期に区分したい。すでに何度か述べたように、ウィトゲンシュタインの思考は決して一様には進まない。常に相関する多くの主題の中のいくつかが、時の焦点として彼の心を奪い、思考はそれらに集中する。それらに対する解が得られると彼の思考は別の地平へと一挙に移動するが、その際そこに至るまでの手稿を主題ごとに編集したり、再構成して、中間集約的なタイプ原稿を作成するのが彼の常である。

『探究』期では、『哲学的考察』、TS213、『青色本』、『茶色本』、および『探究』のためのいくつかの最終的下書き、がこうした中間集約的テキストに相当する。これらを指標にすると『探究』期は(i)『哲学的考察』期(1929.2-1931.9)、(ii)TS213期(1931.11-1932)、(iii)『青色本』・『茶色本』期(1933-1935)、(iv)『探究』本体期(1936-1945)、の四期に区分できる(後に述べるように『探究』本体期はさらにいくつかの時期に区分される)。この区分は『探究』期のウィトゲンシュタインの思考の変遷と発展をよりはっきりと浮かび上がらせるために、極めて効果的であることが明らかになるだろう。それぞれの時期の思考の特質と関連する主要テキストについて以下に簡単にまとめておく。

四つの時期と思考

(1)『哲学的考察』期(1929.2-1931.9)

一九二九年ケンブリッジに戻ったウィトゲンシュタインはMS105, 106, 107, 108と続けざまに分厚い四冊の手稿ノートを考察で埋めてゆく。一九三〇年四月にウィトゲンシュタイン自身によってそれらの抜粋を主題別に編集して作成されたタイプ原稿がTS209、すなわち『哲学的考察』

として彼の死後出版された書物である（ただしMS108は前半部のみが『考察』に収録されている）。そこに示されている思考は『論考』の言語観の延長であり、『論考』体系のギャップとして残された部分の補完である。

このように『論考』の思考と『考察』の思考は対立するのでなく連続しており、『論考』・『考察』期というとらえ方をするのが有益な場合すらある。たとえば『探究』が批判しているのは『論考』単体ではなく、『論考』と『考察』の複合体であると考えることにより、『探究』テキストの意味はより明瞭となるだろう。こうした『論考』の延長的思考は『考察』編纂後も一九三一年九月頃までしばらく継続し、その後ウィトゲンシュタインの思考は急速に転換する。それゆえ我々の定義する『考察』期は一九三一年九月頃に終わると考えられる。これには上記の手稿に加え、MS109,110,111（前半）も属する。

この時期のウィトゲンシュタインの思考を多面的に知るうえで極めて興味深いテキストがB・マクギネスが編集した『ウィトゲンシュタインとウィーン学団』（大修館全集五巻所収）である。『考察』期の思考を展開していたのとまさに同じ時期、ウィトゲンシュタインはウィーンに帰省した折、シュリック、ワイスマンといったウィーン学団の少数の中心メンバーと定期的に会合をもっていた。そこではウィトゲンシュタインが自分の見解を開陳し、それについてシュリック、ワイスマンらと討論がなされたが、その詳細な記録がワイスマンによって残されており、それを編集したものが本書である。ウィトゲンシュタインがそこでウィーン学団に「伝授」している思想は、完全に『論考』・『考察』期のものである。

ところがウィトゲンシュタイン自身はこの会合が進行中の一九三一年一一月頃から、その思想から急速に離れてゆき、むしろ解体に向かって動き始める。それに対してシュリックらウィーン学団は、この時期にウィトゲンシュタインから得た思想を元にして彼らの立場を次第に構築してゆく。いわば、人があるファッションにそろそろ飽き始めてきたころ、その恋人がようやくそれに熱中し始める、という事態が起きていたのである。ウィトゲンシュタインとウィーン学団の奇妙で複雑な関係はこうした背景から生まれたと言えるだろう。

(2) TS213期(1931.11-1932)

『考察』作成後、ウィトゲンシュタインはMS108(後半), 109, 110, 111, 112, 113と手稿ノートへの記入を続けてゆく。それらは連続した日付をもつ一次手稿であり、一九三〇年八月一一日から一九三二年五月二三日に至るまでの連続した思考の記録を構成している。これらを主たるソースとして恐らく一九三三年に作成されたのがTS213、すなわち研究者の間で「ビッグタイプスクリプト」と呼び習わされてきた七六八ページもある大きなタイプ原稿である。

一言で言えば「TS213はこの時期に書かれた膨大な「考察」を論点別に詳細に分類編集した一種の資料集である。それらは、たとえば、「(3)意味という概念は言語の原始的理解に由来する」とか「(46)文の機能は言語ゲームにおいて説明される」といった一四〇にも及ぶ論点ごとに編集され、それらがさらに「理解」、「意味」、「命題」、「命題の意義」、「瞬間的理解」等、一九の大項目に分類されている。今紹介した二つの論点が示唆しているようにTS213のテキストの相当部分はすでに『探究』の思考圏に属している。我々が定義するTS213期とは、TS213にカバーされていて、しかも『論考』・『考察』の思考を批判し新しい思考圏を切り開くようなテキストが出現し始める一九三一年一一月以降の時期、つまり1931.11–1932である。

TS213のこうした特異な編集方法は、後日、最終的なテキスト（つまり来たるべき『探究』）を作成する際に、ウィトゲンシュタイン自身が参照できるように、採用されたのではないかと推測される。というのも『探究』開始部（§§1–188）にはTS213を起源とするテキストが少なからず存在するからである。『探究』を構成するテキストのソースの中でもっとも早い日付を持つのは、そうしたTS213期に由来するものである。

この時期のウィトゲンシュタインの思考の意義は『論考』・『考察』期の思考の、緩やかな、しかし根底的な解体運動の完遂という点にある。『論考』・『考察』の具体的な見解というよりは、それらの根底にある少数の根本原理がこの時期一つずつ覆されてゆき、その結果としてある見地が次第に姿を現す。この時期こそが『探究』の思考の出発点なのである（残念なことにTS213は数学に関する末尾の三分の一弱が『哲学的文法—2』として出版・翻訳されているにすぎない）。後にこの解体現場の有り様をウィトゲンシュタイン自身のテキストを通じて眺めることにしよう。

(3) 『青色本』・『茶色本』期（1933-1935）

TS213期によっておよその骨格が提示された新しい思考に系統的な姿を与えようとする最初

の試みが『青色本』（一九三三―一九三四年）と『茶色本』（一九三四―一九三五年）である。ウィトゲンシュタインは一九三〇年一月からケンブリッジで講義を開始するが、これら二つのテキストは授業の内外で彼が学生に口述筆記させたものである。このようにやや特殊な性格を持っているものの、ウィトゲンシュタインの思考の変遷を理解する上で最も重要なテキストの一つである。『探究』の開始部§§1-188の原型は一九三六年一一月に書かれ、『探究』テキストの中でも最も古い部分であるが、それが『青色本』と『茶色本』を元にしたものであることは、『探究』開始部（§§1-188）に登場する最も重要な概念と独自の見解のほとんどが、すでにこの二冊に見出せることからも明らかだ。たとえば、概念の本来的不確定さ、例の重要性、家族的類似性、といった主題は『青色本』に、言語ゲーム、「規則」に関する諸問題、「読む」に関する考察、「理解」に関する考察、といった主題は『茶色本』にすでに存在している。『探究』開始部（§§1-188）のベースは、『青色本』と『茶色本』を融合させ、それにTS213から一定のテキスト（たとえば§§109-133の哲学に関する部分）を編入させることによって作成された、と考えるのが最も自然である。

このように『青色本』・『茶色本』は、『探究』開始部の最大の源泉という重要な意味を持っているが、同時に、より大きなウィトゲンシュタインの思考の流れのありかをも示している。第二部、第三部でウィトゲンシュタインの生涯の思考を貫く「言語」と「生」という二大主題が登場した。そして「生」という主題は『論考』の思考において最終的には「私の特別性／独我論」という主題へと変換されていった。こうしてウィトゲンシュタインの思考は「言語」と「私の特別性／独我論」という二大主題を抱えながら『論考』を超えて続いてゆくのである。『論考』の思考そのものはTS213期に解体されるが、それはこれら二つの主題が消滅することを意味しない。むしろそれらに関する新しい思考が『論考』後、強く求められる。「言語」と「私」に関する「新しい思考」は『探究』の後半（§198以降）になってはじめて示されるが、それは『青色本』『茶色本』においてすでに提起されていた二つの問題（独我論と規則の問題）に対する解答なのである。

具体的に言うなら、独我論の問題は『青色本』p.86以降で「体験の私秘性と独我論」という形で論じられ、一応の解が用意されるが、それは後に放棄される不十分な解でしかない。こうして独我論の問題は未解決のまま存続し、後に一群のテキスト（それらについては後でふれる）を介して「私的言語」の問題へと変換され、『探究』へと受け継がれてゆく。他方「言語」に関して言えば、クリプキが「規則のパラドックス」として取り上げた問題（『探究』§185）はすでに『茶色本』第二部pp.226-230に登場している。このように『探究』の核心部は『青色本』・『茶色本』期にすでに存在していた二大問題をめぐる長く複雑な思考運動が生み出したものなのである。

(4)『探究』期（1936-1945）

『青色本』と『茶色本』、そしてTS213の一部を融合させて『探究』開始部を作成する試みは一九三六年夏から始められた。何度かの失敗の後、ノルウェーのショルデンで、一一月に手稿MS142として完成する。MS142こそ『探究』開始部（§§1-188）の最終原稿である。哲学に関する部分（§§109–133）と一部のナンバリングを除けば、現行の『探究』（TS227）テキストとMS142はほぼ同一である（ちなみにMS142は一九六五年に一時行方不明になった後、一九九三年コーダー遺稿の一部として再発見されるという数奇な運命をたどったテキストである）。このように『探究』テキストの製作は一九三六年一一月に始まるのだが、その完成にはさらに九年もの歳月を要した。

この点『論考』と『探究』は、大きな対照を見せている。『論考』は長い思考期間の後、いったん最終稿が書き始められると、一気に書き終えられた。執筆中に予想せざる問題に遭遇するという事態は起こらなかったのである。他方、『探究』は何度にも分けて書かれた。執筆と執筆の間の長い時期は、新たな問題をめぐる複雑な思考のために必要だったのである。このことは『探究』が扱った問題が『論考』のそれに比べはるかに重層的で困難なものであったことを示唆している。問題と解の発見が交互に繰り返されたこの九年間のウィトゲンシュタインの思考運動を解明するとき、『探究』の偉大なテキストはその真の姿と意味を現すのである。ウィトゲンシュタインのこの九年間の思考に挑もうとすれば、『論考』の論理的延長である『考察』の思考とはいかなるものであったのか、そしてそれがTS213期の思考によって如何に解体されたかをまず明らかにしておく必要がある。

3．『考察』期の思考──『論考』の思考の拡張と完成

右で述べたように『考察』期の思考は一言で言えば『論考』の延長である。『論考』は言語と論理について、言語とは世界の論理像であり、論理とはそうした言語が可能となるための条件である、という根本的見解を提示した。ところがこの根本原理に即して言語と論理のより具体的な姿を求めるなら、『論考』にはいくつもの重大な空白部や問題が内包されていることが、ただちに明らかとなる。「対象」問題しかり、「独我論」問題しかりである。『論考』の言語観・論理観が根本において正しいと信じるものであれば、これらの重要問題の解決と帰趨には大きな関心を抱くだろう。これこそ『考察』期のウィトゲンシュタインが立っていた立場なのである。進化論になぞらえるなら、『考察』とは『論考』と『探究』の中間種ではなく、『論考』という生き物の進化の最終段階を表しているのである。『論考』の未完の体系を補完しようというウィトゲンシュタインのこうした試みの焦点となったのが「検証」、「文法」、「独我論」という三つの主題／概念である。

検証

検証とは自分自身の経験を通じて命題の真偽を確かめることである。たとえば家から外に出て天気を確かめることは、「今雨が降っている」という命題の検証である。二〇世紀の哲学史において検証という概念が重要な位置を占めてきたのは、シュリックらのウィーン学団が「検証」を彼らの哲学の根本原理の地位にまで高め、「検証可能な命題のみが有意味である」というスローガンによって、伝統的形而上学を解体しようとしたからである。しかし彼らの検証原理は、その後、徹底して批判され、ある意味で彼らの「浅薄さ」の象徴のごとくみなされるようになった。

他方、よく知られているように『哲学的考察』には「検証は命題の真理の一つの標識ではなく、命題の意義そのものである」(『考察』§166 ; p.267) という検証原理そのものと言って差し支えない命題が存在する。この事態はウィトゲンシュタインを絶対視する傾向のある人々(彼の「ファン」と呼ぼう)にとって極めて気がかりな事態であった。深遠なウィトゲンシュタインともあろう人が、一時期とはいえ浅薄な検証原理を唱えていたとは何たることか。これが「ファン」の密かな嘆きだったのであり、彼らはできるだけ検証概念をウィトゲンシュタインから遠ざけようとしてきた。その結果、「ウィトゲンシュタインは検証原理を唱えていた時期**もある**」といった弁解めいた言い方が、往々にしてされてきたのである。

しかしながら、『考察』期の手稿ノートを注意深くたどり、そこで展開されている検証概念を『論考』の真偽概念と照らし合わせるなら、検証概念が『論考』の内的要請に従ったものであり、『論考』の思考と不可分であることが明らかとなる。同時にこのことは、ウィトゲンシュタインの思考から検証概念が姿を消すのは、彼がウィーン学団と距離をとったことの結果ではなく、『論考』の思考を廃棄した結果であることを意味している。『考察』期の検証概念が『論考』の思考とこのように内的に結びついていることを理解するのは、『論考』から『探究』へ至る思考の変遷を内的原理に即して理解するうえで極めて重要である。

『論考』と検証概念を結ぶ鍵となるのは「現実との一致」という概念である。『論考』によれば事実の論理像である命題の本質的特徴は、真偽という性質を持つことであるが、命題の真偽はそれが現実と一致するかどうかによって決定される(cf.『論考』2.222)。このように「現実との一致」という概念は『論考』の命題観・真理観の核心をなしている。ここでもう一歩進んで、では我々は命題の真偽をどのように知るのか、と問うなら、『論考』は、「命題と現実を比較することによって」(cf.『論考』2.223, 4.05)、と答えるのである。

つまり『論考』の認識論の中心には「命題と現実の比較」という概念が存在している。しかしながらこの「比較」が具体的にどのようなことなのかについて、『論考』は、「像は物差しのように現実にあてがわれる」（『論考』2.1512）という比喩的な表現をするに止まっている。「命題と現実の比較」、「命題を現実にあてがうこと」、それは「命題を現実に適用する」ことでもある（cf.『論考』5.557）。こうした表現が間接的に表現している過程に、より内実を与えるべく登場するのが「検証」なのである。次のテキストが示しているように、『論考』において「命題を現実にあてがうこと」と呼ばれたものを、『考察』期にウィトゲンシュタインは「検証」と呼んでいるのである。

適用ということで私が理解しているのは、音の結合や種々の線を言語とするもののことである。即ち、適用が線の刻まれている棒を物差しとする、といわれる意味で。言語を現実にあてがうこと。
そしてこの言語をあてがうことが命題の検証である。（MS108, p.1；『考察』§54, p.99；ただし最後の文は『考察』には収録されていない）

つまり検証とは、単なる記号にすぎない命題が現実と結びつけられることにより意味を受け取る過程であり、同時にそうした意味の理解を通じて、我々がその真偽を直感的に認識する過程なのである。

あらゆる命題は線の空虚な遊びであるか、あるいは現実とつながりのない音声であり、現実との唯一のつながりがその検証のされ方なのである。(MS107, p.177)
言語の検証――従って言語がそれによって意味を受け取る行為――はもちろん現在において自らの目の前で行なわれる。(MS105, pp.120-122)

このように検証概念は『論考』の思考と内在的に結びついた、その自然な延長とも言うべきものである。それはこの後『論考』の根本原理が解体されるに従ってウィトゲンシュタインの思考から姿を消すのであるが、検証概念のこうした消長は、『論考』との内的関係において理解されるべきであり、ウィーン学団との関係とはひとまず切り離して考えるべきである。

文法

論理とは非経験的で必然的な推論を可能とする源泉であるが、唯一の源泉ではない。第二部で示したように、我々に知られている様々な非経験的推論のうち、どれを論理的推論とみなし、どれを論理外的推論とみなすかによって、論理という現象の領域は大きく変わる。それを最も狭く取るなら、「ならば」、「かつ」、「または」等の論理接続子と「全て」、「いくつかの」といった量化子の本性に立脚した推論のみが論理的推論となる。これが狭義の論理であり、フレーゲ論理学のカバーする領域である。この外側には概念間の内的関係に立脚した数多くの非経験的・必然的推論が存在している。それらのどこまでを論理とみなすか、それらをどのように解釈するかに応じて、我々の論理観には大きな幅がある。

この点に関して、『論考』には次のような矛盾点が潜んでいた。一方で『論考』は、論理的推論の基礎となる論理命題は全てトートロジーである（6.1）と考えている。トートロジーとはフレーゲ論理学で証明される定理だから、これは論理とは狭義の論理のみであると、というのに等しい。フレーゲ論理学の持つ数学的構造の純粋さが論理の特質であるという考え方である。ところが『論考』には「対象の内的性質」という概念がある。これについては、「対象が当の性質を有しないということが思考不可能な時、その性質は内的である」（4.123）と言われている。対象がその性質を持たないことが思考不可能ということは、対象自身からその性質が非経験的に必然的に導かれるということである。概念の内的性質に立脚したこうした推論の源となるものは「対象の論理」と呼びうるだろう。次に示すように『論考』期の思考は、色、時間、出来事といった様々な「対象」に関して、「対象の論理」の存在を想定しているのである。

たとえば二つの色が同時に視野の中の一つの場所にあることは不可能、しかも論理的に不可能である。このことは色の論理構造によって排除されているのである。(6.3751)

一方向性は時間の論理的性質である。
しかし出来事が繰り返されるのが不可能ということは、物体が同じ時に二つの場所にありえないということと全く同様に、出来事の論理的本質の中にあるのである。(『草稿』p.275；1916.10.12)

ここで「論理的」と呼ばれているものが、トートロジーとは異質であるのは明らかだろう。二つの色が同時に同じ場所にありえないのは、フレーゲ論理学の法則によってではなく、色の概念そのものによって説明されるべきことだからである。このように『論考』は一方で論理の幅を狭く取り、フレーゲ論理学の数学的構造を標榜しながら、他方で、言語の全領域に広がる「対象の論理」を自らの対象としていたのである。

一九二三年、『論考』の書評でこの矛盾を指摘したのが当時二〇歳のラムゼイであった。ラムゼイの批判を真剣に受け止めたウィトゲンシュタインは、次の二つの選択肢のどちらかを選ばなくてはならなかった。すなわち、フレーゲ論理学の純粋さを守り、広大な「対象の論理」という領域を、論理的考察の対象としては放棄するか、言語全域を考察の対象とする代わりに論理の構造的純粋さという観念を放棄するか、の二つである。結果としてウィトゲンシュタインが選択したのは後者であり、その際、「対象の論理」に対する新たな呼称として選ばれたのが「文法」という名に他ならない。

こうした観点からすれば先の引用文で述べられたことは、色の文法、時の文法、出来事の文法に他ならないのである。このようにして『考察』期以降「文法」という言葉は概念間の内的関係、あるいはそうした関係を述べた文、を意味するようになる。この時期「文法」という用語は次のように使われ始めている。


「色」、「音」、「数」といった語は我々の文法の各章の表題として現れることができる。それらは章の中に登場する必要はなく、章の中ではそれらの構造が与えられるのである。(MS108, p.99 ;『考察』§3, p.54)

算術は数の文法である。数の種々の種類に関係する算術の規則のみが、数の種類を区別できるのである。(MS108, p.114；『考察』§108, p.165)

「論理」から「文法」への移行によって、ウィトゲンシュタインの関心と思考法は次第に数学的対象から日常的な言語世界へと移ってゆく。その結果フレーゲ的な論理学への見方も変化し、数学的な構造というよりは、「そして」、「または」等の文法(にすぎない)とみなされるようになる。

真―偽表記法によって私が描出した「そして」、「または」、「ない」等に関する規則は、これらの語の文法の一部ではあるが全部ではない。(MS108, p.52；『考察』§83, p.137)

こうして導入された「文法」概念は、「論理」との役割分担を微妙に変化させながらも、『探究』を含めたその後のウィトゲンシュタインの思考の全時期において、重要な位置を占め続けてゆく。この点「検証」と好対照である。

独我論

『論考』において我々は二種の主体と二つの独我論に出会った。すなわち自らを「私」と名乗り任意の対象を「これ」として意味する能力を持つ**言語的主体**と、世界とその意味に対して宗教・倫理的態度をとり意味ある生世界を生きる**宗教的自己**という二種類の主体、そしてこれら二種類の主体が世界に対して持つ特別な態度としての**言語的独我論**と**宗教的独我論**である。『考察』期以降、ウィトゲンシュタインの哲学的テキストに登場するのは、もっぱら言語的主体と言語的独我論にまつわる問題であり、『草稿』に見られたような生世界とその意味全般に関する雄大な考察は二度と姿を現さなくなる。

手稿ノートに時折暗号体で記されている内省的・独白的・日記的テキスト群（出現頻度は『論考』期に比べてはるかに低くなるが、その一部は『反哲学的断章』に収録されている）は、生世界をめぐる問題が消滅し、その結果生じた宗教的自己が、ウィトゲンシュタインの実生活／倫理生活／宗教生活の現実の土台として存続したことを示している。他方、言語的主体と言語的独我論をめぐる問題は、引き続きウィトゲンシュタインの哲学的思考を根本的な場所で規定し続けた。その流れを把握することは、彼の思考運動とその成果たる『探究』の全体像をとらえるために不可欠である。以下で、この問題に関する『考察』期の思考がどのようなものなのか、それは『論考』の独我論（特別に断らない限り今後「独我論」とは言語的独我論を意味する）とどのような関係にあるのかを明らかにしたい。まずは『論考』独我論を簡単に振り返ろう。

言語的独我論は、(i)「私」は比類のない特権的性質を排他的に持っている（=他の存在はそれを持っていない）、(ii)この特権的性質は言葉で記述できず、「私」自身に対して示されるだけで、他に対しては示すことも語ることもできない、という内容を持っていた。そして「特権的性質」とは「私」が世界に対して比類のない関係を排他的に持っているという性質であり、その関係を「私」が認識することにより「私」は「世界は私の世界である」ことを確信する。「私」はこの関係を「これ」と名づけ、それとして認識する。

今この関係を**独我性**と名づけよう。すると(i)、(ii)は次のように言い換えられる。(i)′「私」は独我性を世界に対して持ち、それを「これ」として指示することにより認識する、(ii)′独我性は「私」に対して示されるだけで、語られず、他に対しては語ることも示すこともできない。これが『論考』独我論の「言わんとすること」である。こうした思考を背景として用いつつ表現するなら、独我論をめぐる『考察』期の思考とは、独我性を言葉で言い表す試みとその挫折、そして独我性が言い表せない理由の解明の努力、からなっていると言えるだろう。ウィトゲンシュタイン自身のテキストを通してこの思考の姿を見てゆこう。

「私」が「これ」として指し示す独我性とは一体どのようなものなのだろうか。一見するとこの問いは答えがたいようにも思われる。しかし『論考』独我論の根本前提を振り返ってみれば、答えにはただ一つの可能性しかないことがわかるのである。まずそれは「私」が世界で最も強いとか、世界を支配しているといった、「私」と世界の間のいかなる経験的関係でもない。もし独我性がそうした関係なら(仮にそれが事実であるとしても)、「私」の特権性は時とともに変化し、いずれ消滅するだろう(たいていの場合、事実ですらない)。こうした経験的な独我性を主張する独我論を**経験的独我論**と呼ぼう。経験的独我論は『論考』が主張しようとした独我論とは似て非なるものであり、経験的内容を持ち、語りうるのである。それは独我論というよりは、誇大妄想と呼ぶほうがふさわしい思考である。

本来の独我論が主張する独我性とは、いかなる経験事実にも依存することなく、「私」が「私」であり、世界が世界である限りにおいて常に成立し、しかもそれが成立しないことは考えられないような、必然的性質なのである。従って、奇妙に聞こえるかもしれないが、独我論は(もし正しければ)非経験的で必然的に真であるという点において論理的真理に似た性質を持っている。論理的真理との大きな違いは、「私」が独我性を「これ」として直接に指示できるという点である。従ってそれは具体的なもの、「私」の「目の前に」あるもの、つまり「私」がこの現在直接体験している何ものかでなければならない。しか

も
それは現に展開している具体的な経験内容（たとえば、今日の前を鳥が横切った、といった）であってはならない。従って「これ」によって指し示される独我性とは、「私」の「現在」の様々な体験が現に持っている比類なきリアリティ、とでも呼ぶべきものでなければならないだろう。それは「私」の「現在」の体験のみが持っている実在性、生命性、躍動性であり、それこそ真の意味で「存在する」というにふさわしい性質であり、しかも具体的に記述できる内容を一切持っていない性質である。

「私」は「現在」の体験においてこの独我性を感じるからこそ、真の意味で存在するといえる唯一の主体なのである。それゆえ独我論の根底には「**私の現在の体験のみが実在する**」という思考（**唯現論**と呼ぼう）が存在する。「現在の経験のみが実在性を持つ、という命題は独我論の最終的帰結を含むと思われる」（MS108, p.1：『考察』§54, p.99）という『考察』のウィトゲンシュタインの言葉は、こうしたことを意味していると考えなければならない（この文を含むテキストには後でもう一度触れる）。

語りえない独我論をどう語るか

このようなわけで、独我性を言葉でとらえようという『考察』期の試みは、常に逃げ去る現在の体験を記述する試みという形を取ることになる。『考察』の随所で言及される

「現象学的言語」、「第一次言語」とはこの試みのことに他ならない。一九二九年の早い時期、ウィトゲンシュタインは主としてMS105（pp.108-132）において瞬間的現在を記述するための様々な試みを行なっている。それは『考察』第7章（§§67-75, pp.116-127）に収録されている。しかしウィトゲンシュタインは次第にこの試みに懐疑的になってゆく。次に示す興味深いテキストは、独我論に関するこの時期のウィトゲンシュタインの思考の不安定さをよく表している（前後のテキストからこれは一九二九年一〇月六日以前のものと判断できる）。

現在を唯一の実在とみなす考察方法は、いわば、そこから外部へと通じる道のない谷底へと滑り落ちる道である。絶えず流れる、あるいは絶えず変化するこの現在を把握することはできない。我々がそれを把握しようと考える間もなくそれは消え去る。この谷底で我々は、思考の渦の中で魔法にかけられたままなのである。

……こうした不可能な試みから我々を救うのは、我々の言語をこうした試みに用いようとするなら、我々は無意味なことを語ることになる、という認識でなければならない。（MS107, pp.1-2）

ここでウィトゲンシュタインの思考は、相反する二つのモーメントの間で引き裂かれている。一方で現在を唯一の実在として把握しようとすることの不毛さ、危険さ。それが言語の限界を超えようとする愚行であることを彼は痛いほど承知している。しかしその禁断の谷底へ向かう強い衝動に、彼は絶えず曝されているのである。語りえない独我論・唯現論をあえて語ろうとするこの衝動を**独我衝動**と呼ぼう。このテキストは独我衝動の批判というよりは、それに曝されながらも抗している自分に対する慰撫のごときものである。その証拠にこの直後、彼は、「それにしても現象学的言語は存在しうるのか？（それはどこで停止すべきなのか？）」（同、p.3）と書き、現象学的言語の様々な試みを（懲りずに）再開しているのである。次のようにウィトゲンシュタインが現象学的言語の可能性を断固として否定するのは、ようやく一九二九年一〇月二二日になってのことである。

> 現象学的言語が可能であり、それのみが哲学において我々が語らんとすることを本当に語るのだ、という想定は馬鹿げている、と私は信じる。我々は我々の日常言語でやりくりせねばならないし、それを正しく理解せねばならない。すなわち我々は無意味なことを語るようにとそれに誘惑されてはならないのである。（TS107, p.176 ; 1929.10.22）

このあとウィトゲンシュタインの思考の方向は大きく転換する。独我性・唯現性を語ろうとする試みと決別し、それが語りえないことを受け入れた上で、その語りえない理由の探究へと向かうのである。この探究の動機は明らかに、不可能な本当の理由を知ることにより衝動を最終的に克服することであり、「治療としての哲学」という『探究』期の哲学観の片鱗がすでに姿を現している。こうした思考の成果とみなされるのが一九二九年一二月一三日、一四日のテキストである。『考察』でそれらは§54, §§57-58として他のテキストの中に目立たぬように埋め込まれているが、ウィトゲンシュタインの思考の流れの中で極めて重要な戦略的意味を持つテキストである。まず一二月一三日には、独我論・唯現論が語りえないことに関する考察が展開される。我々の考察に関連する部分を抜粋して引用しよう。

世界の本質に属することを言語は表現できない。

現在の瞬間の経験のみが実在性を持つ、と語りたくなる誘惑がある。現在の経験のみが実在性を持つ、という命題は独我論の最終的帰結を含むと思われる。ある意味でその通りでもある。ただし独我論が語れないようにこの命題も語りえない。——というのも世界の本質に属することはまさに語られえないからである。

ところで言語の本質は世界の本質の像であり、哲学は文法の管理人として、実際にまた世界の本質を把握できるのである。ただしそれは言語の諸命題という形でなされるのではなく、無意義な記号結合を排除するためのこの言語に対する規則という形でなされる。(MS108, pp.1-2;『考察』§54, pp.98-100)

ここで「世界の本質」と言われているのは独我論とその最終的帰結である唯現論に他ならない。それらは世界の本質であるが故に語りえないのである。なぜ世界の本質は語りえないのか、それについての議論は『論考』で論理が語りえないとされた議論と驚くほど似ている。今一度振り返ってみよう。論理は言語の本質であった。同時にそれは言語と世界が共有する本質でもあった。ただ論理命題は世界の本質を語るのでなく、トートロジーであることを通じて世界の本質を映し出すのであった。それゆえ世界の本質としての論理を我々は語りえないのである。

他方、右のテキストでは「言語の本質」として考えられているのは、狭義の論理を超えた広い領域を覆うものである。それは「文法」概念が覆う全領域、すなわちあらゆる概念の内的性質・関係の総体に他ならない。独我論・唯現論とはこうした「文法」という特別な「真理」の一部なのであり、より具体的には「私」、「現在」という語/概念に映し出された世界の本質なのである。つまり独我論と唯現論は「私」と「現在」の文法であり、それらの語の文法に映し出された世界の本質なのである。それゆえ独我論・唯現論は命題によって語られるのでなく、文法規則によって示される。これが、語りえない独我論をどう語るか、という問題に対する一つの解、『考察』期から『青色本』・『茶色本』期にかけてのウィトゲンシュタインを強くとらえていた解答である。それはある意味で独我論の正しさを認めながら、その正しさとは一つの「文法的事実」にすぎない、とみなすものであり、独我論は正しいが語りえない、という『論考』の解の進化した形態だとみなせるだろう。この解を独我論問題の**文法的解決**と呼ぼう。

「私の特別さ」をめぐって

こうして提示された文法的解決は、実は独我論本来の立場からすれば決して満足のいくものではない。というのも文法的解決に従うなら、「私の現在の経験のみが実在的である」という独我論／唯現論の命題は、特定のL・ウィトゲンシュタインという独我論者についてのものではなく、「私」、「現在」という概念に関するものということになる。したがって、自分を「私」と呼ぶ全ての人間、すなわち全ての言語使用者について当てはまる一般的真理ということになるのである。それはもはや、言葉本来の意味での独我論ではない。独我論者L.W.をそもそも独我論へと駆り立てたのは「この私、L.W.の比類なき特別性」という唯一無二の具体的な独我感情だった。独我論の文法的解決はこのような独我論の魂をどこかに置き去りにしてしまうのである。

ではは独我論／唯現論命題を独我論者L.W.という特定の個人に関する命題と解釈すればいいかというと、問題はそう簡単ではない。独我論命題は「私」、「現在」といった誰にでもいつでも当てはまる言葉のみから成り立っているから、もしある個人、たとえば独我論者L.W.が「私の現在の経験のみが実在的である」と言い、それが正しいとみなされるのなら、他の誰もが同様に「私の現在の経験のみが実在的である」と言える。それを拒む理由は存在しない。もしこの事態にいらだった独我論者が、「そうではないのだ、この私は……という点において特別なのだ」と経験的事実によって自分の特別さを示そうとするなら、独我論者は経験的独我論、つまり事実上の誇大妄想に転落する。こうして独我論者は文法的解決によって実質的に独我論を放棄するか、経験的独我論に転落するか、というジレンマに遭遇する。このジレンマを**独我論のジレンマ**と呼ぼう。

仮に独我論自身は正しくなくとも「私の特別さ」という独我的感情の中には何らかの真理が宿されている、と確信する者にとって、独我論をめぐる問題の核心とは独我論のジレンマからの脱出に他ならない。この時期、ウィトゲンシュタインはこの問題に直面し、解は見つけられないものの、解の存在を確信していたように思われる。そうした思考が展開されるのが翌一九二九年一二月一四日のテキストである。特に『考察』§58として収録されている部分は重要である（これは永井均が『〈私〉の存在の比類なさ』［勁草書房］で我々に注意を喚起したテキストである）。

ここでウィトゲンシュタインはまず独我論者中心的言語というべきものを考える。つまり独我論者L.W.が痛みを感じるときだけ、「L.W.は痛みを感じている」と言い、他の個人については「L.W.が痛みを感じている時と同じように振る舞っている」と言う。これは「私の現在の経験だけが実在的である」という独我論者の主張に沿った言語である。しかし他の個人もL.W.と全く同じように独我命題を主張できるから、結局それぞれの個人を中心とした言語が個人の数だけ存在することになる。これが独我論の文法的解決が示す「現実」である。しかし独我論者L.W.の本当の主張とは、各「私」は各人の言語の中心だということではなく、この「私」L.W.が「特別な地位 Sonderstellung」を持っていること、従って多くの自己中心的言語の中でL.W.中心的言語が「特別な地位」を持っているということである。しかしそれは示すことができないのである。

さて、様々な人間を中心とし、しかも私が理解可能な全ての言語の中で、私を中心とする言語は特別な地位を占めている。それはとりわけ適切である。私はこのことをいかに表現できるであろうか。すなわち私はこの優越性をいかに正しく言葉で記述できるだろうか。それは不可能なことである。というのも私を中心とする言語でこのことを行なおうとすれば、この言語に固有な用語で当の言語を記述すれば例外的な地位が与えられることはなんら驚くべきことではないし、他の言語の表現様式では私の言語は決して特別な地位を占めないからである。（MS108, p.9 ;『考察』§58, pp.105-106）

ここではあたかも「特別な地位」は存在するが語りえないのだと言わんばかりに語られているが、事実を直視するなら「特別な地位」が記述できないのは、特別な地位など存在しないからである、と言わなければならない。「存在するが語りえないのではないか」と言ってはならない。それは事実から目をそむけることを言いつくろう安易な神秘主義である。記号体系として全ての自己中心的言語は同等であり、（たとえばL.W.を中心とする、といった）特定の経験的条件を定めない限り、そこからどれかを特別なものとして選び出すことはできない。従って「私の特別さ」という原初的直観をどこまでも追い求めようとするなら、我々の思考は記号体系としての言語の外に出なければならない。そしてウィトゲンシュタインはここで、「適用」、すなわち言語の具体的使用という新天地に独我論者の希望の光を求める。テキストは次のように続く。

——特別な地位は適用に存しているのである。……諸言語の間を実際に区別するのはもっぱら適用である。ところで適用を度外視すれば全ての言語は等価値である。(MS108 p.10 ;『考察』§58, p.106)

「特別な地位は適用に存する」とは、「私の特別さ」は「私」という語の具体的な使用、使われ方に存する、ということである。しかしそれがそのような使われ方であり、そこに「私」のどのような特別さがあるのかについては何も語られない。それどころかウィトゲンシュタインの思考がここではいまだ曖昧で、ジレンマの真の廃棄でなく、安易な神秘主義(「ジレンマの二選択肢は同一の結論に収斂する」という嘘!)に流れがちであることを示している。

——これらの言語は全て、唯一比類のないことしか描出せず、それ以外のことは描出できないのである。(描出されることは多くの中の一つのことではなく、またそれへの対立物もありえない、という考察方法と、私は私の言語の優位性を表明できない、という考察方法。これら二つの考察方法はいずれも同じ結論に至るに相違ない)(同)

「私の特別さ」は「私」という語の使用の中にあるというこの直観が具体化されるのは、はるか後年、ウィトゲンシュタインが死を目前にしてのことである。第五部で「私」をめぐる思考のドラマを再び扱うまで、我々は以上のテキストを記憶しておかなければならない。

4．TS213期の思考――『論考』と『探究』の分水嶺

『論考』の言語観と『探究』の言語観は、根本的に対立する二つの見地である。それらは最も根本的ないくつかの原理において、相反する見解を体現している。かくも大きな転換が行なわれたのが TS213 期に他ならない。この転換は決して一挙に行なわれたのではない。突然『論考』的見地が放棄され、それに新しい見地が取って代わったのではなく、『論考』的見地を支える三つの原理（命題の意義と概念の確定性、論理の超自然性、命題の写像性）が一つずつ疑問に付され、批判され、否定されていったのである。この過程を我々は、**日常性への転換、自然史的転換、言語ゲーム的転換**、という三つの大きな転換としてとらえ

たい。それぞれの転換の結果もたらされるのは新しい見地ではなく、来るべき新しい見地が満たすべき根本条件である。従って「TS213期の思考は、ウィトゲンシュタインを『探究』的見解に導いたというよりはその入り口を示したと言うべきであろう。にもかかわらずそれは決定的な分岐であり、『論考』と『探究』の分水嶺なのである。驚くべきことにこれら三つの転換は一九三一年から一九三二年にかけての一年足らずの間に矢継ぎばやに行なわれている。それは長い間曖昧な形のまま温められてきた思考が臨界点に達し一挙に噴出したことを暗示している。三つの転換の実相とその意味するものを、それらを記録しているテキストに基づいて見てみよう。

(1)日常性への転換

厳密性原理の批判

すでに述べたように『論考』は日常言語を否定・批判し、代わって理想言語を構築しようという立場にたつものではない。『論考』にとって日常言語は「あるがままで論理的に完全に順調」(5.5563)なのであり、この点に関する限り『論考』と『探究』に対立点はない。両者が対立するのは、フレーゲに由来する、命題の意味と概念は厳密でなければならない、という原理(これを**厳密性原理**と呼ぼう)を『論考』が忠実に守っているという点においいてである。

概念Aが厳密であるとは、いかなる対象xを持ってきても「xはAである」という命題の真偽が決定できるということである。他方、少数であっても真偽の決定が困難なケースが存在する場合、概念は曖昧と言われる。「素数」は厳密な概念であり、「植物」は曖昧な概念である。命題が厳密な概念だけから構成されていれば、その真偽はいかなる場合にも決定できるから、厳密性原理をめぐる問題とは、結局、概念の厳密性／曖昧さをめぐる問題である。『論考』の思考でウィトゲンシュタインが最も腐心した問題の一つが日常言語と厳密性原理の和解であり、第二部で考察した「単純対象」をめぐる思考を通じて、極めて大きな権限をもつ言語主体の想定により一応の解決が図られたのである。

しかしながら現実の日常言語は曖昧さに満ちており、通常我々が曖昧だと思わないところにも曖昧さがあふれている。たとえば「彼は四時に研究室に来た」という命題は、彼が来たのが四時一分である場合、偽となるのだろうか。四時六分の場合はどうだろうか。答えは、真とも偽とも言えない、場合による、というものであろう。というのも、通常誰かがこの命題を用いる場合、厳密な時間は想定されていないからである。そうした想定をすることに意味がないのである。これが日常言語の実相である。それは徹底的に曖昧である。明らかに『論考』の見解はこうした実相に反するものである。『探究』は日常言語のこうした本来的曖昧さを説得的に示し、厳密性原理を徹底的に批判している（§§68-80）。

こうした新しい見地が最初に注意深く掘り出されるのが一九三一年八月一一日、一二日の二日間にわたってしたためられたテキスト（MS111, pp.81-89）である。参照の便のためこのテキストを「転換テキスト(1)」と呼ぼう。転換テキスト(1)はTS213（pp.251-256）に「(58)厳密な文法的なゲームの規則と揺れ動く言語使用。……」という表題の下に収録されている。転換テキスト(1)の最初の部分は次のようなものである。

たとえば「植物」といった概念の定義が無益であること。しかし定義は厳密さのための必須条件ではないのか。「大地は植物で完全におおわれていた」、この命題で我々は微生物のことを言っているのではない。それどころかここで我々が考えているのは一定の大きさをもった緑色の植物なのである。植物の定義を与えるまでは我々は自分が何を言っているのか知らないのだ、という者は頭がどうかしているとみなしても構わないだろう。それどころかそうした定義を日常的なケースで用いたところで、よりよく意思疎通できるわけではない。それればかりかある意味で事情はもっと悪いように思える。というのもこうした場合、我々の言語にはまさに定義されないものが属しているように思えるからである。（MS111, p.82 ; 1931.8.11）

ここでは、厳密性原理が徐々に否定され、曖昧さが我々の言語の本来的性質であることが次第に認識されてゆくさまが示されている。『探究』の熱心な読者なら即座に気づかれるだろうが、このテキストは、

私が「大地は完全におおわれていた」という記述をするとき、あなたは、私が植物の定義を下せない限り自分の語っていることについて何もわかっていないと言いたいのだろうか。(『探究』§70)

という『探究』のテキストの源泉である。同様に『探究』§§75, 77も転換テキスト(1)を源とするものである(MS111, p.87)。さて長い考察の後ウィトゲンシュタインは転換テキスト(1)の末尾で次のような確信に達する。

すなわち、ぼんやりとした境界は今あるがままの私の植物概念、すなわち今私がこの語を使っているそのありのままの私の植物概念に属しているのであり、たとえば、これが植物と呼ばれるべきかどうかについて私は何も決めていなかった、と私が言うこ

とが私の植物概念を特徴付けているのである。(MS111, p.88 ; 1931.8.12)

こうして概念の曖昧さ・不確定さが、日常言語の欠点でもやむなく生じる性質でもなく、その本質であること、したがって私たちの日常概念は厳密化されると別のものになってしまうことが強く主張される。こうした考察により、はじめてウィトゲンシュタインは曖昧さと不確定さを本質とする日常言語と日常世界の実相へと足を踏み入れてゆくのである。これこそ日常性への転換の意味することである。

計算主義批判

このように日常性への転換は、厳密性原理の批判により遂行される。それに関連して同じ時期にウィトゲンシュタインは、『論考』と『考察』に固有の「計算主義」と呼ぶべき立場の批判を開始する。計算主義とその批判こそ、「規則」をめぐる複雑なウィトゲンシュタインの思考運動の起点となるものであり、その戦略的意味を知ることは『探究』の複雑な思考運動を理解するためには不可欠であると言ってもよいだろう。

『論考』では、文字や音声によって我々が何かを意味したり、理解したりするのが具体的にどのようなことなのかについて何も語られなかった。計算主義とは、『論考』の思考体系に適合する「意味」と「理解」の理論として、『考察』期に姿を現わす考え方である。計算主義によれば、命題によって何かを意味するとは、命題が表現すべき事態の論理構造を様々な心的記号（それは一種の心像のようなものと考えてよいだろう）を用いて我々の心の中に表現することである。それは心的記号によって行なわれる、厳密な規則に従った計算（カルキュール）なのである。同様に「理解」は、他者が発した命題の論理形式を心に表現する計算と考えられる。一九三一年九月のウィーン学団との会合で、ウィトゲンシュタインは「語あるいは命題を理解することはある計算をすることなのである」（『ウィトゲンシュタインとウィーン学団』p.242）と語っている。そこで彼が述べようとしたものこそ、この計算主義的な理解観、意味観に他ならない。同時期、手稿ノートで「計算」について、次のように述べられている。

命題に関する見解、従って理解と思考に関する見解は計算（カルキュール）の可能性を正当化しなければならない。そしてこの計算は時間の中で実行され、いわば拡げられるのである。（MS109, p.182 ; 1930.10.29）

「計算とは何か」という問いは「ゲームとは何か」、「規則とは何か」という問いと厳

密に同じ種類のものであることは明らかである。(MS111, p.75; 1931.8.11)

第二のテキストが示すように、この時期の計算主義的思考にあっては、言語使用とは計算ともゲームともみなしうる活動であり、その本質は、厳密な規則に従っているということなのである。このように計算主義とは理解と意味(すること)を厳密な規則に従った活動とみなすのだから、概念に関する厳密原理がいったん放棄されると、極めて根拠薄弱なものとならざるをえない。概念が曖昧だということは、それを規定する規則が存在しないか、不完全であることを意味するからである。

こうした背景の中で、ウィトゲンシュタインは次第に計算主義への批判を強めてゆき、彼の思考は、最終的に『探究』§§81-87での厳密な規則観に対する強烈な批判として結実する。こうした批判的思考の明瞭な起点を示しているのが一九三一年一一月一五日のテキスト(MS112, pp.93v-96r)である。これを転換テキスト(2)と呼ぼう。TS213では、転換テキスト(2)は、転換テキスト(1)の直後(pp.251-256)に、同じ項目の下に収録されている。転換テキスト(2)では概念を規定する規則の不確定さや可変性について、様々な考察がなされているが、そこで例として用いられているのが「モーゼ」という名の定義である。言うまでもなく、これは有名な『探究』§79の直接の源泉となるものである。全体として、転換テキスト⑵は『探究』§§79, 81, 82, 83の源泉となっている。こうした考察の中でウィトゲンシュタインは次のように、自分の過去の計算主義的思考を批判的に振り返る。

次のように想定したのは私の誤りだったのではないか（というのも私には今そう思われるのである）。すなわち、言葉を使用する人は、常にある決まったゲームをしているという想定である。なぜなら私の考察が意味していたのは、命題の全ては（それがいかに漠然と表現されようとも）「順調である」ということではなかったのか。誰かが命題を語り、用いる時（あるいは同じことであるが、事実から命題を読み取る時）、全ては順調でなければならない、と私は言いたかったのではないか。しかしそこでは何かが順調であるということも、順調でないということもないのだ。——順調であったりするのは、この人もまたあるゲームを決まった規則に従ってやっている、と言える場合なのだから。（MS112, p.95r）

これが計算主義批判であり、『探究』§81にその反復を聞くことができる。『探究』§81は、「理解」、「意味」という主題が『探究』全体に対して持つ戦略的な意味についても語っている、重要な「考察」でもある。この問題については『探究』本体を論じる際にあらためて考察することにしよう。

(2)自然史的転換

これから考察する自然史的転換の核心には、数学と論理学とは一体どのような種類の真理を体現するのか、という哲学の伝統的な問題が存在している。数学と論理学の命題は、単に真であるだけでなく、必然的に真である。たとえば2＋3＝5は単にそうであるだけでなく、そうでないことは考えられないという意味で、必然的真理である。他方、自然界に関する経験的事実は、そうでないことも考えられるという意味で、必然的ではない。たとえば我々の遺伝子は核酸からできているが、太陽系と地球の歴史が違えば別の物質からできていたかもしれないという意味で、それは必然的真理ではない。

数学・論理学と経験科学のこうした違いに関して、それは数学と論理学が自然界の事実とは異なった特別な真理を表現しているためだ、という考えがプラトン以来哲学を強く支配し続けてきた。これが**数学と論理学に関する反自然主義的見解**である。こうした伝統に対して、数学と論理学も実は自然的世界に関する事実（たとえば、人間に関する心理学的な事実）なのだ、と考えるのが**数学と論理学に関する自然主義**である。一九世紀後半は、J・S・ミルに代表される自然主義が大流行した時代であった。そしてこの時代にあって、最も徹底した反自然主義者として、自然主義に抵抗したのがウィトゲンシュタインの師にあたるフレーゲである（彼の見解はしばしば「プラトニズム」と呼ばれるが、二〇世紀を代表するもう一人のプラトニストがゲーデルである）。

こうした時代背景の中で、ウィトゲンシュタインは『論考』の反自然主義から、自然主義へと転換する。より正確に言うなら、『論考』において暗黙のうちに前提されていた反自然主義を意識的に捨て、自然主義へと移行する。これが自然史的転換である。この転換を通じてウィトゲンシュタインの中で確立されるのが、数学と論理学は人間という一生物の生態に関する事実（すなわち人類学的事実）であり、その限りにおいて自然的事実であるという見解である。生態学的自然主義あるいは人類学的自然主義と呼ぶべきこの見解を表現するとき、ウィトゲンシュタインが好んで用いる言葉が「自然史 Naturgeschichte」である。この言葉にちなんで彼の新しい見地を**自然史的観点**と呼ぼう。

ウィトゲンシュタインの思考に自然史的観点がはじめて登場するのが一九三二年二月二〇日の日付を持つ一次手稿ノート MS113 内のテキスト（MS113, pp.25r-26v）である。我々はこれを転換テキスト(3)と呼ぶ。思想史的観点からして転換テキスト(3)は、極めて興味深いものである。これまでウィトゲンシュタインの弟子たちの証言に基づいて、この自然史的観点が、イタリア人経済学者ピエロ・スラッファの影響によるものであることが繰り返し述べられてきた。スラッファはケンブリッジの同僚であり、『探究』序文でウィトゲンシュタイン自身がその強い影響を認めている。しかし公刊されたウィトゲンシュタインのテキストには、こうした影響を直接示すものは存在しない。それに対して転換テキスト(3)には、そこに見られる自然史的思考がスラッファとの会話に由来することを示す書き込みがあり、従来の見解をウィトゲンシュタイン自身の言葉によって裏付けているのである。転換テキスト(3)を見る前に、これ以前、ウィトゲンシュタインが明確に反自然主義的観点に立っていたことを確認しておこう。

数学・論理学と自然史的観点

『論考』自体は論理（そしてそこから派生する数学）と自然の関係について何も語っていない。しかし論理は世界と言語に共有の秩序であり、しかもこの秩序は一切の経験的事実が言語によって語られうるための前提条件であるという『論考』の根本思想からして、論理が世界に関する経験的事実の一部であるとは考えられない。論理は一切の自然的事実に先立つ何かであり、この意味で『論考』が暗黙のうちに反自然主義的観点に立っていることは明らかである。そして『考察』期には、反自然主義を明示的に標榜するテキストが、自然主義の挑戦（あるいは誘惑）を退けるという形で登場するのである（この挑戦・誘惑がスラッファのものであったと考えるのは決して無理な想定ではない)。

思考を我々にとって思考とするものは、人間的な何かではない。人間の構造と本質に関係する何かではない。それは純粋に論理的な何か、一生物の自然史とは独立に存在する何かである。(MS108, p.217 ; 1930.7.19)

このテキストから一年数ヵ月後、自然史的観点は転換テキスト(3)において次のような形で登場する。

(スラッファ)技師が橋を建設する。彼はそのために何冊かのハンドブックを参照する。技術的なハンドブックと法律的なハンドブックである。彼は一方のハンドブックから、橋のこの部分がこれ以上弱くなると橋が崩壊することを知り、他方のハンドブックから、橋をしかじかに造ると自分は投獄されることを知る。——さてこの二冊のハンドブックは同じ地位にあるのではないか?——それはこれらの本が技師の生活の中でどのような役割を果たしているかによる。法律のハンドブックは彼にとって単に周囲の人間の自然史に関する書物かもしれない。多分彼は、ビーバーが橋をかじらないようにするにはどのように橋を塗装すべきかを知るために、ビーバーの生活に関する本も参照しなければならないだろう。(MS113, p.25r ; 1932.2.20)

法律書とビーバーの生態学の書物を同等視するこのドライな自然史的見解(その本質は法律の持つ規範としての性格を無視することにある)は、この時点ではウィトゲンシュタイン自身のものとしてでなく、スラッファの見解を書き留めるという形で示されていると考えられる。しかしウィトゲンシュタインが他人の見解を手稿にこのように書き留めることは極めて異例であり、彼がこの見解に強いシンパシーを感じていることを示している。事実、数年後には数学に関する自然史的見解がウィトゲンシュタイン自身のものとして表明されているのである。

私は証明を読んだ――私は納得した。――もしこの納得をすぐ忘れたらどうなるか。というのも証明を通覧し、そしてその結果を受け入れるというのは独特の振る舞いだからである。――私が言いたいのは、我々はただこう**やっている**、ということである。これが我々の慣習であり、我々の自然史の一事実なのである。(MS118, p.65v ; 1937.9.8 :『数学の基礎』第一部 §63, p.57)

自然史的観点は『探究』においても、基本的立場として明確に示されている。

我々が実際に提供しているのは人間の自然史に関する考察である。しかし好奇心を満たすようなものではなく、誰も決して疑ったことのない、そして注目することのなかったような事の確認である。(MS119, p.1 ; 1937.9.24 ;『探究』§415)

こうして自然史的観点は「後期」ウィトゲンシュタインの根本的見地として次第に深く根を下ろしてゆくが、それによって当初の数学と論理学の必然性に関する問題が解決したかといえば、全くその逆である。自然史的観点は、ある意味では当初の問題よりははるかに厄介な問題を持ち込むのである。ウィトゲンシュタインはそのことを最初から十分に意識していた。

これがどのような問題かは、法律や数学・論理学について、自然史的観点を取るというのが本当はどのようなことかを考えてみれば明らかになるだろう。法律についてスラッファのような観点を取るとは、人を殺した人間を投獄する習慣を人間は持っている、ということが**殺人と法律に関する全て**の事実である、ということを意味する。それはビーバーがダムを造る習慣を持っていることと全く同様なのである。そして人間とビーバーの行動を支配している唯一の要因は有用性である。ビーバーは有用だからダムを造る。同様に、人間は投獄を免れるという有用性があるために、人を殺すことをためらうのであり、投獄という習慣がなければ、人は簡単に人を殺すのである。

このスラッファ的見解は、道徳や法律がそれ自身として人間に対して持っている規範としての意味と力を否定するものである。規範に対するこうした見方を**規範に対する外的視点**と呼ぼう。スラッファ的な自然史的観点とは、規範に対する外的視点を内包しているのである。それに対して我々は通常、人を殺すことそのものが悪しく忌まわしいが故に、(自分も含めて)人は人を殺すことをためらい、避けると考える。自分に対する規範の強制力と妥当性をみとめるこうした視点を**規範に対する内的視点**と呼ぼう。法律に関する外的視点(スラッファ的見解)は決して受け入れやすい見解ではない。しかし、誰かがこれを受け入れることが想像できないというほど理解を超えた見解ではない。

より根本的に受け入れがたく、理解しがたいのは数学と論理学に関する自然史的見解である。それによれば数学について、人間には現にあるような数学という活動をする慣習がある、という事実が存在するのみである。従って2+3=5なのはそれが数学的真理だからではなく、人間がそのように計算する習慣を持ち、そのようにすることがこれまで有用であったからに過ぎないことになる。現実に数に関する真理が2＋3＝5であるから我々はそのように計算するのだと考えるのは、教育の過程で刷り込まれた迷信にすぎないのである。このように強弁することは可能であろうが、実際にそのように本気で考えることはほとんど不可能である。そればかりではない。自然史的観点によれば、2＋3＝5という命題は人間の慣習に関する命題であるから、ちょうどビーバーという生き物が存在しなければビーバーのダムという概念に意味が全くなくなるように、人間という生き物が存在しなければ2＋3＝5という命題には意味がなくなるはずである。しかし通常我々は決してこのようには考えない。2＋3＝5の意味は人間と何のかかわりもなく、人間が存在しなくても常に2＋3＝5であるとしか考えられないのである。

論理と数学が我々に対して持っている規範的強制力（そのようにしか考えられない、ということ）はかくも強いのであり、ある意味で、これこそフレーゲやゲーデルがあえてプラトニズムという苦い薬を進んで飲んだ理由なのである。以上の考察が示しているように、一般に規範に対して本気で外的視点をとることは自然史的観点が示唆するような簡単なことではない。転換テキスト(3)はウィトゲンシュタインが当初からこの問題を強く意識していたことを示している。というのもテキストは次のように続くのである。

——しかし法律には別の見方があるのではないか。今述べたような仕方で法律を見ていないと我々ははっきり感じてさえいるのではないか。これは次の問いと同じ問題ではないか、契約とは、かくかくに振る舞うのが双方にとって有用であるということの確認にすぎないのか、我々は多くの場合（全ての場合ではないにしても）別の仕方で「契約に拘束されている」と感じるのではないか。(MS113, p.25r ; 1932.2.20)

外的視点に関するこうした疑いは、自然史的観点がウィトゲンシュタインの思考に深く根を下ろしてからも弱まるどころか、むしろ強まる。そして次第に重要な問題として思考の前面に登場するのである。

人は言う、計算とはそのようにすることがいかに有用かを示すための実験だと。というのも我々は実験が実用的価値を持つものだということを知っているのだから。ただ人は次のことを忘れているのである。計算がこうした価値を持つのは、一自然史的事実としてのある技法のお陰なのだが、その規則は自然史の命題の役割を持っていないということを。(MS124, pp.73–74 ; 1941.6.24 ; RFM part VII, §17, p.379)

そして次のテキストが示すように、ウィトゲンシュタインの思考において規範に関する二つの視点と自然主義をめぐる問題は、一九三二年のスラッファとの会話と強く結びついている(最後の括弧内の重要な表現は『数学の基礎』では編集者により削除されている)。

数学の命題は、我々人間がどのように推論し計算するかを語る人類学的命題なのか。――法律書はこの国の人々が泥棒その他をどのように扱うかを語る人類学に関する著作なのか。――こう言えるだろうか、「裁判官は人類学に関する本を参照して、泥棒に懲役刑を宣告する」と。いや、裁判官は法律書を人類学のハンドブックとして使うのではない。(スラッファとの会話)(MS117, p.172; 1940.2.20;『数学の基礎』第二部、§65, p.189)

こうして『探究』期の思考が進展するにつれ、自然史的観点と内的視点のいずれもがますます不可避に見えてくるのである。後に見るように、両者の和解という困難を極める問題こそ、『探究』の思考の真の核心を構成するものなのである。

⑶言語ゲーム的転換

TS213期の三大転換の最後が、「言語ゲーム」概念の導入によってもたらされる言語ゲーム的転換である。「後期」ウィトゲンシュタインの思想を象徴するものとしてあまりにも名高い「言語ゲーム」という言葉は、ともすると、『探究』の思想の革新的意義が「言語」と「ゲーム」の比較・同一視にあるかのようにも思わせる。しかし計算主義をめぐる考察で明らかになったように、言語とゲームの比較・同一視はすでに『論考』・『考察』期のウィトゲンシュタインを強く支配していた思考であり、むしろ「言語」と「ゲーム」の厳密な同一視が放棄されることにより「言語ゲーム」概念が登場するのである。言語ゲーム的転換の本質は、言語をゲームと見ることにあるのでなく、意味概念の根本的な転換、すなわち**内容主義的意味概念**から**機能主義的意味概念**への転換にあるのである。

『論考』の言語観の根本は文(命題)が世界の像であり、世界に関してある事実を**述べているということ**であった。こうした言語観にあっては、文の意味とはそれが**述べている内容**に他ならない。これが内容主義的意味概念である。内容主義的意味論にとって最も重要な概念が「真理」と「現実との一致」である。すなわち「像の真偽は、像の意義と現実との一致・不一致に存する」(2.222)というのが『論考』意味論の根本命題なのである。

しかしこの内容主義的意味論は、叙述文以外の広大な言語の領域の意味をほとんど説明できないという致命的な欠点を持っている。たとえば、「早く来い」という命令文の意味を、内容主義的な意味概念によって説明することは困難である。なぜなら「早く来い」は何かを述べる文ではなく命令なのであり、そこには「文の述べている内容」というものが存在しないからである。こうした文の意味を説明するには、そもそも「命令する」というのはどういうことなのか、それは「述べる」ということとどう違うのかを説明しなければならない。そしてそれは我々の全生活の中で「命令する」という行為がどのような役割を演じているのか、それは「述べる」という行為の役割とどう違うのかを説明することに他ならない。こうして説明される文の意味が、**文が我々の全生活の中で演じている役割**に他ならない。これが**機能主義的意味概念**である。言語ゲーム的転換を通じてウィトゲンシュタインが到達した意味概念とは、こうした機能主義的意味概念の一種である。それは「言語ゲーム」という独特の概念を介したユニークな機能主義的意味概念なのである。

我々の生活は無数の行為の織りなす巨大なネットワークである。「早く来い」という一文がこの巨大なネットワークの中で果たす役割を直接叙述しようとすれば、それは極めて複雑で、我々には把握しがたいものになるだろう。ウィトゲンシュタインが「言語ゲーム」という概念を通して我々の言語の実相を理解しようとするポイントは、この巨大なネットワークをいくつもの典型的な言語使用局面、つまりある種の単純な劇（シュピール）の集まりのごとくにみなそうとすることにある。この単純な劇（典型的言語使用局面）をウィトゲンシュタインは「言語ゲーム（シュプラッハ・シュピール）」と呼ぶのである。

それぞれの言語ゲームは、簡単な背景、前後の脈絡、登場人物を持つ具体的なものであるため、その意味は我々にとって自然であり、極めて把握しやすい。それは「言語ゲーム／劇」とでも表記すべきものである。文の意味とはそれが属する「言語ゲーム／劇」の中でそれが果たす役割なのである。従って文は、それが登場する言語ゲーム／劇の数だけ異なった意味を持つことになる。たとえば「早く来い」という文は「小学校のハイキングでの先生と生徒の会話」という言語ゲームと「夏休みを待つ小学生の独白」という言語ゲームでは全く違う役割／意味を持ち、それらを「早く来い」という文の意味として一つにすることはできない。「早く来い」は、我々が「早く来い」と言う場面の数だけの違った意味を持つのである。

「言語ゲーム」の拡張

ウィトゲンシュタインは当初からこうした単純な劇（典型的言語使用局面）を意味するものとして「言語ゲーム」という概念を導入したのではない。「言語ゲーム」のドイツ原語

「シュプラッハ・シュピール」の「シュピール」という語は、意味的に英語の「プレイ」と「ゲーム」が合体したような性格を持つ。ウィトゲンシュタインは当初「言語ゲーム」という概念を単なる考察の道具として、単純化された言語のモデルとして導入した。それは子どもの言葉遊びに比すべき原始的なものであり、「ゲーム」、「遊び」という色彩を強くもっている。『探究』§2に登場する建築家と弟子の言語ゲームは、こうした「ゲーム」的言語ゲームの典型である。

しかしウィトゲンシュタインの考察が進むにつれ、言語ゲーム概念は次第に拡張され、現実の様々な言語使用とその典型的局面を指すようになった。「ゲーム」というより、我々の生活を構成する状況と行為の型としての「劇（シュピール）」という意味を強く帯びるのである。とはいえウィトゲンシュタインが「言語ゲーム」と呼ぶものが「ゲーム」と「劇」に分類できるというわけではない。ウィトゲンシュタインの「言語ゲーム」概念には「シュピール」という語が持つ「ゲーム」、「遊び」、「劇」という三つの意味要素が常に混在するのであり、言語ゲーム概念の拡張・深化とは、それら三者のブレンド比の変化としてとらえなければならない。この概念がどのように導入され、どのように拡張されたのかを簡単に見てみよう。

「言語ゲーム」という言葉とその具体例が最初に登場するのは一九三二年三月一日のテキ

スト（MS113, pp.45r-47v）である。これを転換テキスト⑷と呼ぼう。転換テキスト⑷はTS213において「㊻言語ゲームにおいて説明される文の機能」という表題で再録されている（TS213, pp.201-202）。そこで導入される、記念すべき言語ゲーム第一号は、電灯を点けたり消したりして子どもに「明るい」、「暗い」と言わせる文字通り「遊び」、「ゲーム」である。

単純な言語ゲームとはたとえば次のようなものである。ある人が子どもに（大人に対してであっても構わないが）部屋の電気を点けながら「明」と言い、次にそれを消しながら「暗」と言う。そして語調を強めたり長さを変えたりしてこれを何回か繰り返す。それから隣の部屋に行き、そこからもとの部屋の電気を点けたり消したりして子どもに「明」、「暗」と伝えさせる。ここで「明」、「暗」を私は命題と呼ぶべきか!? 好きにすればよい。――そして現実との一致というのはどうなるのか。（MS113, pp.45r-45v ; 1932.3.1）

最後の問いかけが示しているように、「明暗」言語ゲームを使った思考実験によってウィトゲンシュタインが目論んでいるのは、「現実との一致」という『論考』の根本概念を疑問に付すことであり、当然それは『論考』意味論の破棄を遠望するものである。一連の考察の結果としてこの一〇日後に「一致」概念が叙述以外には無効であることが明言される。

質問についてそれが真または偽であると言ったり、その前に（すなわち質問そのものの前に）否定記号を付けたり、あるいはそれが現実と一致する（あるいはしない）と言ったりするのは無意味である。（MS113, p.50r ; 1932.3.10）

さらに後になると、「現実との一致」という概念そのものが疑問に付され、『論考』意味論との完全な決別が実現する。次のテキストは『哲学的文法―1』の付録（pp.297-298）として収録されているが、一九三七年九月一日以降に書かれたものである。

思考と現実の間に一種の一致が存在すると我々に信じさせるものは何なのか？――一致と言うかわりにここで「像的性質」と言ってもかまわないだろう。しかし像的性質は一致なのか？『論理哲学論考』で私は、それは形式の一致である、というようなことを述べた。しかしそれは誤りである。像という概念を必要に応じて拡張すれば、

全てのものが全てのものの像となるのである。……（MS116, pp.122-123）

このように、転換テキスト(4)における「言語ゲーム」の導入は、ウィトゲンシュタインの思考にとって『論考』意味論の解体の始まりという意味を持っているが、同時に言語ゲーム的機能主義的意味論の構築の始まりでもあるのだ。

灯りをつけて欲しいという願望を表明する「明」と部屋は明るいと述べる「明」はどうやって区別されるのか？　各々の場合に違ったように意味することによってか？　そしてそれは何に存するのか？　発話に随伴する特定の過程にか、それとも発話に先立つ、場合によっては、随伴したり後に続く一定の行為にか？（MS113, pp.46r-46v；1931.3.1）

ここでは「願望を表明する」という行為と「報告する」という行為の違いという、内容主義的意味論のアキレス腱というべき問題が取り上げられている。それは「質問する」、「命令する」といった行為（それらは言語行為と呼ばれる）の意味は何かという問題と全く同質のものであり、機能主義的見解によらなければ解の出ない問題である。言語ゲーム的機能主義的意味概念については、一九三二年の段階ではいまだ確信をもった解答は提示されていないが、『探究』に至って明確な言葉で語られる。まず、多様な言語行為の意味に関する問いが『探究』§24で反語的な問いとして反復される。

言語ゲームの多様性を心に留めない人は、「質問とは何か」といったことを問いたくなるだろう。——質問とは、私はかくかくのことを知らない、という言明なのか、あるいは相手に……を教えて欲しい、という願望の言明なのか？　あるいはそれは私の心の不確定な状態の記述なのか。——そして「助けて」という叫びはそうした記述なのか。（『探究』§24）

言うまでもなくこれらの問いは、内容主義的意味概念を抱くとき、我々が発してしまうとんちんかんな問いである。質問するとはどのようなことか、記述するとはどのようなことかといった問いは、「言語ゲーム」と呼ばれる具体的な言語使用局面で、言葉が果たす役割に言及しなければ答えられないものである。それは機能主義的意味概念によってのみあたえられるものである。§21ではそうした新しい意味概念が、命令に応じて石材を運ぶ建築家と弟子の言語ゲームに即して提示される。

さて「石板五枚」という報告、あるいは言明と、「石板五枚」という命令の違いは何か？——それは、それらの言葉を発することが言語ゲームで果たしている役割である。（『探究』§21）

ここで語られている「言語ゲーム」は、子供の言葉遊び（シュピール）というよりは、我々の生活を構成する様々な小さな劇（シュピール）というニュアンスをより強く持つものである。各々の文の意味はそれが言語ゲーム／劇の中で果たす役割によって規定されるが、同様に各々の言語ゲーム／劇も固有の意味を持っている。それは各言語ゲーム／劇が、我々の生活という大きなドラマの中で果たす役割によって規定されるのである。

何かが我々の人間生活の中で特定の役割を果たすとき、我々はそれを言語ゲームと呼ぶのである。(MS149, p.71 ; PO, p.260)

こうした意味での「言語ゲーム」とは、我々の生活に繰り返し現れる活動のパターンである。それは人生全体の形としての「生活の形（レーベンス・フォルム）」を構成する要素である。ウィトゲンシュタインは『探究』完成後の一九四〇年代後半に「人生のパターン（レーベンス・ムスター）」（LWPP 1§365, p.50）とか「人生という織物のパターン」（LWPP1 §862, p.111,『探求』II pp.174, 229）といった言葉によってそれを呼ぶようになるが、こうした呼称の変化は彼の言語ゲーム概念の拡充を示している。

言語と生の不可分性

クモが自らの糸で巣を織りなしてゆくように、我々人間は言葉を紡ぎながら人生という織物を織りなしてゆく。それは無秩序な織物ではなく、いくつもの型が交わりながら浮かび上がる複雑な模様を持った織物である。その中で繰り返し繰り返し生じる生の「型」、つまり人生の様々な典型的な場面・典型的な言語使用局面が「言語ゲーム／劇」と呼ばれるのである。人間が言葉を習得し、使用するとは、こうした型を一つずつマスターし、自らの言葉によってそうした型を編み続けてゆくことである。

このように我々は言葉を介して自らの人生を編み上げてゆく。それゆえ人という生き物において、生きることと話すことは不可分であり、我々は話すことによって、話すことにおいて、生きるのである。この意味で言語と生は不可分である。それが、「言語を想像することとは生の形を想像することである」（『探究』§19）という言葉の意味するところであるう。人間における言語と生の不可分性という概念こそ『探究』の言語観の核心なのである。この概念を支える「人生という織物の型としての言語ゲーム」こそ、ウィトゲンシュタインの思考の展開において現れた最も進化した言語ゲーム概念だと言うことができる。

以上、三つの転換を概説した。すでに我々は、『論考』を遠く離れた地点に来てしまったようだ。それは『探究』開始部（§§1-188）の主な内容を全て包含するような思考地点である。そのようなわけだから、『青色本』、『茶色本』を飛び越し、一挙に『探究』という物語の中に入ってゆくことにしよう。

5.『哲学探究』という物語の解明

『哲学探究』という巨大で複雑なテキストを読み解くとは、それを構成する六〇〇を超える「考察」が相互にどのように繋がり、どのように区切られ、全体としてどのような物語を形作っているのかを明らかにすることである。これは『探究』で「考察」が配列されている順序の意味を解読することであり、その鍵となるのが『探究』のナンバリングの意味である。

比較の対象として『論考』について考えるなら、『論考』のナンバリングは多くの「考察」間の内容的・主題的な関係、つまりそれらの論理的秩序を表していた。しかしそれは、各々の「考察」がウィトゲンシュタインの思考運動の中で持っていた生成上の時間的秩序は表現していなかった。それに対して『探究』のナンバリングは「考察」間の論理的秩序と時間的秩序を複雑な仕方で同時に表現している。すなわち『探究』では、ウィトゲンシュタインの思考が生成してきた時間的順序と、その中で生じた問題が相互に持っている内容的関係が、お互いに重なりながら、「考察」の配列の中に表現されているのである。

したがってこの複雑なテキストを読み解くためには、そうした二つの順序がおおよそどのようなものかを把握しておくことが極めて重要となる。たとえば六九三の「考察」が連続して書かれたのか、あるいは少しずつ書き溜められたのか、それともいくつかの時期に分けて書かれたのか、そうした知識なしに、この巨大で複雑なテキストを解読することはほとんど不可能なのである。以下、『探究』を読み解くための事前情報として、『探究』テキストの内容上の区分と時間的区分を、この段階で可能な限り整理して示しておこう。

内容上の区分

『探究』の諸考察間の、内容上の関係の全貌は、全体の解読が終わった暁にはじめて明らかになることであり、今の段階で言えるのは、『探究』全体が内容的に三つの部分（§§1-242, §§243-315, §§316-693）に明確に分かれるということのみである。これら三つの部分をパートA、パートB、パートCと名づけることとしよう。パートAでは言語にまつわる諸主題について、パートBでは私的言語と私的体験について、パートCでは「感覚」、「理解」、「意図」、「思考」等のいわゆる心的諸概念について考察が展開されている。つまり『探究』全体としては次のような内容上の大構造が存在するのである。

〈『哲学探究』の内容上の大構造〉

パートA（§§1-242）：言語について
パートB（§§243-315）：私的言語・私的体験について
パートC（§§316-693）：心的諸概念について

したがって、『探究』全体を解読するとは、各パート内部で思考がどのように展開され、それぞれが相互にどのように関連しているかを明らかにするという課題に答えることに他ならない。

時間的区分

極めて重要であるにもかかわらず『探究』の一般の読者にほとんど知られていない事実が一つ存在する。それは『探究』のテキストが異なるいくつかの時期に分けて書かれたということである。『探究』は一挙に書かれたのでも、少しずつ書き溜められたのでもなく、不連続ないくつかの時期にまとめて書かれたのである。

本書では『探究』テキスト成立時期を四つに分け、こうした複雑な成立過程に由来する不規則な全体構造に新たな光を当てたい。四つの時期とは第一期：一九三六年一一月、第二期：一九三七年七月―一九三八年、第三期：一九四四年、第四期：一九四四―一九四五年、である。このそれぞれの時期にウィトゲンシュタインはそれまでの手稿ノート等を元にして、その時点での彼の思考を集約するような完成度の高いテキストを製作している。すなわち第一期、第三期の場合、ウィトゲンシュタインは手稿ノートに完成した最終稿を書き下ろしており、第二期、第四期においては精選された「考察」集であるタイプ原稿を作成している。最終的な『探究』のテキストの軸になったという意味で、これらのテキストを**軸テキスト**と呼ぼう。これらの軸テキストを元に、『探究』の最終テキストはおよそ次のようにして出来上がったと考えられる。

まずそれぞれの軸テキストに、その前後に書かれた関連する「考察」を適宜挿入・付加することによって、より大きなテキストが出来上がる。それは軸テキストに比べ内容的には豊富であるが、軸テキストが持っていた連続性と一体性はより見えにくくなる。こうして出来上がったテキストを**本テキスト**と呼ぼう。四つの軸テキストから生まれた四つの本テキストを繫ぎ合わせ、それに最初から通し番号をつけることにより『探究』は完成したと考えられる。具体的には§§1-188が第一期の本テキスト、§§189-197が第二期の本テキスト、§§198-422が第三期の本テキスト、§§423-693が第四期の本テキストである。それぞれの元になった軸テキストは、MS142（第一期）、TS222（第二期）、MS129,pp.25-89（第三期）、MS116,pp.265-347（第四期）である。以上の内容をまとめると次の表のようになる。この表は『探究』テキストの時間的構造を表している。

〈『探究』テキストの時間的構造〉

時期名	本テキスト	軸テキスト	軸テキスト作成時期
第一期	§§1-188	MS142	1936
第二期	§§189-197	TS222	1937.7-1938
第三期	§§198-421	MS129, pp.25-89	1944
第四期	§§422-693	MS116, pp.265-347	1944-45

今述べた『探究』の時間構造分析は、『探究』の各「考察」のソースとなった手稿テキストを同定するという、煩雑で地道な研究によって生まれた貴重な基礎的資料に基づいている。こうした作業は複数の研究者によってなされてきたが、本書が用いたのはA・モーリー（一九九四）の

研究である（A.Maury "Sources of the Remarks in Wittgenstein's *Philosophical Investigations*", *Synthese* **98**：349-378, 1994）。次頁に示すのはモーリーによるソース表の一部であるが、各「考察」のソースを注意深く縦にたどってゆくと、『探究』§§198-220 という本テキストがMS129, pp.25-36という軸テキストに様々な「考察」を挿入することにより構成されているさまが浮かび上がってくるだろう。

各時期の軸テキストと本テキストに簡単な説明を加えよう。すでに述べたように第一期の軸テキストであるMS142は、ウィトゲンシュタインが『茶色本』と『青色本』を融合させようという試みに何度か失敗した後、一九三六年一一月ノルウェーで完成した書き下ろしテキストである。この軸テキストと本テキストの違いは哲学に関する部分（§§109-133）と欄外テキストを除くと小さなものである。このことが意味するのは§§1-188という本テキスト（＝『探究』開始部）は基本的に、様々な資料を手元に置きながら一気に書き下ろされたものであり、連続した思考の流れを表現しているものとして読まれるべきである、ということである。

第二期は、軸テキストからごく少数の考察が抜粋されて本テキストが構成されたという点において極めて例外的であるが、その背景には次のような事情が存在する。そもそも第二期の軸テキストTS222は第一期本テキストと併せて『探究』の最初のバージョンとなるはずだったものである。これがいわゆる**戦前版『探究』**である。しかし戦前版の後半部、つまりTS222は後でみる

『探究』I　テキストのソース表（A. モーリー 1994，PP. 354－5より）

『探究』I §	MS	Page	Date
198	129	㉕	1944-45
199	129	㉖	1944-45
200	129	㉗	1944-45
201	129	119	1944-45
202	129	121	1944-45
203	129	121	1944-45
204	129	㉘	1944-45
205	129	㉙	1944-45
206 a, b	129	㉚	1944-45
206 c	129	89	1944-45
207	129	㉚	1944-45
208 a-e 1	129	㉛	1944-45
208 e 2	129	㊱	1944-45
208 f	129	88	1944-45
208 g	129	㉟	1944-45
209 a	129	㉟	1944-45
209 b, c	129	47	1944-45
210	129	㉝	1944-45
211	129	㉝	1944-45
212	129	㉞	1944-45
213	129	㉞	1944-45
214	cf. 117	20	1937
215	119	46	1937
216	119	47	1937
217 a, b	129	㉝	1944-45
217 c	129	89	1944-45
218	129	176	1944-45
219	128	45	1944
220	128	46	1944

○は軸テキストを示す

ように『探究』開始部が提示した問題に対する満足な解答を与えていないという意味で、極めて不十分なものであった。それゆえ後半部とともに戦前版構想そのものが放棄され、より満足のゆく第三期テキストが成立。その後、第二期軸テキストのエッセンスを示す部分だけが抜粋され、第二期本テキストとして『探究』の一部を構成することとなったのである。TS222そのものはウィトゲンシュタインの死後、『数学の基礎』第一部として出版された。

第三期の軸テキストは一九四四年、当時すでにケンブリッジ大学の教授となっていたウィトゲンシュタインが、自著最終稿の執筆のために大学から休暇をとりウェールズのスウォンジーに滞在していた時期、一九四四年三月—一九四四年九月の末期に書き下ろされたものである。手稿ノートの日付から、それが書き始められたのが一九四四年八月一七日以降であることがわかる。これは『探究』開始部の問題に最終的解決を与えるものであり、『探究』の核心をなすものである。そこで示されている思考は『探究』期の思考の頂点を成すものと言えるだろう。

第四期の軸テキストであるMS116後半は「考察」集である。それは連続して書き下ろされたものではなく、成立の具体的な様子を知るのは困難である。ただ、一部は一九四四年スウォンジー滞在期に、一部はケンブリッジに戻ってから一九四四年から一九四五年にかけて書かれたと推測される。こうした推測の根拠は、第四期のテキストの内容が、第三期テキストが与えた解答の論理的延長として最もよく理解できるということである。

以上の『探究』の論理的区分と時間的区分を節番号を表す線分の両側にプロットすると次のよ

うになる。

『探究』I　テキストの二つの区分

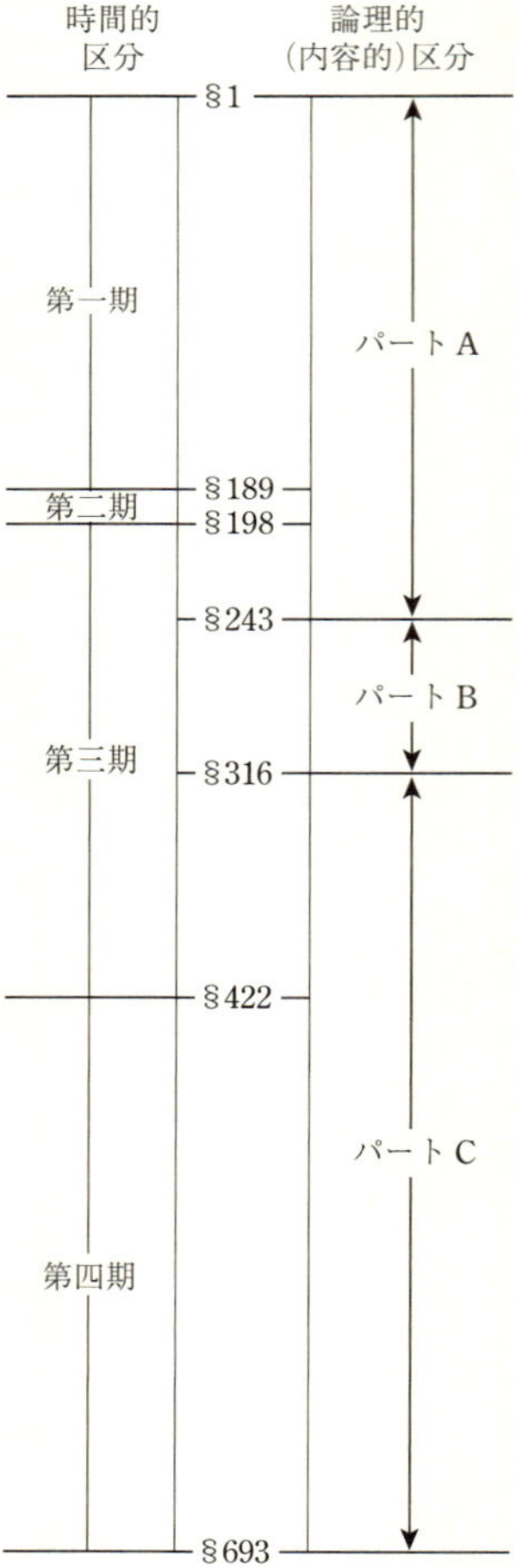

以上のように、『探究』とは重なり合う二つの秩序から構成されている、複雑な織物である。こうした構造を持つテキストの思考運動をできるだけその内的論理に即して理解しようとすれば、全体を§§1–197, §§198–242, §§243–315, §§316–693という四部構成の物語として叙述するのが最もふさわしいように思える。そろそろ、その物語を始めることにしよう。

6.『探究』第一部（§§1-197）の思考――三大転換の地平と二つの問題

第一期テキスト（§§1-188）の思考

『探究』全体の開始部である第一期テキスト（§§1-188）は、4節で論じたTS213期の三つの思想的大転換の結果を融合し、一つの思考としてまとめ上げたものである。この意味でそれは、新しい地平を求めて一九二九年二月以来続けられてきたウィトゲンシュタインの絶えざる思考の歩みの集大成であり、到達点であり、終点である。しかし同時に新しく提起された思考そのものが厳しい吟味と批判に曝され、そこに内包されている問題点や不十分な点が、新たな「問い」、「パズル」という形でえぐりだされる。これらの「問い」と「パズル」こそが、『探究』という新たな思考運動を起動させる原動力なのである。

このように『探究』開始部は、一方で一九二九年以来の思考の集大成であり、終点であるが、同時に新たな思考の出発点であり、問題の提示部なのである。それゆえ『探究』という大きな流れを正しく追うためには、新たな問いと思考の生成という全体的な流れにつながる部分と、そうした流れから独立した、回顧的・エピソード的部分を区別することが重要となる。このためには『探究』開始部を全体としてとらえても、また個々の「考察」を別々にとらえてもいけない。全体を内容的にまとまりのあるひと繋がりの「考察」の連としての「シークェンス」へと分割し、シークェンスを単位として考察を進めることが必要になる。連をどこまで細かく分割するかにより、シークェンスへの分け方は複数存在するが、我々の考察の目的を考慮して、次のように一〇のシークェンスに分けることにしよう。参考のため、各シークェンスで表現されている転換も併せて示そう。

〈『探究』開始部のシークェンスへの分割〉

番号	節番号	内　容	示されている転換
I	§§1–25	言語ゲーム概念と機能主義的意味概念の提示	自然史的転換、言語ゲーム的転換
II	§§26–64	『論考』の言語論批判	
III	§§65–88	厳密主義と計算主義の批判、およびそこから生じる「規則」に関わる諸問題の提起	日常性への転換

IV	§§89-108	『論考』の論理観批判	
V	§§109-133	哲学の目的と方法	
VI	§§134-137	『論考』の命題観批判	
VII	§§138-155	規則の理解・習得と規則の適用の関係	日常性への転換、言語ゲーム的転換
VIII	§§156-178	VIIで提起された問題の「読む」という例に即した考察	
IX	§§179-184	理解表出（「わかった！」）の言語ゲームについて	言語ゲーム的転換
X	§§185-188	数列問題（「規則のパラドックス」）の提示	日常性への転換、言語ゲーム的転換

これら一〇のシークェンスは『探究』全体の中での役割に応じて次のように三つに分類できる。

(a)新たな思考を提示するシークェンス……I、III

(b)新たな思考から生じる問題を考察するシークェンス……III、VII、IX、X
(c)過去の思考を批判したり、エピソード的な思考を提示するシークェンス……II、IV、V、VI、VIII

(c)はウィトゲンシュタインの多面的な思考を知る上では重要であるが、『探究』の大きな流れをたどる上では二次的な意味しか持たない。特に『論考』批判は、ウィトゲンシュタインの思考にとってTS213期にすでに完了した過去の問題であり、『探究』開始部の現在の生きた問題ではない。したがって『探究』という思考運動をできるだけ直接にたどろうとすれば、(c)を除外して、I—III—VII—IX—X、という順にシークェンスを読み繋いでゆくのが最も効果的な読み方となるだろう。

この分類が示すように、『探究』開始部ではシークェンスIとIIIにおいて三つの転換を融合するような新たな思考的見地が示されるのであるが、そこには二つの新しい問題が内在している。それが以下で論じる「意味・理解問題」と「規則問題」である。シークェンスIII、VII、IX、Xはこれら二つの問題を提示し、その意味を多角的に検討し、さらにはそれに対する誤った解答を批判する場である。これらのシークェンスにおいて最終的な答えが提示されることはない。問いは問いのまま、パズルはパズルのまま残される。このようにして『探究』開始部は、未完の思考として新たな思考運動を起動させるのである。この開始部で示されている新しい思考の概要は、すでに4節で三大転換として述べたものであるから、そこに内包されていた問題へと一挙に向かうことにしよう。

意味・理解問題

意味・理解問題とは「日常性への転換」によって『論考』・『考察』の計算主義が批判・解体された直接の結果として生じる問題である。『論考』・『考察』の計算主義によると、言葉によって何かを意味するとは、言葉を使用するその瞬間に、心の中で心的な計算作用をすることである。同様に言葉を理解するとは、言葉を見たり聞いたりするその瞬間に、心の中で心的な計算作用をすることである。計算主義とは、言葉の意味や理解とは我々が心の中で行なう作用である、と考える立場なのである。したがって計算主義を放棄するとは、言葉の意味や理解は心の中で起こるいかなる出来事でもない、と考えることなのである。それは我々の常識的な「意味」観、「理解」観を否定することであると言ってもよいだろう。

『探究』開始部は、こうした批判的見解を説得力ある形で繰り返し展開する（「意味」については§§19-22, 24, 33-36、「理解」については§§138-141, 151-154）。ここで当然、次のような問いが発せられるだろう。もし言葉の意味と理解が我々の心の中で起きている出来事でないのなら、その正体は一体何なのか。この問いこそが「意味・理解問題」なのである。言い換えるならそれは、「言語ゲーム概念を用いた機能主義的意味概念によって計算主義的な意味概念、理解概念を否定したのはいいとして、新しい観点に立った新しい意味概念、理解概念とはどんなものか、言葉の意味と理解とは何なのか」という問いかけなのである。事実をありのままに言えば、『探究』開始部でウィトゲンシュタインは、いまだこの問いに対する解答を持ち合わせてはいない。新たな意味・理解概念により、計算主義の誤りの根源がよりよく理解されるはずだ、という一種の約束手形が、次のように振り出されているのみである。

しかしながら、これらのことすべては、理解する、意味する、考えるといった概念について人がさらに大きな明晰さを獲得したとき、はじめて正当な光のうちに姿を現すことができるのである。なぜなら、そのときにはまた、ある文を発しそれを意味したり、理解したりしている人は、その際ある計算を一定の規則に従って遂行しているのだなどと考えるように我々を誘惑するもの（そしてかつて私をそのように誘惑したもの）が何かもまた明らかになるからである。（『探究』§81）

この約束は最終的に『探究』パートCで履行されるのだが、そのためには実に八年に及ぶ困難な思考が必要だったのである。

規則問題

規則問題とは言語ゲーム的転換と日常性への転換の衝突により、いわば必然的に生み出される問題である。言語ゲーム的転換とは、人間の生を言語ゲームと呼ばれる無数の小さな行為の型（パターン）の集積と見ることである。一つ一つの言語ゲームとはある規則的な行動と発話のパターンであるから、言語ゲームとは何か、という問いは、言語ゲームを規定する規則とは何か、という問いに等しい。

ところが日常性への転換のポイントとは、現実の日常的な言語使用は厳密な規則によって規定されてはいない、というものである。一方で人間の言語行動を**規則的なものとみなし**ながら、他方でそうした行動を規定する**規則の存在を否定する**、という相矛盾した見解が『探究』開始部の思考にはもともと存在しているのである。我々が規則問題と呼ぶものは、こうした相矛盾する背景の中で、「言語ゲームとは何か」、「言語ゲームの規則とは何か」という根本的な問いかけが生み出す一連の問題群のことであり、『探究』開始部が抱える最大の問題である。
ウィトゲンシュタインはこの矛盾と問題をはじめから十分に意識しながら『探究』開始部を執筆したと思われる。言語ゲーム概念が導入され、それに基づいた『論考』批判が一段落ついた§65で、ウィトゲンシュタインは、あたかも待ちかねていたかのように規則問題を次のように提示する。

ここで我々はこれら全ての考察の背後にひそんでいる大きな問題につきあたる。——というのは、人はいまや私に向かって次のように抗議するかもしれないからである。「おまえは安易なやり方をしている！　すべての可能な言語ゲームについて語っているが、それなら言語ゲームにとって本質的なものは何か、したがって言語の本質は何なのか、おまえはどこにも言っていない。……」、と。（『探究』§65）

この後ウィトゲンシュタインは「家族的類似性」という概念を導入し、それに続き、「ゲーム」、「数」といった日常の諸概念がいかに曖昧で、その「規則」がいかに規定しがたいものなのかを§88まで（すなわちシークェンスⅢにおいて）説きつづける。つまり§65の規則問題の問いを受けて、続くシークェンスⅢにおいて日常性への転換が導入されるのである。

では日常性への転換は、規則問題に対する答えとなっているのだろうか。**否である**。それは答えの放棄でしかない。日常性への転換がこの問題に関して語っているのは結局、言語、言語ゲーム、およびそれらを規定する規則というものは曖昧なものであり、明示的に限定できない、ということに尽きる。もしウィトゲンシュタインが人間の言語行動の固有性と固有の秩序というものを認めず、たとえば赤ん坊の泣き声と大人の会話の差異は連続的であると考えているのならば、これは規則問題への一つの「解答」と言えなくはない。しかし実態はといえば、それは規則問題の解答というよりは、むしろその解消である。

ウィトゲンシュタインが規則問題について最終的にこうした擬似的「解答」に満足したかと言えば、決してそうではない。彼は言語が規則性を持っているという思考を放棄したわけではないのである。規則なき規則性、という言語の謎から彼は逃避することなく、最終的にそれに正面からぶつかってゆくのである。『探究』の考察がシークエンスⅢで終了することなく、その後「規則問題」を軸としながら延々と続いてゆくという事実が、そのことをはっきりと示している。日常性への転換は規則問題の解決ではなく、安易な解決の届かないより大きな問題へとそれを変換する触媒なのである。

§65で導入された規則問題は、様々に形を変えながら徐々に成長してゆく。§82では「人がそれに従って行動している規則とは何か」という問いが提起される。チェスやテニスのような明文化された規則を持つゲームをしている場合を除き、この問いにははっきりした答えはない。それは言語行動の規則性が、明文化された規則と根本的に異なっていることを示している。このようにシークェンスⅦ、Ⅷ、Ⅸを通じて、ウィトゲンシュタインの思考は規則問題をさらに拡張・深化させてゆく。そこで絶えず問われているのは、我々が言語を知り、話すとはどのようなことなのか、それは無秩序な現象や自然界の秩序的現象とどう違うのか、ということである。

こうした探究において言語的秩序を求めるとき、我々は必然的にそれを言葉で説明することになる。しかし我々が今求めているものはあらゆる言葉を言葉として機能させる根源的秩序であり、その秩序の説明に、すでにこうした秩序のお陰で言葉として機能しているものを用いるのは、我々の説明がまだ根源そのものには接していないことを暗示している。ウィトゲンシュタインの思考の求めるものは、あらゆる言葉が言葉として機能する根本条件としてすでに前提され、それ自身はいかなる言葉によっても語りえないような根源であり、我々のあらゆる探究の鋤を跳ね返す岩盤（cf.『探究』§217）なのである。それ自身は語りえないが、語ることを可能とする何かを求めるという点で、『探究』の思考は『論考』の思考に極めて似た方向性を持っているのである。

両者には根源への妥協なき意志というウィトゲンシュタイン独自の哲学性が深く刻印さ

れている。他方、両者の決定的な違いは、『論考』においては結局見出されなかった究極的岩盤を『探究』においてウィトゲンシュタインが実際に掘り当てたことである。少し振り返るなら、『論考』の主張に反して、論理学は言語の根底的条件でも、語りえぬものでもなかった。それに対して『探究』でウィトゲンシュタインがたどりついた岩盤は、それ自身は語りえない言語の究極的根底なのである。この岩盤の露頭に相当するのがシークエンスXで提示される「数列問題」であり、クリプキの「規則のパラドックス」の出発点となったものである。

数列問題

「数列問題」とは『探究』開始部における「規則問題」の最終的形態であり、次のような設定の下で生じる「仮想」問題である。数について何も知らない生徒に教師が様々な数列を教えるとする。まず0、1、2、3、……という自然数列を教え、その後は「＋2」という命令で偶数列を、「＋3」という命令で3の倍数列を書くように生徒を訓練する。こうした訓練はすべて1000以下の数でなされてきたとしよう。

いま生徒に1000以上のある数列（たとえば「＋2」）を書きつづけさせる、——

するとは1000、1004、1008、1012、と書く。

我々は彼に言う、「よく見てごらん、何をやっているんだ！」——彼にはわからない。我々は言う、「君は2を足せと言われたのだ、自分がどんなふうに数列を書いたのかよく見なさい」——彼は答える、「ええ、これで間違っているのですか。僕はこうしろと言われたと思ったんですが」。——あるいは彼が数列を指しながら、「でも、同じようにやったのですが」と言ったと想定しよう。——このとき「でも君は……がわからないのか」と言い、彼に以前の説明や例を繰り返しても何の役にも立たないだろう。——こうした場合我々は次のように言うかもしれない、この人間はごく自然に我々の命令を、我々が「1000まで2を足せ、2000まで4を足せ、3000まで6を足せ」という命令を理解するように理解しているのだ、と。……

「それではあなたの言うことは、『＋n』という命令に正しく従うためには、各ステップで新たな洞察が必要だ、ということなのだね」——命令に正しく従うためにだって！　各地点でどれが正しいステップだってどうやって決めるというのか。……

（『探究』§§185–186）

この例についてまず次の三つのことを確認しておこう。第一に、ここで問題になっているのは言語行動の単なる規則性ではなく、先生（我々）と生徒のどちらが正しいのかという規範性（正しさ）だということ。第二は、取り上げられているのが数列という答えに曖昧さの残る余地のない領域であるということ。第三はこの生徒は大人を試すために（つまり懐疑的な動機から）このように振る舞っているのでなく、ごく自然に振る舞った結果、このような言動になっているということである。この三つの設定によりウィトゲンシュタインは我々を一挙に言語の根底に、しかもその下に深淵が広がっている不気味な根底へと連れていく。

先生と生徒をめぐるこの奇妙な例を通じてウィトゲンシュタインが我々に示しているのは、次の二つのことである。

(1)**この生徒に彼の誤りを（誤っている理由を）言葉で説明することができない**。

彼に説明しようとすれば、「君は1000を過ぎてから**違う**ようにやっているんだ」とか「**同じように**やりなさい」とか「**規則的に**やらないといけない」、「もっと**自然に**続けられないの」とか言わないといけないが、この生徒にとっては今のやり方が「同じ」で「規則的」で「自然」なのであるから、そうした説明は一切彼には通用しない。事前に「1000の次は1004ではなく、1002だよ」といった具体的指示が与えられたとしても、本質的には無意味であることも明らかだろう。すべての事例に事前に具体的指示を与えることはできない、というのが今直面している問題の本質なのだから。「自然数列に2を掛けてゆきなさい」といっても無意味である。この生徒に「1000の次の数は何か」と聞けば、「1002」と答えるだろうからである（cf.『茶色本』pp.226-230）。

我々にとって1000の次の数が1001であるのが極めて自然であるように、この生徒にとっては1000の次の数が1002であるのが極めて自然なのである。これが事態の本質である。つまりこの生徒は我々と「同じ」、「規則的」、「自然数」、という根本的な概念において食い違っており、しかも自分のそういう状態を自然に感じ何の疑問も抱いていないのである。彼の意見を力で変えさせることはできようが、言葉で説得的に説明することはできないのである。

(2) **先生は、なぜ自分が正しく生徒が誤っているかを、自分に対しても説明できない。**

先生は自分が用いうるすべての言葉を生徒に用いたが説明できなかったのである。だからなぜ生徒流の「同じ」が誤りで、先生流の「同じ」が正しいのかを自分にも説明できないのである（まさか、と思われる方はどんな説明や証明が可能か是非考えていただきたい）。このことは先生が間違いなのかもしれない、ということや、先生は自分を疑うべきだということを意味しない。自然数列や「1000+2=1002」といった簡単な足し算に関する我々の確信は確固たるものである。数列問題の示しているのは、その確信の根拠を我々は述べることができない、ということなのである。

数学に正しさは存在するのか

こうした状況の下で最後の段落の懐疑論者が登場して来るのである。そして問題は一挙に次の段階へと突入する。懐疑論者のメッセージはこうである。「先生、もしあなたが数学に関する自分の正しさを生徒にも自分にも示せないとしたら、それはそうした正しさがそもそも存在しないからではないのか。あなたが正しいのは、あなたが多数派に属し、生徒が少数派に属しているということなのではないか」

こうして数学の正しさをいかに説明するか、という問題が、数学に正しさが存在するのか、するとすれば何に存するのか、という問題に転化する。後で明らかになるように、これは単に数学における正しさの根源という問題を超えて、言語における正しさ一般の問題につながってゆく。こうして我々の（そしてウィトゲンシュタインの）前には三つの選択肢が横たわることになる。

(1)先生と生徒の間に正しさの問題は存在しない（どちらが正しい、ということに意味はない）、あるのはどのような決定に基づいてどのような社会的多数派が安定して形成されたか、ということである。

(2)先生は正しい、しかしその正しさは決して言葉によって説明することはできない。
(3)先生は正しい、そしてその正しさを説明する方法が実は存在する。

読者にはこの先に進む前に、どの選択肢が正しいかを少し考えてみてほしい。そうすれば、この後八年におよぶ思考の果てにウィトゲンシュタインがたどり着いた「解」の真の意味がよりよく理解できるだろう。

第二期テキスト（§§189–199）の思考——神秘的解決の批判

『探究』第二期のテキストは、以上で示した数列問題の神秘的解決に対する批判を集めたものである。神秘的解決とは、「＋2」という命令を出した瞬間に、先生はある種の心的な意味行為を行なっており、その意味行為は将来の無数のステップをある仕方ですでに実行しており、そこで潜在的に示されている解によって先生の正しさが示される、というものである。この解答は返答に窮した先生の自己正当化のあがきでしかない。こんな意味作用は存在しないし（無数のステップをどうやって瞬間的に実行するのか）、現実に先生は「＋2」といったときに将来のステップのことなど全く考えていなかったのである。第二期テキストは、一九三八年段階のウィトゲンシュタインは数列問題の誤った解の批判はできたが、何が正しい解答なのかについてはいまだ五里霧中だったことを示している。

7.『探究』第二部(§§198-242)の思考――「規則に従う」の発見

規則問題に関連するテキストについて

第三期テキスト(§§198-421)は一九四四年に書き下ろされた軸テキストMS129を元に作成されたものだが、内容的には規則問題を扱ったパート1(§§198-242)、私的言語問題を扱ったパート2(§§243-315)、「思考」、「理解」、「意味」等の心的概念を扱ったパート3(§§316-421)の三つに分かれる。『探究』全体の内容的な流れからみれば、パート1は今考察した第一部の思考の直接的な継続・展開であり、「規則問題」、「数列問題」の解答が与えられる場である。それは『探究』という大きな物語の第二の場面であり、『探究』第二部と呼ぶにふさわしいものである。本節ではこの『探究』第二部の思考を考察する。これまで述べたように、規則問題・数列問題についての仕事をまとめるために、ウィトゲンシュタインはケンブリッジ大学から休暇を取ってウェールズのスォンジーに滞在していた。この期間(一九四四年三月から九月まで)に、集中的に考察を進めている。そうした彼の思考の記録が、規則問題に関する一九四四年予備テキスト群と呼ぶべき次の三つの手稿である。

〈規則問題に関する一九四四年予備テキスト群〉

テキスト	出版状況
(1)MS124, pp.96–204	RFM, part VIIとして部分的に収録
(2)MS127, pp.90–120	
(3)MS164, pp.1–172	RFM, part VIとしてほぼ完全に収録

この中で(1)が連続的な日付を持った一次手稿であり、この時期のウィトゲンシュタインの思考運動の最も直接的な記録である。この手稿ノートでは当初、「数学」と「規則」という二つの主題について独立した思考が交互に進められ、それが次第に「規則に従う」という一つの概念へと収束してゆく。これはウィトゲンシュタインにおいて「数学」に関する思考の根幹と「規則」に関する思考の根幹が、同一であったことを示唆している。(2)、(3)は(1)に基づいた中間集約的テキストであるが、内容的には(3)がより重要である。これらの予備テキストに基づいて一九四四年八月—九月にかけて、第三期の軸テキストとなる最終手稿MS129が執筆される。それに様々な挿入や置換が加えられ、『探究』第三

期本テキスト（§§198–422）が完成するのである。

「規則」をめぐるこれら予備テキストを『探究』§§198–242と比較してみると、後者がいかに凝縮されたテキストであるか、思考の生成過程がテキストの再構成によっていかに完全に消滅しているか、をあらためて確認することができる。これは『探究』のテキスト単独でその内容を十分に把握するのが困難であることを意味している。以下では『探究』本テキストと規則問題に関する一九四四年予備テキストの双方を用いながら、そこでウィトゲンシュタインが掘り当てた「岩盤」がどのようなものであったのかを、できるだけわかりやすく示したいと思う。

人間の島としての自然数、同じ、規則

数列問題の不気味な生徒は、普遍的な空間に位置しているはずの人間精神が、実は極めて特異な島に住む生き物であることを我々に突きつけた。特異な島とは「自然数」という概念、およびそれと不可分な「同じ」、「規則的」、「自然な」、「以下同様に」といった概念が構成する概念系である。これらは極めて根本的であるため、それを知らない者には例による説明しかできない。そして例による説明を理解せず、我々が「同じ」と思うものを同じと思わず、「規則的」と思うものを規則的と思わず、我々と違う仕方で数える（＝違った

数概念を持つ）者に、「同じ」や「規則的」がどのようなことかを説明することはできない。彼らにとって「同じ」、「規則的」、「自然」なものは、彼らにとっては説明のしようのないほど当たり前のことなのである。

そして彼らにとって最も自然な数列（数列問題の生徒の場合、0、1、2、3、……1000、1002、1004、……）は彼らにとって「自然数」と呼ぶべき唯一の数である。それが彼らの住む島である。つまり我々はたった一つの自然数しか存在せず、たった一つの普遍的な「同じ」、「規則的」という概念しか存在しないと思っていたが、数列問題とあの生徒の存在は、異なる「自然数」の数だけ、異なる「同じ」という概念が存在することを示した。そして、無数の「自然数」―「同じ」―「規則的」という概念系の中で、現に我々人間が使用している「自然数」―「同じ」―「規則的」という概念が特別な地位にあり、あの生徒ではなく先生が正しいことを示す方法はない、ということを我々に示したのである。もちろん「自然数とは我々人間が現に使用している数列である」といった具合に、「人間」に言及すれば我々の自然数を特定することはできる。しかし、これは「自然数」が普遍的概念ではなく、人間という生き物の生態に依存していることを認めることに他ならない。「地球」や「太陽」と同様「自然数」も固有名なのである。

ことの数学的側面を少し見てみよう。自然数、0、1、2、3、……は「ペアノの公理」

と呼ばれる五つの簡単な公理によって定義できる。したがってユークリッドの公理を他の公理で置き換えると非ユークリッド幾何学が得られるように、ペアノの公理を他の公理で置き換えると、別の基本数列が得られる。それぞれの数列は、数えるとはどういうことか、同じように数列を続けるとはどういうことかを定義する。数列問題が示したのは、無数の可能な公理系の中から「ペアノの公理」を一般的概念のみによって特定することはできないということである。

例の生徒の奇妙な「自然数」も1000を超える公理を用いれば定義できるのである。もし、公理の数が多すぎて「自然数」としてはふさわしくないというのであれば、1、1、1、1、……という「自然数」はわずか三つの公理で定義できる。これに対して、この数では何個の物を数えても一個になるから不自然だと言う者は、我々の「自然数」が人間生活に対する利便性に依存した概念であることを認めているにすぎない。「数学は人類学的現象である」という「後期」ウィトゲンシュタインの数学観の根底にあるのは、「自然数」が人間的概念であるという認識なのである。

すべての言語ゲームの根底

実は「自然数」―「同じ」―「規則的」というこの人間概念の島は、数学という領域のみならず、言語の全領域の根底に通じている。このことを明らかにするために『探究』§2の建築家―弟子言語ゲームがどこまで根本的に記述できるか考えてみよう。

建築家が「石板」と言うとき、石板を運んでくるように弟子は訓練される。この訓練で重要なのは建築家が「石板」と言うごとに**同じように**弟子が石板を運んでくることである。したがって数列問題と全く同じ状況が起こりうるのである。たとえば訓練を終了し、午前中は「石板」と言われて石板を運んできた弟子が、午後は「石板」と言われて石柱を運んできたとしよう。「同じ物を持ってこないとだめじゃないか」と叫ぶ建築家に、もし弟子が本気で「同じ物をもってきたつもりですが」と返答すれば、この弟子は我々と違う島に住んでいることになる。

この例が示しているのは、どんな単純で原始的な言語ゲームであっても、そこで個々の言葉に関する規則に人々が従うのに先立って、前提されているある能力、原言語ゲームとも言うべき過程が存在するということである。それは有限の例による訓練のあと、我々が単純な概念を無際限に「同様に」とか「自然に」呼ぶ仕方で適用する能力であり、そうした言語ゲームである。「石板」という言葉が午前中と午後で意味が変わるのを、我々は「不自然」と感じる。しかしこの感じ方を共有しない者に、何が自然かを言葉で説明することはできないのである。規則に従うとはいかなることかという考察を掘り下げていったウィトゲンシュタインにとって、こうした真の根底に突き当たったことは、一種驚きであったと思われる。

> 人は規則の働きをどれだけ記述できるのだろうか。規則をマスターしていない者に対して私は訓練することしかできない。しかし私は自分自身に対して規則がいかに働くかをどのように説明できるのだろうか。
> ここで難しいのは根底まで掘り下げることでなく、我々の前に横たわっている根底を根底として認めることである。（MS164, pp.91-92；RFM, part VI,§31, p.333）

こうしたあらゆる言語ゲームの根底に存在する原言語ゲームを、ウィトゲンシュタインは「規則に従う」と名づける。それは「自然数」同様、我々人間の特定の活動を表す固有名である。

> 「規則に従う」は一つの特定の言語ゲームである。（MS124, p.155；RFM, part VII, §52, p.416）

規則に従うということは我々の言語ゲームにとって根底的であり、我々が記述と呼ぶものを特徴付けている。（MS164, p.81 ; RFM, partVI, §28, p.330)

「規則に従う」は一つの人間的活動である。（MS164, p.84 ; RFM, partVI, §29, p.331)

有名な『探究』§217が語っているのは、決して一般的な根底ではなく、我々が現にその上に住む島としての「規則に従う」ことである。我々はそれを「これ」として名指すことしかできない。

「いかにして私は規則に従うことができるのか」――もしこれが因果関係に関する問いでないのなら、それは私が**現にこのように**規則に従っていることを正当とする根拠の問いである。

正当化の根拠を尽くした時、私は固い岩盤に突き当たってしまい、私の鋤は跳ね返される。そのとき私はこう言いたくなる、「ただ私はこのようにやっているだけなのだ」（『探究』§217)

こうしてウィトゲンシュタインが突き当たった「規則に従う」（そしてそれに連なる「自然数」―「同じ」―「規則的」という概念系）という根底は、それについて語りえず、すべての語ることと数えることを支え、それ自身は何によっても支えられていない（『探究』§211）島である。では「規則に従う」という島の発見は数列問題にどのような解決をもたらしたのだろうか。

そもそもの問題設定は、先生の見解（標準的自然数概念）と生徒の見解（非標準的自然数概念）をいわば二つの仮説や解釈のごとくみなし、どちらに正しさを示す根拠があるのか、というものであった。どちらに対する根拠もない、というのがそれに対する答えであった。では先生と生徒の間に正しさの問題はない（前節で示した(1)の選択肢）というのがウィトゲンシュタインの解答かといえばそうではない。確かにウィトゲンシュタインがこうした見解（根底的規約主義と呼ばれる）を一九三六年に一時言明していたのは事実であるが（「私的体験とセンスデータに関する講義」、PO, p.352）、『探究』のテキストが示しているのは、彼は問題の見方を根本的に変えることによって新たな解に到達したということである。

正しさを示す根拠はないという、今述べた規則に関する見方を、解釈主義的規則観と呼ぼう。解釈主義的規則観は規則という概念を無効にしてしまう。これが次のテキストに言う「我々のパラドックス」である。有名な次のテキストが語っているのは、ウィトゲンシュタインが解釈主義的規則観（明らかにそれは一九三六年当時の彼の思考を強く支配していた）を放棄することにより「規則に従う」の発見に至ったということなのである。

我々のパラドックスは、すべての行動は規則に適合するようにできるから、規則によっていかなる行動の仕方も決定できないだろう、というものであった。それに対する答えは、もしすべてが規則に適合しうるなら、それは規則に衝突するようにもできる、それゆえここには適合も衝突もないだろう、というものであった。
ここに誤解のあることは議論の中で我々が次々と解釈を繰り出しているという事実からさえ明らかである。……これが示しているのは、解釈でないような規則の把握の仕方が存在し、それは我々が「規則に従う」、「規則に違反する」と呼ぶものの中に示されているということである。（『探究』§201）

解釈主義的規則観に立つ限り生徒と先生は対等であり、両者の間に正誤を決めるものは何もない。しかし「規則に従う」とウィトゲンシュタインの呼ぶ現実の実践を視野に入れるなら状況は一変する。先生は事実上すべての人類が住む島にいるのに対し、生徒はただ一人、全く別の島にいるのである。この事実に訴えて、先生は自分達の正しさを次のように語るだろう。「人間はずっとこのように数え、計算してきたのであり、これが我々の知る唯一の自然数であり、唯一の正しさの基準である。人間として数え、計算するために君は我々に従わなければならない」。

しかしこれで簡単に問題が片付くわけではない。この説明には当然、次のような反論が考えられるからである。反論とは次のようなものである。「先生は人類に関する事実を援用して現行の数学・論理学の正しさを示そうとしている。しかし示されるべき数学・論理学の真理とは必然的真理でなければならず、単に人類が事実としてこのように数えこのように数学してきたということは、必然的数学的真理の根拠とはなりえない。仮に人類が違った数概念を選択していたら、と考えることは可能であり、それは数学的真理が違ったものであると考えうることを意味し、それが必然的でないことを意味する」。

ここには「規則に従う」を通じてウィトゲンシュタインが垣間見ている見解と「相対主義」、「規約主義」、「規範に関する外的視点」との微妙な関係が交差している。究極的な問題は、「規則に従う」の発見に内包されている自然史的観点と、数学・論理学の必然性をどう結合させるかである。これは「後期」思想のもっともエキサイティングな部分であるといってもよい。もしこの反論が妥当なものだとすれば、現行の自然数と数学は人類が選択したものであり（規約主義）、他の可能性もあったのであり（相対主義）、従ってそれ自身は「そうでなければならない」という規範性を持っていない（規範に対する外的視点）ことになる。そしてこうした観点は「自然数」、「同じ」、「規則」といった概念を人間依存的と見るウィトゲンシュタインの自然史的見解自身が持ちこんだものなのである。というのも数が人間という一生物の生態や生理に依存した概念ならば、どうしてそれが必然性という様相を帯びるのか、そちらのほうが不思議だからである。ウィトゲンシュタインが通ろうとしているのは、数と言語についての自然史的観点と、数学と論理学の必然性と規範性を同時に保つという極めて細い困難な道なのである。

論理の必然性と人間の孤独

この問題の最終的な決着は、人間は果たして他の島に移住できるのかということにかかっている。他の島に住むとは、単に異なった数を用いて奇妙な計算をしたり、不自然に区切られた意味を持つ言葉を使うことを意味しない。必要なのはそうした計算や語の使用を、我々が我々の数で計算し、（「赤」や「青」といった）我々の基本語を我々が使うように「自明なものとして」（『探究』§238）、「選択せずに」（同§219）、当たり前のこととして自然にできるかである。そしてそうした計算や言葉に基づいて語ったり考えたりできるか、ということである。

驚くべきことに、それが限りなく不可能に近いことを示す興味深い思考実験を、ウィトゲンシュタインは現実に行なっている。他の島に突然降り立つとは、基本的な語や計算の例による説明が周りの**誰にも通じない**ことを意味する。次に示されているようにそれは「狂気」と呼ばれるものに近い状態である。

> 規則はどのように私を導くのか（たとえばxの値が0、1、2……と変わるとき、$\frac{x^2+1}{3}$の計算において）――恐らく私は繰り返し規則を見て、計算をつぶやき、一連の数字を書いてゆく。さらに私のやっていることが理解できない人に、私の行動の一定の根拠と説明を与える。
> しかしこの根拠と説明に誰も納得しなかったらどうか。誰もが、私は無秩序に根拠なく数字を書いていると言ったらどうか。それは人々が私の言葉をもはや理解しなくなるのに似ている。それはある朝私が起きると周りの人々が全く知らない言葉を話し、私が話すのを聞くや驚きの態度を示すのに似ている。……ここで問題なのは私が彼らの言葉を学べるか、彼らが私の言葉を学べるか、それとも意志の疎通が全くできないかである。その場合自分が何と言うか私にはわからない。何が真実なのかを私はどのように語るべきなのか。たぶん彼らは私を精神病院へ送るであろう、そして私はそこ

から逃げ出そうとするであろう。（MS124, pp.202-204）

カフカの『変身』を思わせるこの叙述を通じ、ウィトゲンシュタインが描き出しているのは、人間が現実に住む島が、いかに人間にとって根底的であり、そのため他のどの島との距離も絶望的に大きいか、という事実である。

ここでウィトゲンシュタインはこの距離を飛び越える可能性を完全に否定してはいない。しかし『探究』に現れる、我々の「理解」を超えて隔たった様々な奇妙な存在者の例（たとえば§139欄外注(b)の火星人、§237のコンパス男、「第二部」の話すライオン〔p.446〕等）は、ウィトゲンシュタインが人間の島の外部を「理解不可能」な地域と考えていたことを示していると言っていいだろう。人間は自己の反転像としての狂気によって、あらゆる外部から隔絶されている。人間は孤独である。

人間の島とは極めて特異な場所である。人間がそこに住み始めたのが自然史の様々な偶然の結果であるのは間違いない。しかしそこに永く住み続けるにつれ、人間の言語と思考はこの島が現実の外延であるばかりか、その可能性の限界、その外側は文字通り思考しえないものであるように「進化」してきた。それは単なる事実でありながら、必然（それ以外は考えられない）という様相を得てきた。それは現実に我々人間が住む島であると同時に、我々が住みうる唯一の島なのである。

この島に関わる「事実」としての数学と論理学を事実アプリオリと呼ぶことができよう。この島の発見により、ウィトゲンシュタインは自然史的観点と数学・論理学の堅固さを確保したのである。観察者がいかにこの島を外部から中立的に見ようとしても、この島の外部にいる自分を想像できないのである。それが論理・数学的規範に対して人間は現実に外的視点を取れないということであり、その束縛から逃れられないということである。

君の言っているのは、論理は人間の自然史に属するということであるように思える。そしてそれは論理の「ねばならない」の堅固さと両立できない。だが論理の「ねばならない」は論理命題の一要素であり、論理命題は人間の自然史の命題ではないのである。(MS164, pp.149-150 ; RFM, part VI, §49, pp.352-353)

以上のウィトゲンシュタインの思考は、数と狂気という人間固有の二つの現象が、我々が通常想像するよりはるかに密接に関係していることを示している。数学的真理が必然的であるということは、他の数的秩序が我々には想像すらできないことを意味する。しかしあるものが思考不可能であるとは、それが存在しないことを意味しない。それが意味するのは、他の数的秩序を人間は自己の精神の内部に取りこむことができない、ということである。狂気と数学的必然性は、同じ大きさの符号の違う力である。これらの力によって人間は人間になったのである。

制度としての人間の島

「規則に従う」や「自然数」といった表現が指し示すこの人間の島は、我々の言語と思考の語りえぬ土台、しかも可能な唯一の土台である。それは我々にとって限りなく自明であり、身体の一部のごとく当たり前で自然な存在である。にもかかわらずそれは我々の自然の一部ではない。というのも自然の一部であればそれは必然的という様相は持ちえず、規範性もまた獲得しえないからである。それは自然によって与えられたものでなく、ある意味で人間が「造った」存在としての**制度**なのである。とは言えそれは税制や教育制度のような、人間が取り決めたこと(規約)ではない。それが取り決めであるなら、別様に取り決めることもできたはずだが、「規則に従う」や「自然数」は人間にとって、選択の対象ではなく、そこからすべてを始めるべき固定点だからである。

人間の取り決めでないのにそれが制度と呼ばれるのは、取り決めによるあらゆる制度の根底にそれが存在し、諸制度の原型ともいえる姿を示しているからである。いわばそれは

原制度なのである。規則に従うこと、言葉を話すこと、ゲームをすること、といった人間の基本的活動が、こうした意味で制度であること、これこそ「規則」をめぐる思考においてウィトゲンシュタインが最後に到達した見地である。同時にそれは『探究』第三期テキストで真っ先に提示されている見地でもある（なお、こうした文脈で「制度」、「慣習」、「慣行」、「技法」はほぼ同意義で用いられる）。

たった一度だけ人が規則に従うということは不可能である。たった一度だけ報告がなされる、たった一度だけ命令が下されるあるいは理解されるということは不可能である。——規則に従う、報告する、命令をする、チェスをする、これらは慣習（慣行、制度）なのである。

文を理解するとは言語を理解することである。言語を理解するとはある技法をマスターすることである。（『探究』§199）

ここでは制度・慣習の反復性・歴史性が強調されているが、反復性は制度が制度であるための一条件にすぎず、その本質を表すものではない。たとえば鳥の求愛行動は、何十世代にもわたって反復されているが制度ではない。反復性に加え制度に必要な条件が「制度内性」とも言うべき性質であり、これこそ「言語は制度である」というウィトゲンシュタインの思考の核心をなすものである。ウィトゲンシュタイン自身が用いている貨幣制度(『探究』§584)を例にとり「制度の制度内性」がいかなるものかを説明しよう。

貨幣が制度であるとは、社会がある複雑な構造を持ち、そのもとで人々が貨幣を用い交換活動を行なうという行為の型が確立され、それが長い間反復されてきた、ということを意味する。このことは貨幣が貨幣制度という制度の内部でのみ存在することを意味する。日銀券は日銀を中心とする貨幣制度の内部でのみ貨幣として存在するのであり、その外部ではただの紙切れである。これが貨幣の制度内性であり、ウィトゲンシュタインが「そして異なった環境下では貨幣もまた存在しない」(『探究』§584)と表現していることである。

こうした制度内性は貨幣に止まらず、あらゆる制度的存在の根本的性質である。あるもの(たとえば言語)が制度であるとは、それが生み出した(あるいはそれとともに生み出された)特殊な環境(あるいは、文脈)のもとでのみ、それがそれとして存在することを意味する。**すべての制度的存在は制度内的存在なのである**。こうした制度が生み出した「特殊な環境」を意味する語として、ウィトゲンシュタインがこの時期用いる重要な言葉が「環境(ウムゲーブンク)」である(この言葉の重要性は若手研究者水本正晴氏が重ねて強調してきたものである)。制度を表す文脈で、この言葉は自然環境や居住環境とは区別される**制度的環境**を意味する。言語・規則・ゲームはすべて基本的な制度なのだが、それらの制度性／制度内性は「制度的環境（ウムゲーブンク）」という概念を通じて次のように表現される。

ゲーム、言語、規則は制度である。（MS164, p.94；RFM, partVI, §32, p.334）

そしてもし生徒がこれに対してしかじかに反応したなら、彼は規則を自分のものにしたことになる。

しかし次のことは重要である、すなわち、我々に理解を保証するこの反応は特定の状況、特定の生の形、言語の形を制度的環境として前提しているのである。

（ちょうど顔なしには表情がないように）

（これは重要な思考運動である）

すなわち生徒は分別のある大人と同じように答えながらゲームをしていない、ということがありうるのだ。（MS124, pp.150-151；RFM, partVII, §47, p.414）

複雑な制度的環境下で我々が「規則に従う」と呼んでいるものが他から切り離されて存在している場合、我々はそれをそのようには呼ばないだろう。（MS164, p.98；RFM, partVI, §33, p.335)

言語・規則・ゲームの制度性／制度内性を強調するために、ウィトゲンシュタインが好んで用いる思考実験が、次のように制度的存在を制度外的環境に置く、というものである。

私が火星で道標のような対象を見て、次いでそれに平行に進む生物を観察したとしても、私にはこの生き物が道標に従っていると言う資格はない。たとえその生物のその瞬間の全感情を知ったとしてもそうなのである。(MS124, p.188)

私的言語と心的諸概念を扱う『探究』パートB、パートCはこうした制度外的環境に移された制度的存在の例であふれている（たとえば、赤ん坊の「嘘」§249、犬の「ふり」§250、左右の手の間の「贈与」§268、犬の「独白」§357、犬の「予期」§650、場違いの「戴冠式」§584）。それらが示しているのは、『探究』パートB、パートCのウィトゲンシュタインの思考が「言語の制度性／制度内性」という、パートAが生み出した思想にリードされているということである。我々の言葉やそれに伴う諸感情は、貨幣のような存在であり、言語という制度の内部においてのみ意味と価値を持つ。これが次節以降で扱うウィトゲンシュタインの思考を支える根本思想なのである。

同時にこのことは『探究』において規則と言語をめぐる思考と私的言語をめぐる思考がいかに密接に相関しているかを示し、『探究』の全体構造に関するクリプキの直観の正しさを示すものである。このことは手稿のウィトゲンシュタイン自身の言葉によっても決定的に裏付けられる。次のテキストは一次手稿において「制度としての言語」という思考がはじめて登場する際のものであるが、それは独我論と私的言語に対する批判的思考と言語の制度性をめぐる思考が深く関わっていることを示しているのである。

> 我々が言語と呼ぶものは一つの制度である。
> 人間の歴史の中で文が一度だけ発せられ、理解されるということはありえない。命令、規則についても同様である。(この事を観念論、独我論、「私的言語」の可能性に関する思考と比べよ)(MS124, pp.188–189 ; 1944.4.13)

両者がどのように関連しているのかは次節において明らかになるだろう。

8.『探究』第三部(§§243-315)の思考——独我論の運命と私的言語

『探究』において、「規則に従う」を論じた第二部の直後に来るのが、私的言語を扱う一連のテキスト(§§243—315)である。それは『探究』という大きな物語の第三のエピソードが展開される場であり、『探究』第三部と呼ぶにふさわしいものである。この第三部に関連する重要な先行テキストについて簡単に説明した後、いよいよ独我論と私的言語をめぐる物語に入ってゆくことにしよう。

『探究』第三部に関連するテキスト群

今述べたように『探究』第三期テキスト(§§198-422)は、「規則に従う」をめぐるテキストの直後に私的言語と私的体験をめぐるテキストが来るという構造を持っている。その軸テキストであるMS129, pp.25-89においても両者は同じ順序で並んでおり、ウィトゲンシュタインがこれら二つの問題について一九四四年後半のある時期に一挙に書いたことを示している。しかし遺稿のテキストは、ウィトゲンシュタインが「規則に従う」と「私的言語」という二つの重要な主題を、もともとは全く違った時に違った文脈で考察していたことを示しているのである。つまり違った起源と道のりをたどってきた二つの思考が、一九四四年になってはじめて一つのテキストとなって表現されたのだ。『探究』の読者はこうした最終結果のみを乱暴に突きつけられているといってもよいだろう。

こうした隠された成り立ちを持つ『探究』本テキストを理解するためには、これら二つの思考の源泉を知ることが不可欠である。「規則に従う」をめぐる思考は、前節で示したように、一九四四年のテキスト群を源とし、そこで成長したものである。全く同様に独我論・私的言語・私的体験をめぐる思考についても、それを生み出した揺籃というべき一群のテキストが一九三五―一九三七年の時期に集中的に存在するのである。これらのテキストは『探究』に登場する私的言語、私的体験の問題が、その根本において独我論の問題と不可分であることを示している。内容的にこれらのテキストと深く関連している『青色本』を加えて、それら全体を「独我論、私的言語、私的体験をめぐるテキスト群」と名づけるなら、その全体像は次のようになる。

〈独我論、私的言語、私的体験をめぐるテキスト群〉

	名称	時期	遺稿番号	出版状況
(1)	『青色本』後半	1933-34	D309	全集六巻pp.92-130
(2)	「私的体験」と「センスデータ」に関するノート	1935-36	MS148, 149,151	PO,pp.202-288；全集六巻に部分的に邦訳、pp.299-390
(3)	センスデータの私秘性に関するメモ	1935-36	MS181	
(4)	センスデータと私的体験に関する講義録	1936	R・リーズの講義ノート	PO,pp.290-367
(5)	一九三七年九月―一九三八年三月の一次手稿ノート	1937-38	MS119, 120	
(6)	「哲学講演」のためのノート	1941-42	MS166	PO,pp.447-458

名称は通称であり、必ずしも内容を正しく伝えていない。『探究』本テキスト（§§243-315）で展開されている思考の源泉として重要なのは(2)、(4)、(5)である。(6)は表現としては興味深いものを一部含むが、それまでの思考の要約であり、新しい内容は含まない。従

って独我論、私的言語、私的体験をめぐるウィトゲンシュタインの思考は、一九三五—三八年の時期にほぼ完全に成立し、一九三八年には問題は一応解決していた、とみなすことができる。前節末で示したように、その上に一九四四年に成立した言語は制度であるという思想が積み重なり、ウィトゲンシュタインの「解決」はより強力なものとなったのである。以下では、まず独我論、私的体験、私的言語をめぐる問題が相互にどう関連し、それらがどのように私的言語の可能性をめぐる問題へと収斂してゆくのかを明らかにし、ついで私的言語をめぐる『探究』の議論がどのようなものであり、どのような力を持つのかを吟味しよう。

独我論、私秘性、私的言語

一九三五—三八年の時期、「私的対象」、「私的感覚」、「私的言語」といった概念が急速に中心的な主題として登場してくる。これらの概念の共通の核が、「私以外の誰もそれを見ることも、感じることも、聞くこともできない、それがどんなものか私以外は知りえない、私しかそれにたどりつけない」(MS166, p.1r; PO, p.447) という性質としての「**私秘性**(**プライバシー**)」である(この主題に関する遺稿の多くは英語で書かれている)。ウィトゲンシュタインのテキストにおいて「私的対象」、「私的言語」などと言われる場合、「私的」とは言葉の一般的な意味ではなく、厳密にこのように定義された意味での「私秘的」を意味するものとして使われている。たとえば『探究』に登場する「私的言語」も誰かが自分のためだけに考案する言語（たとえばロビンソン・クルーソーの言語）ではなく、次に述べられるように原理的に他人が理解できない言語なのである。

この言語の各々の言葉はそれを話す人にのみ知られうるもの、すなわちその人の直接的な私秘的感覚を指すものとする。それゆえ他の人はこの言語を理解できないのである。（『探究』§243）

ウィトゲンシュタインの思考の大きな流れの中で見れば、この「私秘性」という主題は突然新たに現れたものではなく、独我論という大きな主題から派生したもの（あるいはそれの変換されたもの）であり、独我論と私秘性の論理的関係を正確に把握することが、これらの主題に関するウィトゲンシュタインの思考を体系的に理解する決定的な鍵となる。

第三部で述べたように、独我論は、(i)「私」は世界に対してある特権的な関係（独我性）を排他的に持っている、(ii)この独我性は「私」自身に対して「これ」として示されるだけで他の人には示すことも語ることもできない、という二つの内容から成る。今、(ii)に着目するなら、それは、独我性は私秘的である、ということに他ならない。つまり今問題になっている私秘性は実は独我論の柱の一つなのである。それはかりでない。それは独我論の本質的条件でもある。というのも独我性が私秘的でなければ、それは記述可能な経験的内容を持ち、独我論の真偽を経験的に確かめうることになり、独我論は経験的独我論（＝誇大妄想）に転落するからである。ということは、もし独我論の論理的可能性を問題にしようとすれば、私秘性の可能性を問題にすればいいことを意味する。その場合問題にするのは独我論の私秘性である必要はない。いかなる感覚や体験であれ、それが私秘的であるとはどういうことか、それは可能なのか、可能である条件は、等が一般的に考察されればよいのである。その結果、私秘性が不可能ということになれば、いわんや私秘的な独我性など存在せず、独我論は内容を持たないことが導かれるからである。

この考察はまた言語という側面から行なうこともできる。もし何らかの感覚や体験が私秘的であれば、それを体験する「私」はそれを名指して「**これ**を他の誰も知ることはできない」というふうにその私秘性を主張することになる。その際用いる「**これ**」（あるいはそれに代わる名）は厳密な意味で私的言語でなければならない。主体がある性質を私秘的性質として認識するためには、必ずその性質を「これ」等と名づけ、その上で「これは他の誰にも知ることはできない」ことを認識しなければならない。したがって、もし何らかの原理的理由により私的言語が不可能ならば、主体は私秘的性質の存在を認識できないことになる。それが、私秘的性質が存在しないためなのか、存在するが私秘的であることが決して認識できないためなのかは問題ではない。ともかく主体は、私秘的性質の存在を認識できないのである。

ということは、仮にある主体が独我的であり、比類無き性質を持っていたとしても、主体は自分が特別な存在であることを決して認識できないことを意味する（独我性は私秘的性質であるから）。独我論とは独我論の自覚的認識であるから、このことは独我論が決して成立しえないことを意味する。つまり私的言語が不可能であれば、独我論も成立しえないのであり、独我論の不可能性を示したければ、私的言語の不可能性を示せばよいのである。これこそがウィトゲンシュタインが最終的に選択した思考経路であり、そのため独我論をめぐる諸問題は『探究』において私的言語と私的対象の問題へと変換されているのである。

「私」と「彼」と痛み

こうして我々は今や『探究』の私的言語論へと向かう準備を完了したわけだが、本論に入る前に触れておかなければならないことが二つある。『青色本』等に姿を現す、人称間の非対称性の問題と、独我論そのものの運命である。

感覚の私秘性によく似ているが異なる観念がある。我々は他人の感覚や体験を感じることが（原理的に）できない、という観念である。この観念と私秘性には微妙だが決定的な差異が存在する。それは、それぞれを表現するのに必要な表現を考察すれば明らかになる。私秘性を表現するには、ある特定の人が「私」として自分の特定の体験を指示し、「**これ**は私だけに知られるものであり、他人には記述不可能、伝達不可能である」と言わねばならず、「これ」は私的言語でなければならない。私秘性と私的言語は不可分である。一般的私秘性というものは存在しえない。それに対して今問題になっている観念は「人は他人の痛みを感じることはできない」のように、特定の個人や特定の現実の感覚に言及することなく表現できる。それは主体、人、人格一般に関する主張なのであり、感覚に関する**人格間の絶対的隔壁**、とでも言うべき観念である。

それは感覚の記述可能性・伝達可能性に関わる問題ではない。それゆえこの問題と私秘性は深く関係しているように見えるが、二つは実は相互に独立な別の問題なのである。それして独我論問題とこの人格間隔壁問題も無関係な問題である。ウィトゲンシュタインは『哲学的考察』（§§61–65）から『青色本』（pp.92–105）にかけてこの問題を（「痛み」を例にして）くり返し論じているが、その後この問題に関する関心は急速に小さくなる。明らかにそれはこの問題と独我論・私的言語問題の相互独立性が明白になった結果だと思われる。

人格間隔壁問題を考察する際に、ウィトゲンシュタインが常に前提していたのが**感覚語の意味の人称間の非対称性**、という考えである。つまり「痛み」という語は自分の場合にのみ感覚を意味し、他人については痛がるという痛み行動を意味する、という考えである。『青色本』ではこの非対称性を、「私」、「彼」、「痛み」に関する文法的事実と解釈しようとしている。しかしこうした文法的解決は放棄される。後に見るように、『探究』の思考は「私」と「彼」と「痛み」の関係について全く新しい理解を切り開くのである。

ハエとり器のハエと私哲学

独我論の運命に移ろう。以上の考察からは、あたかも独我論がウィトゲンシュタインの考察の一主題にすぎなかったかのように思われるかもしれない。しかし現実に独我論は単なる考察の対象を越えたものとしてウィトゲンシュタインに襲いかかるのである。『論考』期の考察からも明らかなように、ウィトゲンシュタインにとって独我論は自己の生の根源につながる衝動という側面を持っていた。『青色本』の独我論に関する記述(たとえば、pp. 116-117)も、表面的には自分L. W. を例として取り上げているにすぎないという体裁をとっているものの、彼自身の衝動の表現でなければそうした記述にはならないだろうと我々に思わせるものがある。この後ウィトゲンシュタインの独我論的衝動は病的といえるまで激化する。それとともにウィトゲンシュタインの哲学的思考は自己の衝動と戦い、自己を救済するための行為という私的な性格をますます強く帯びてゆく。こうした過程を生々しく伝えているのが上記テキスト群の(2)である。そこで表現されているウィトゲンシュタイン自身の生《なま》の（=人のものとして引用されているのでない）独我論的衝動とは次のようなものである。

私、L.W.には他の人には当てはまらない何かが当てはまると私は言いたいように思われる。すなわち非対称性があると思われると。（MS148, p.47v; PO, p.225）

私は次のように言いたい、「もちろん全く正直に言うなら、私は誰も持っていない何かを持っていると言わなければならない。」――しかし私とは誰か？――ええい、私は自分の考えをうまく表現していない、でも**何か**があるのだ。私の個人的体験が存在することはお前も否定できない。そしてそれには最も重要な意味で隣人が存在しないことも。（MS149, p.5; PO, pp.228-229）

同時にこれらのノートでウィトゲンシュタインは自分のこうした衝動を「病的」なものと

して把握している。

私に「もちろんこれ↓が本当に見られているものなのだ」と言いたくさせるものは、言語の（「思考の」と言ってもよい）根深い病理であるに違いない。（MS149, p.94 ; PO, p.270）

こう言ってよいなら、独我論の病的性格は、我々がただ私、N・N・だけが本当に見ている、という結論を引き出そうとするときに示される。我々はただちにこの結論から後ずさりしてしまうからだ。ただちに、これが言いたかったのではないと気づくのである。（MS151, p.5 ; PO, p.274）

そしてこうした病的な独我論衝動に翻弄されている自分を、ウィトゲンシュタインはハエとり器のハエに喩える。

（独我論者はハエとり器の壁の中でばたばたし続ける。壁にぶつかってはまたばたばたする。彼を静かにさせるにはどうすればよいのか）（MS149, p.67 ; PO, p.258）

言うまでもなく、これが有名な『探究』§309（「哲学におけるあなたの目的は何か。――ハエにハエとり壺からの出口を示してやること」）の原型なのである。このことはウィトゲンシュタインの哲学という営みに全く新しい光を当てる。以下で示すように彼の私的言語批判は決定的である。そしてその力の源泉は「制度としての言語」という考えそのものである。すでに見たようにこの考えは「規則に従う」をめぐる思考の産物なのだが、その徹底ぶりは尋常ではなかった。それは自己の狂気に接する所まで突き詰められた思考であった。いかにしてかくも戦慄すべきほどにまで徹底した思考が可能だったのか、それは単に言語に関する哲学的真理を求める情熱によってだけでは説明しがたいものである。

しかしながら、もしそれがウィトゲンシュタイン自身の救済のためであったなら、しかもそれが唯一可能な救済方法であったのなら、事態は全く違って見えてくる。独我論的衝動の病的衝動たるゆえんは、それが誤っていることをウィトゲンシュタインが確信した後もそれを反復する自己の知性を制御できなかったためである。そしてこの「ハエとり壺」から脱出し、自己の生を奪還するために彼が選択した道が、自分が二度とその学説を口にする気が起きないほどに徹底して、完全に、いかなる言い逃れも許さないように、その学説を破壊することであり、具体的には「私的言語」の可能性を言語の究極の根源に遡って批判することであった。
このように考えると『探究』でもはや独我論が語られないこと、それ以降のテキストでも独我論が二度と主題として登場しないことがよく理解できるのである。そこで独我論と独我論的衝動は抑圧されているのではない。ウィトゲンシュタインは自らの徹底した哲学的思考により病理からすでに救済されたのである。従って「哲学者は問題を、病気を治療するように扱う」(『探究』§255)という有名な「治療的哲学観」も、哲学的小言幸兵衛としての批判哲学の表明(もしそうだとすれば、ウィトゲンシュタインとはいかにいやな男か)ではなく、自らの生を救済し導いてきた唯一可能な生き方としての哲学的思考の表明だと理解できる。そうした営みが産み出したテキストたる『探究』の出版にウィトゲンシュタインがもはや『論考』期のような大きな関心を抱かなかったことは当然と考えられる。こうした極めて私的な営みとしての哲学のあり方を(私小説という言葉に倣って)**私哲学**と呼びうるだろう。自分の哲学的活動が持つ私的で個人的な性格について彼は十分に自覚的であったと考えられる。一九三一年の次の言葉は、そうした自覚を示すものである。

建築の仕事がしばしばそうであるように、哲学の仕事は実際はむしろ自分自身に関する仕事である。自分自身の概念に関する仕事であり、自分のものの見方に関する(そ

して自分が事物に何を求めるかに関する）仕事である。（MS112, p.24r ; 1931.10.14）

こうした私哲学という光の下で見直すとき、ウィトゲンシュタインが残した膨大な言葉と思考の全体は新たな意味を帯び始めるのである。それは哲学によって生きるという生き方そのものである。この意味、この生き方こそ彼が我々に残した最大のメッセージである。

『探究』の私的言語批判

私的言語をめぐる議論は『探究』§§243–271で展開される。私的言語とは話者たる「私」の「直接的で私的な感覚」を指示する言葉のみから成る言語であり、「私」以外の誰もそれを理解することが原理的に不可能な言語である（§243）。「直接的で私的な感覚」は、「この赤の色」、「私のこの歯痛」、「私の特別さ」等、何であってもかまわない。何かを「直接的で私的な感覚」として指示する言語が可能であること、この言語によって指示される私的対象なるものが存在すること、これが「私的言語」という観念のポイントなのである。ウィトゲンシュタインはこの観念を二つの議論によって批判している。第一は私的言語の語の使用に関して正誤を決定する客観的な基準が存在しないという議論であり、第二は私的言語における感覚の命名は命名ではなく、従って私的言語の語は感覚の名ではない（従って語ですらない）という議論である。前者を**私的言語の客観性欠如批判**、後者を**私的命名批判**と呼ぼう。それぞれについて、内容を簡単に紹介した上で、それがどこまで正当な批判なのかを吟味しよう。

私的言語の話者は、自分のある私的感覚をたとえば「K」と命名した後、この感覚を感じるごとに日記に自分のためだけに「K」と書き付ける。私的言語の客観性欠如批判が標的にするのは、そのたびに話者が感じている感覚が本当に彼が最初「K」と命名したものかどうかを決定する方法はあるのだろうか、という点である。もしそういう方法がなければ私的言語はどのように用いられても正しいことになり、結局、正誤の区別がないことになる。これは私的言語が規範性を持たないことであり、言語とは呼べないということを意味する（§258参照）。

この嫌疑に対して私的言語論者が提出できる正誤の基準は自分の直感的判断と記憶の二つしか存在しない。しかしそれは自分の判断を自分で正当化することであり、客観性を欠いた無意味なものであることは、新聞の記事を確かめるために同じ日の新聞を何部も買ったり（§265）、橋の強度実験を想像において行なうことに等しい（§267）、というのがウィトゲンシュタインの批判である。これは『探究』の解釈をめぐり研究者の間でも繰り返し取り上げられ、その妥当性が論争の的となってきたものである。しかし私的言語に対する批判として少し冷静に考えるなら、全く的外れなものだと言わなければならない。なぜならそれは私的言語論者に対する論点先取であり、自説の単なる反復にすぎないからである。

そもそも私的言語とは本質的に私秘的な言語であり、本質的に客観性（たとえば、他人による検証の可能性）を欠く言語である。私的言語が可能であるという主張の本質は、言語は客観的である必要はない、客観性を欠いた言語が存在しうる、ということに他ならない。それに対して右の批判は、言語は客観的でなければならないということを前提としてはじめて批判となりうるものであり、結局は相手を単に否定しているにすぎない。このことは私的言語論者が同時に独我論者であると想定すればより明白になるだろう。独我論にとって私的言語は不可欠である。しかしそれは独我論を他者に伝えるためではなく（それは不可能である）、自分に対して独我論を思考として表現するためである。自分の判断だけが真偽の最終的基準であるような、他人と一切の基準を共有しないような言語を彼は要求しているのである。従って私的言語が客観的であることは彼には何の意味もないこと、何ら必要でないことなのである。客観性を欠く私的言語の存在可能性こそ彼が主張したいことなのである。こうした独我論者に対して、私的言語は客観性を欠くから言語ではない、と言ったところで何も言わないのに等しいのである。

このように私的言語の客観性の欠如を突いた批判が的外れなものであるのに対し、私的言語の命名過程を批判する第二の議論は極めて強力なものである。この議論の本当の力を知るためには、命名とは何か、そもそも物や人がどのようにして名を持つようになるのかということについて考えてみる必要がある。命名という言語現象に関する通俗的な（そしてかつてはウィトゲンシュタインもとらわれていた）見解とは、「何かに名を与えるとは特別の心的作用であり、名はこの作用を通じある不思議な仕方で対象に結びつけられている」（cf.「センスデータに関する講義録」PO, p.319）というものである。これを神秘的命名観と呼ぼう。我々が神秘的命名観に立つ限り、なぜ子供に命名できるのが両親だけなのか、なぜ隣人が両親に先んじて徹夜で心的命名作用を行なって彼らの子供に命名できないのか、なぜある人が台風に自分の子供の名をつけられないのか、等は全くの「謎」として残るだろう。

ところがいったん我々が命名と名というものが言語を構成する重要な**制度**であり、その制度の下でどのような種類の対象にはどのような人間がどのような状況で命名でき、その後その名がどのように使われるかがあらかじめ決定されているということを思い出せば、これらの「謎」は全て消滅する。子供には両親が命名し、地震や台風は気象庁が命名する、これが我々の「名」という制度なのである。こうした制度の外部で、ある個人が何かに命名しようと注意を集中したり、名前をくり返し唱えたりするなら、その行為は王制の存在しない国での戴冠式のごとく、無意味な儀式かパロディーでしかない。ウィトゲンシユタインによる次の私的感覚の命名過程の記述は、私的命名がまさにこうした無意味な儀式であることを示している。

……それでも私は自分の私的感覚に直示的定義を与えることができる。――どうやって？　自分の感覚を指差せるのか？　普通の意味ではできない。しかし私は記号を口から発し、あるいは書きとめ、同時に感覚に注意を集中し、いわば内的に感覚を指示するのだ。――しかしその儀式はなんのためのものなんだ、だってそれは儀式にしか見えないよ。（『探究』§258）

さらに追い討ちをかけるように、ウィトゲンシュタインは感覚の私的命名を「右手から左手への現金の贈与」になぞらえる（§268）。なぜ私の右手は私の左手に現金を贈与できないのか。手の贈与への適格性、等について考えないでほしい。答えは単純である、贈与とはそもそも人間を対象とした制度であり、人間の手はこの制度の外部にあるからである。それゆえ、手が贈ったり、手に贈ったり、することは全く無意味なのである。私の右手が左手に現金を渡し、左手が領収証を書いたりしても、それは滑稽なパロディーでしかない。同様に私的命名は一見すると命名のように見えるが、「名」という制度の外部に位置しており（私的命名に関する制度を知っていたら教えてほしい）、それゆえ命名の滑稽なパロディーでしかないのである。自分の感覚に対する私的命名がれっきとした命名のように見えるのは、その描写が既存の命名という制度に寄生する形でなされているからにすぎない。丁度子供の買い物ごっこの記述が既存の貨幣制度に寄生しているように。私的言語とは言語ごっこであり、言語のパロディーなのである。

新たな「痛み」概念と拡張された言語ゲーム

こうして私的言語の可能性は否定される。それとともに我々の感覚が私的対象であるという考えも否定される。それは、我々は自分については痛みの感覚を直接に知っているが、他人については単に推測できるのみである、という人格間に絶対的隔たりを想定する考えの否定でもある。それはその背後にある「感覚語」に対する通俗的理解を否定することに他ならない。感覚語の通俗的理解とは、「痛み」等の感覚語は我々が直接体験する自分の感覚の名である、というものである。この通俗的理解によれば「私は痛い」と「彼は痛い」の違いは、直接的記述と間接的推測の違いである。「痛み」とは自分の直接的体験の名であり、そこで名指される体験が痛みである、というこの「痛み」概念を通俗的「痛み」概念と呼ぼう。ウィトゲンシュタインの私的言語批判は通俗的「痛み」概念（そして感覚概念）を根底から破壊するものである。『探究』とそれに先行する関連テキストは、こうした破壊と並行してウィトゲンシュタインが新たな「痛み」概念を紡ぎ上げていったこと、そしてそれによって「言語ゲーム」という概念がさらに重層的に拡張されていったことを示している。それは言語と人間の関係に、そして「私」と「彼」の相違／関係に全く新たな光を当てる思考である。

ウィトゲンシュタインの新たな「痛み」概念の基本となる重要な概念が「表出（オイセルンク）」である。「表出」は次のように定義される。

「私は……だと思い出した」と言う者は想起を表明しているのであり、誰々が……を思い出した、という主張を行なっているのではない。こうした表現を「表出（オイセルンク）」と呼べるだろう。痛みの表出、想起の表出、等。（MS120, p.111r-111v）

つまり表出とは話者が自分の現在の状態を記述するのでなく、記述とは違った仕方で自己の現在の状態を他者に示す言語的行為なのである。たとえば「痛い！」は痛みの表出であり、話者は何かを記述しているわけではない。これに対し「痛かった」は過去の事実の記述であり表出ではない。同様に「解けた！」は現在の認知の表出であるが（cf.『探究』§323）、「問題は昨日解けた」は昨日の出来事の記述であり表出ではない。新しい「痛み」概念とはこうした言語的表出の起源をめぐる思考から始まるのである。

我々人間には自己の状態を仲間に知らせるために自然に備わっている様々な反応がある。たとえば痛ければ叫んだり、泣いたりして、それを仲間に知らせようとする。こうした反応が自然的表出である。赤ん坊が泣くのも痛みや空腹の自然的表出である。ウィトゲンシュタインの新たな理解の出発点は、「私は痛い」という発話は私の感覚の直接的記述などではなく、泣いたりわめいたりする自然的表出の代理である、という考えである。泣いたり、わめいたりする代わりに「痛い」と言うことを覚えることにより子供は「痛み」という言葉を覚え始めるのである（『探究』§244）。「私は痛い」という発話は自分の状態の記述ではなく、表出なのである。それゆえ「私は痛い」という言葉は子供にとって泣くことと同じ役割を持っているのである。すなわち我々は「私は痛い」と言うことにより、自分に注目を集め、自分に問題があることを知らせ、できるならその改善を求めようとするのである。それゆえ我々は自分に敵意をもつ人間に「私は痛い」とは決して言わないのである。こうしたウィトゲンシュタインの新しい「痛み」概念の背後には、言語とは自然的な現象の人間的延長である、という次のような考えが存在している。

「私は痛い」という言葉は痛み行動の一部になる。それゆえそれは誰かがこのように行動したと述べているのではない。そして同様に、感覚のあらゆる表出は原始的な感覚表出と結びついているのである。(MS120, p.224)

反応が言語ゲームの起源であり、原始的形態である。より複雑な形態はそこからのみ成長する。

言語とは洗練である、と私は言いたいのだ。「はじめに行為ありき」(MS119, pp.146-147;『反哲学的断章』p.95;『探究』§290 参照)

では、「私は痛い」が痛みの表出であり、訴えであるなら、「彼は痛い」という文は何を意味するのだろうか。同情を意味する、これがウィトゲンシュタインの解答である。

しかしもし「私は痛い」がうめきの代理なら、「彼は痛い」は何の代理なのか。それは同情のうめきの代理だ、と言えるだろう。(MS149, p.73; PO, p.261)

「彼は痛い」と言うことにより我々は彼の行動から痛みを推測したり、行動を記述しているのでなく、彼は改善や援助を必要としているという認識を、「できるなら何とかしてやりたい」という自らの態度で示しているのである。こうした態度のうちに示された認識が「同情」なのである。我々は「彼は痛い」という記述を行なった後、彼に同情するのでなく、「彼は痛い」と言うこと自体が同情の振る舞いなのである。そこにおいて認識と態度は不可分な一体のものとして存在している。「同情とは誰か他人が痛がっているという確信の形式である」という『探究』§287の言葉はこうした理解を簡潔に示したものである。この新しい「痛み」概念によれば「私は痛い」と「彼は痛い」の違いとは「他者に訴える」ことと「他者に同情する」ことの違いであり、異なる二つの認識の違いではなく、異なる二つの態度の違いなのである。

こうした新しい「痛み」概念を通じて、全く新しい言語概念が浮かび上がってくる。古い「痛み」概念を支えたのは「記号としての言語」という概念である。「痛み」とは自己の直接体験の名／記号であり、子供は「痛み」がどの体験を指すのかを知ったなら、「痛み」の概念を獲得し、「痛み」とは何かを知ることになる。「私は痛い」や「彼は痛い」はこうした概念を用いた事態の記述なのであり、それらの文に関わるのは痛みという感覚の有無に関わる事実のみである。もしこれが言語の実相ならば、「彼は痛い」と同様に「この石は痛くない」、「この机は痛くない」といった文も事態の正しい記述として意味を持つはずであるし、「この石は痛い」という文は誤った記述として修正されるべきものであろう。

しかし『探究』の「石への変身」（§§283-284）という奇妙な例が示すように、正誤以前にそれらの文は我々には全く無意味なのである。このことは「痛み」という概念は、記号としての言語がとらえるよりはるかに豊かな内容を持っていることを示している。新しい言語概念とはその豊かさをそのままとらえようとするものである。「私は痛い」という発話において、痛みの感覚、自分の状態の認識、訴える態度、そして言葉と身振り、これらは一体のものとして存在している。「私は痛い」という発話は、それらが一体となった一つの振る舞い、行為なのである。子供が「私は痛い」という表現をマスターするとはこの行為を自ら行なえるようになることであり、それはそこに含まれる一定の感覚、感情、認識、態度、動作を自ら体験し、示しうることを意味する。ある表現をマスターするとは、それに伴う感情、認識、態度を体得することなのである。しかしこれで子供は「痛み」概念を得たわけではない。「私は痛い」に続き、「彼は痛い」、「あなた痛いの」、「まだ痛いの」等、様々な表現を順に覚えることにより、様々な場面での様々な態度と振る舞い、他者に関する様々な関係と感情・認識を徐々に「知って」ゆく。あたかも若い役者が、様々な劇の様々な役を演じ・マスターしてゆくことを通じて自分が表現しうる感情・認識・態度の幅を広げていくように、子供（そして人間）は「痛み」に関わる様々な場面・役割・表現を次々と体験・マスターしてゆくことにより、自らが体現しうる感情・認識・態度を膨らませ、その結果として「痛み」とは何かを「知り」、「痛み」概念を獲得するのである。

これが現実に我々が生きる「痛み」概念なのである。それはあらゆる物に適用可能な不変的概念ではなく、人間と人間に似たもの（典型的には動物）にのみ適用される極めて人間的でローカルな概念である。『探究』§§281-293でウィトゲンシュタインが記述しようとしているのは、我々が現実に生きるこうした痛み概念である。

それゆえ「痛み」とは感覚の名でなく、人間がこのようにして習得するある複雑な劇の題名として最もよく理解できるだろう。言語を習得するとは単に言葉の使い方を覚えることではなく、こうした劇を数多く体験し、マスターし、それを通じてより幅広い感情・認識・態度を自ら「知って」ゆくこと、それらを自ら生きてゆくことなのである。それは我々の生の様々な型を体得する過程であり、人間という存在になる過程そのものである。言語とは我々の内と外にあらかじめ存在するものを表現する手段でなく、我々という織物を織り上げている糸なのである。言葉を話すとは（従って人間であるとは）こうして編み上げられた生の形を自ら生きることなのである。我々は生き物として痛みを感じ、人間として「痛み」を生きる。

このように我々が言語を習得し、人間になる過程でマスターしてゆく様々な劇が「言語ゲーム／劇」なのである。私的言語・私的対象をめぐる『探究』の叙述（特に§§281-293）で想定されているこうした言語ゲーム概念は『探究』冒頭で登場したものに比べればはるかに豊かな内容を持っている。『探究』冒頭での言語ゲームとは「ある特定の場面でのある表現の使い方と行動の型」を大きく超えるものではなかった。ともすれば我々はこの貧弱な言語ゲーム概念がウィトゲンシュタインの言語ゲーム概念そのものであると理解しがちである。しかしそれは彼の「言語ゲーム／劇」概念の真価を見誤ることである。独我論・私的言語・私的対象に関する批判的思考を通じ、ウィトゲンシュタインの言語ゲーム概念は飛躍的に拡張され、単に一定の状況下での発話行動だけではなく、それと一体化した感情、意図、態度をも含む重層的なものとなったのである。『探究』以降の思考、とりわけ『探究』II（TS234）において結実している思考はこうした拡張された言語ゲーム概念を前提し、駆使しており、それ抜きには十分に理解できないものである。

9.『探究』第四部(§§316-693)の思考——意味、意図、信念の重制度性

『探究』という大きな物語の最後部を飾るのが第四部(§§316-693)、すなわち内容面での分類においてパートCと呼んだ部分であり、そこで扱われる中心課題が「意味」、「意図」、「信念」という三つの重要概念である。

テキストの性格と中心主題

『探究』第四部、つまりパートCはそれ以前の部分に比べて明らかに思考の一貫性を欠いている。それはパートA、Bで存在していた全体を貫く書き下ろしの軸テキストが存在しないためである。パートCの中でも第三期テキストに属する部分(§§316-421)には確かにMS129, pp.68-87という書き下ろし軸テキストが存在するが、テキスト全体にそれが占める割合が低く、軸というよりは全体に薄くばら撒かれている、というのが実情に近い表現であり、全体に流れを与えるには至っていない。他方パートCの中でも第四期に属する部分(§§423-693)の軸テキストであるMS116は「考察集」であり、連続した思考を表現す

るテキストではない。このように『探究』第四部（パートC）は基本的に、「意味、意図、理解、思考、信念といった心理的諸概念に関する考察集」という性格を持っており、そこで扱われている主題は多様であり、それを一つの思考の流れへとまとめることはできない。にもかかわらず『探究』全体の思考の流れと構造という観点から見れば、パートCの思考は明確な戦略的位置と意味を持っている。この意味で『探究』全体は内容的に相互に緊密に結びついた部分からなっており、確固とした構造を持っているのである。こうした構造的観点からパートCを見るとき、我々は『探究』全体におけるパートCの役割というものについて語ることができるのである。それが、**意味、意図、信念の重制度性**という概念の提示と確立、なのである。

意味と意図をめぐる謎

意味、意図、信念の重制度性とはいかなる現象であり、それが『探究』全体の思考の中でどのような意味を持つのかを理解するには、『探究』第一期テキストで提示されている「意図」をめぐる小さなパズルの意味を知るのが最も簡単な方法であろう。それは§70の欄外注として挿入されている次のような例話である。

誰かが私に「子供達とゲームをしてやってくれ」という。私はかれらにサイコロ賭博を教える。するとその人は「そんなゲームをしてくれと言ったんじゃない。」と言う。この人が私に頼んだとき、サイコロ賭博を除外するということが彼の心に浮かんでいた必要があるのか。（『探究』pp.72-73）

これは意図、とくに過去の意図をめぐる「パズル」を簡潔に表現した卓抜な例であるが、このパズルの本質は「私」とこの人が口論になったとき、どちらが、どのような理由で正しいのか、を問うとき、よりはっきりする。この人の抗議に対して「私」は「だって君は『ゲーム』と言っただけじゃないか」と反論する。この人は、「サイコロ賭博を含む意味で『ゲーム』といったのじゃない」と言う。そして「私」は、「じゃそのとき君は心の中で密かに『子供に有害なゲームは除く』とでも言ったのかい」と反論する。彼は「屁理屈を言うな」と怒鳴る……。さて二人のどちらの言うことが正しいのだろうか。この話を聞いて我々がある種の「パズル」と感じるのは、この人が正しく「私」は屁理屈を言っているだけだ、という常識的判断が一方にありながら、「私」の屁理屈を議論によって退けれらない、と感じるからである。

なぜ「私」の言い分を退けられないのだろうか。本当はどちらが正しいのか。我々は意図することをすべて口に出すか、心の中で念じなければならないのだろうか。実はこれと同じ意図をめぐる問題が数列問題にも含まれているのである。思い出してみよう。教師が生徒の間違いを注意したとき、もし生徒が「だって先生は標準的自然数を用いて加算を行なえ、と言わなかったじゃないですか」と反論したなら、彼は先の「私」と同じ屁理屈をこねていることになる。この生徒に対して教師は何と言えるのだろうか。このパズルに対するウィトゲンシュタインの解は、「常識が正しい、しかし常識的『意図』概念が間違っているため、常識は自分の正しさを説明できない」というものである。そしてこの解の核心をなすのが意図と意味の重制度性という概念なのである。

意図と意味の重制度性

言語が制度である以上、言葉によって名指される諸概念は制度的性格を持っており、言語という制度の外部においては意味を持たず、存在もしない。その意味で、「痛み」、「思考」、「意図」はいずれも制度であり制度内的存在である。しかしこれらが制度的環境や状況に依存する度合いは同じではない。この意味で「痛み」と「思考」は環境・状況から相対的に独立した現象である。たとえば「昨夜二時ごろ歯が猛烈に痛んだ」や「昨夜三時から二時間もウィトゲンシュタインについて考えた」といった文の真偽は、たとえば、そう言う当人に昨夜その時間に事実そのようなことが起こったか、そうしたことをしていたか、をたずねることによって判断できる。それは「痛み」と「思考」は他から独立した話者個人に関わる現象であり、一定の経験的基準によってある程度まで同定できるからである。したがって脳波や脳の活性化パターンによって文の真偽を決定するというのはそれほど法外な思い付きではないのである。

それに対して「昨日は行くつもりだった」という文の真偽は、当人が昨日「行くつもりだ」と言ったかどうか、そのように念じたかどうか、をたずねることによって決定できない。そんなことを全く言わなくても、行くつもりだった場合が沢山あるからである。たとえば、ずっと前から計画があり、今日になって突然病気になり中止した場合などがそうである。このことが示しているのは、我々の「意図」概念とは、「意図とは状況から独立した当人の行為や状態によって決定されるようなものではそもそもなく、状況の中での当人の言動から相対的・総合的に決定されるような存在だ」ということである。このようにある人の「意図」は（痛みや思考と違って）その人にのみ関わる個人的（たとえば脳内の）現象ではないのであり、このため脳波によって意図を検出するというのは間の抜けた考えに聞こえざるをえないのである。

「意図」のこうした特性を、ウィトゲンシュタインは、「意図はその状況の中に、人間の慣習・制度の中に埋め込まれている」（『探究』§337）と表現する。このように意図（そして意味）は、痛みや思考がそうだとはいえない意味において一つの制度なのであり、人間が生み出す制度的環境と状況に二重に依存しており、状況と相対的にのみ決定できるような存在なのである。これが意図と意味の**重制度性**である。意図が重制度的存在であるからこそ、誰かが状況と無関係に「俺は世界を征服する」と心の中で念じても、世界征服の意図をもつことにはならないのであり、サイコロ賭博のパズルも意図が重制度的であるということにより氷解する。

周りの状況からして、「私」に依頼した人がわざわざ「子供のためにならないゲームは除く」と語らなかったとしても、それは彼の意図の一部なのである。これが我々が日々関わっている現実の「意図」概念なのであり、それ以外に「意図」概念は存在しないのである。意図は状況の中に埋め込まれて存在している（cf.『探究』§583-584）。意図の重制度性をもっとも明瞭に示している身近な例が「殺人」という制度であり、過失致死から殺人を区別する「殺意」という制度である。もし意図が思考や痛みのように状況から比較的独立した個人に関わる現象であるなら、殺意の認定は指紋やDNAの鑑定と似た作業となり、裁判官が判断する前に専門家に委ねられるものとなるだろう。しかし現実に殺意は裁判官による高度な総合的判断によってのみ認定される。これは意図が重制度的であり、状況の中にのみ存在するからに他ならない。

志向性の問題

このように意図、意味をはじめとする心理的諸概念の重制度性という思考が、『探究』第四部の核心的思考であり、それによって第四部は『探究』の他の部分と内容的に密接な関係を持つものとして組み立てられているのであり、単なる付属「考察集」ではないのである。こうした『探究』全体に対するウィトゲンシュタインの構造的意図を最も象徴的に示しているのが、『探究』全体を締めくくる二つの「考察」(§§692, 693) である。そこでウィトゲンシュタインは『探究』第一部以来の「意図」をめぐるパズルを、意図の重制度性という概念を用いて見事に解決している。

「私がこの規則を示したとき、君は……しないといけない、というつもりだったのだ」と誰かが言うのは正しいだろうか。規則を示したときは、そうした場合のことを全く考えていなかったとしても、正しいのだろうか。もちろん正しいのである。なぜなら、「……というつもりである」は「……ということを考える」を意味するのではないのだから。(『探究』§692)

「私が数列……の生成をある人に教える場合、私は彼が百番目の項を……と書くべしと意図しているのだ」——全くその通り、あなたはそのように意図している。そしてそのためにはそうしたことを考える必要すらないのは明らかである。このことは「意味する（意図する）」という動詞と「考える」という動詞の文法がいかに違っているかを示している。そして意味する（意図する）ことは心的活動であると考えるほど的外れなことはないのである。……（『探究』§693）

『探究』第四部（パートC）では「意図」、「意味」だけではなく「信念」、「希望」、「期待」の重制度性について詳しく論じられている（最も重要な「考察」は§§574-576,581-584）。それらの思考は多くの興味深い問題を内包するものであるが、残念ながらここでそれらを詳しく論じることはもはや不可能である。ただ一つ、こうしたウィトゲンシュタインの思考が、伝統的な「志向性」の問題に与える光について少し触れておきたい。志向性とは、何かが別のものに関わる、という性質であり、規定しがたい性質として多くの哲学的探究の対象となってきた。たとえば、ある絵が誰かの肖像画であるための条件とは何だろうか。もちろんその人に似ていることではない、似ていない肖像画、下手な肖像画が存在するのだから。それは結局は画家の**意図**の問題なのである。いかにある人に似ていても、画家がゴリラの絵のつもりで描いたなら、それは肖像画ではなく、ゴリラの絵なのである。同様にある人が発したある名前（たとえば「小泉」）が誰を指すのかは、様々な条件に加え最終的にはその名前の使い手の意図に関わる問題である。従って言葉や表象が持つ「について」という性質は、意図と意味が重制度的であるのと全く同じ意味で重制度的なのである。志向性を本質とする記号や表象は、貨幣と同様に制度なのである（cf.『探究』II、ⅲ）。

こうした現実にもかかわらず、意図が思考のように状況から独立した、画家や話し手の個人的性質である、と誤って考える哲学者がもしいれば、彼はある紙切れを貨幣とする架空の神秘的属性を果てしなく追い求める経済学者のごとく、記号に意味を与える実在しない神秘的属性を空しく追い求めていることになる。意図と意味が状況の中に埋め込まれている、というウィトゲンシュタインの洞察は、志向性を求めた哲学者たちの長く真剣な探究を、一瞬にして探究のパロディーに変えてしまうのである。

［第5部］

「私」と言語

ウィトゲンシュタイン最後の思考

〈1949-1951〉

「人間による探究の根本原理について語ることができよう」
（＝『確実性』§670，死の2日前の考察 MS 177，P. 9r）

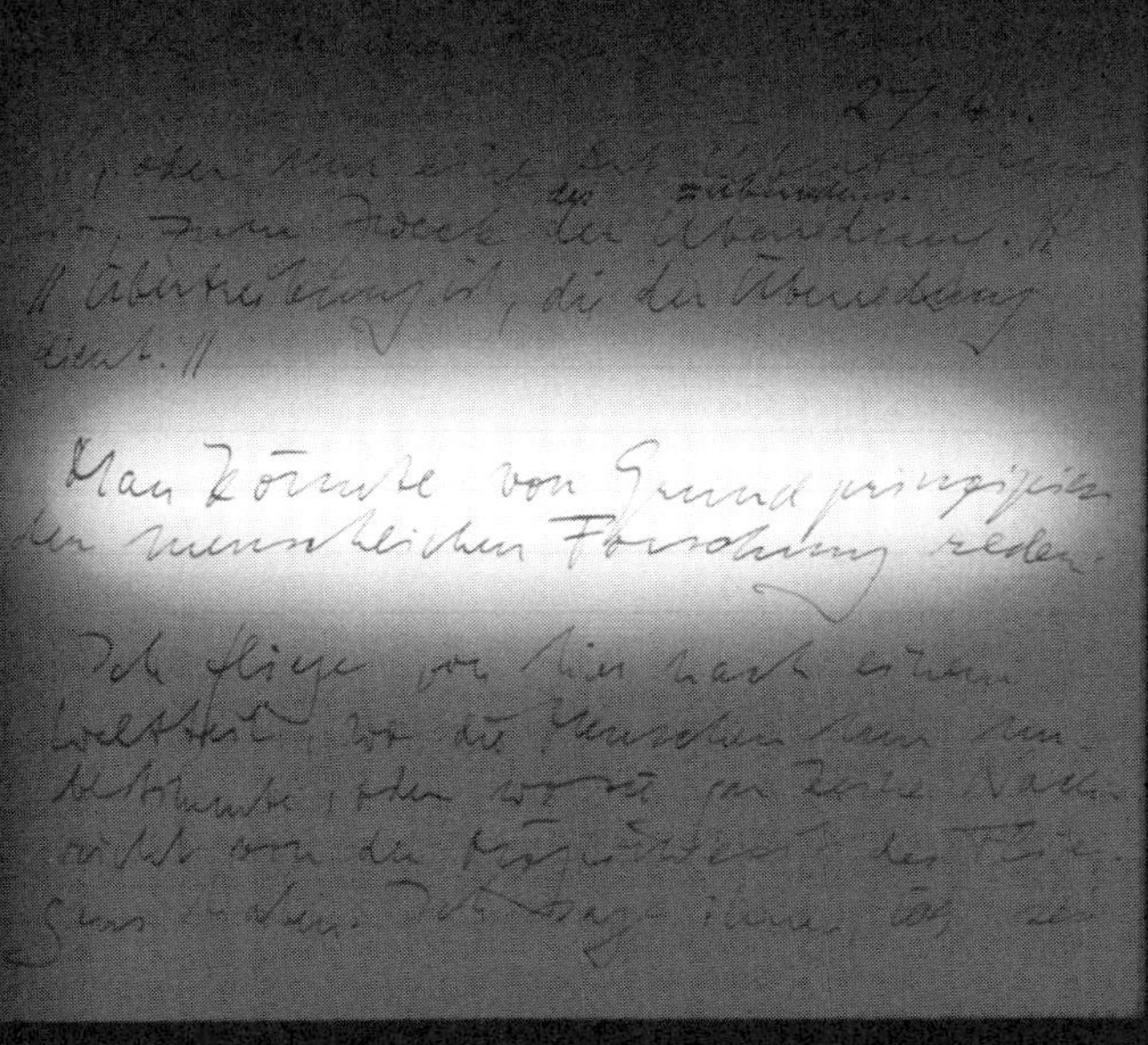

1．『探究』後の思考の歩み〈1946-1951〉

自分の生命のある限り、また自分の心の状態が許すときはいつでも、私は哲学の問題について考えるだろうし、それらを著述しようと試みるだろうと思います。

（ノーマン・マルコムへの手紙、1950）

停滞と反復に満ちた一六年間の困難な哲学的営為を通じ、ウィトゲンシュタインは『探究』において人間と言語と自然をめぐる全く新しい思考へとたどりついた。第四部で詳述したように、規則問題と独我論問題という二つの根本問題の解決によって切り開かれたこの思考は、言語を言語たらしめ、人間を人間たらしめ、人間と自然を絶対的に切り離しているものの根源へと限りなく掘り進んでゆく運動そのものであり、その結果として思考と言語の根底岩盤に我々が突き当たったときに開ける新しい光景であり、その中で我々が常に狂気と接していることの確認であった。しかしながらこの新しい思考について『探究』

はその端緒を我々に示したにすぎない。「意味」、「理解」、「思考」といった根本的諸概念について『探究』はそれらが制度内的存在であることを示したにすぎず、それらが我々の生活の中で織り成している多面的で重層的な役割の網の目の具体的詳細についてはほとんど立ち入ることがなかった。こうした意味で『探究』で提示された新しい思考の深化と展開は、ウィトゲンシュタインの『探究』後の哲学的活動に委ねられた（あるいは、持ち越された）のである。

この新しい思考の本格的展開のためにウィトゲンシュタインに残された時間はわずか五年半であった。物理的には極めて短いにもかかわらず、彼の哲学的生の最終局面は豊かな内容を蔵している。それはあたかも長い歳月を経てようやく根付き、芽生えた不思議な植物が短い春に一挙に多くの花を咲かせたかのごとくである。

この時期のウィトゲンシュタインの思考とテキストを理解することは、彼の哲学的全体像を描く上で決定的に重要である。第一部で述べたようにこの時期のウィトゲンシュタインの哲学的生は『探究』II期（一九四六―一九四九）と『確実性』期（一九四九―一九五一）の二つに分けられる。大まかに言うなら、前者の主題は『探究』において登場した新たな思考と分析方法（いうまでもなくその核が「言語ゲーム／劇」という概念である）を「意味する」、「信じる」、「考える」、「見る」といった根本的な心理諸概念に具体的に適用することであり、後者の主題はそうした新しい思考の下でとらえられた言語の本質としての「論理」の根源にさらに掘り進むこと、言いかえるなら「言語ゲーム／劇」をそれとして成立させているものの根底へと掘り進むことである。

第五部では後者に焦点を当て、言語の根底を求めて続けられた永い思考の旅の最終局面において、ウィトゲンシュタインが目の当たりにした光景をできるだけ忠実にたどりたい。そこで我々が（そしてウィトゲンシュタインが）目にするものは、ある意味では予想に反し、そしてある意味では予想通りに、独我論批判で別れを告げたはずの「私」である。『論考』以来の言語的独我論において理解されてきたのとは違った仕方で、言語の奥底に佇む「私」に、ウィトゲンシュタインは自らの死を目前にして再びめぐり合うのである。彼の最後の思考の中に入ってゆく前に、最後の五年半の彼の思考の歩みとテキストについて概観しておこう。

最後の五年半のテキスト

(1) 『探究』II期（1946–1949）の思考の歩みとテキスト

『探究』I第四部（§§316–693）では「意味」、「意図」、「信念」、「思考」といった根本的な心理的概念が考察の対象となったが、その扱い方は個々の概念の実相に迫るというよりは、それに関する（ウィトゲンシュタイン自身の）旧来の理解を批判し覆すことを主眼としたものであった。それは言葉、行為、態度、感情、人称を一つの概念のネットワークにおいてとらえる拡張された「言語ゲーム／劇」という新たに確立された分析方法を、それらの概念に満足のゆくように適用したものではなかった。こうした背景を考えるなら『探究』I完成後ウィトゲンシュタインがただちに拡張された言語ゲーム概念を用いた心理的諸概念の分析という作業に本格的に着手したのは極めて自然なことなのである。この意味で『探究』I（TS227）と『探究』II（TS234）の間に深い内的関係を見出したアンスコムら編集者の目は正しかったと言える。

しかし以下で示すように、『探究』II期のウィトゲンシュタインの思考とテキストは『探究』Iの延長ではなく、完全に独立した一つの世界を構成している。すなわち『探究』II期においてウィトゲンシュタインがなそうとしたのは『探究』Iの改定、加筆、増補、等ではなく、『探究』Iから引き継いだ主題についての思考を一次手稿ノート（最終的にそれは九冊にものぼることになる）に書きつけることから始めて、最終的に全く新たな完成原稿を作成することだった。この意味で『探究』Iと『探究』IIは相互に独立したテキストなのである。

一九四六年五月ウィトゲンシュタインはこの新たな主題に関する一次手稿ノート（MS130）への書きこみを開始する。翌一九四七年一二月、彼は年来の願望通り自らの哲学的思考に没頭すべくケンブリッジ大学の教授職を辞する。その直後彼は前年来書き溜めた七冊の一次手稿ノート（MS130-136）を元に一次タイプ原稿TS229をケンブリッジで作成している。これが現在『心理学の哲学1』（大修館全集補巻1）として出版されているテキストである。この直後ウィトゲンシュタインは思索の地を求めてアイルランドに渡り、最終的にアイルランド西海岸のロスロという町に翌一九四八年八月まで一人で滞在する。その後一九四八年一〇月に、一九四七年一一月以来の成果（MS135-137）を元にして第二の一次タイプ原稿TS232を作成する。これが『心理学の哲学2』（同補巻2）である。これら二つのタイプ原稿は最終完成原稿である『探究』II（TS234）にごく一部しか収録されていないことに示されているように、いまだ準備的段階に属するテキストでしかなかった。

現在『探究』IIとして示されているウィトゲンシュタインの思考は、TS232作成後の第二次アイルランド滞在において本格的に展開されるのである。一九四八年一〇月末から一九四九年六月までウィトゲンシュタインはダブリンのロスホテルに滞在するが、このうち一九四九年三月までの時期にMS137後半とMS138に密度の高い一連の考察を書き記すのである。このダブリンでの手稿を元に一九四九年六―七月ケンブリッジで最終手稿MS144と最終タイプ原稿TS234（＝『探究』II）が作成される。ダブリンでの手稿全体は現在*Last Writings on the Philosophy of Psychology vol.1*（1982）として出版されている。これは『論考』に対する『草稿』に相当するものであり、『探究』IIを理解する上で決定的重要性を持っている。

今述べたように『探究』IIの主題は「意味する」、「信じる」、「考える」、「見る」といった基本的な心理概念を、重層的で多面的な拡張された言語ゲーム概念を用いて分析することなのだが、中でも注目すべきなのが有名なアスペクト概念の登場する「見る」という概念の分析である。そこでウィトゲンシュタインは「見る」という行為・体験の重層性を記述・分析すると同時に、「見る」行為の対象の重層性を記述している。すなわち色、形といった「見る」ことの本来の対象ばかりでなく、彼が「アスペクト」と呼ぶ類似性、立体感、表情といった様々な意味を帯びた諸形態を、我々は文字通りの意味で「見ている」。このことをウィトゲンシュタインは様々な例を通じて明らかにし、「見る」という一見すると単純な生理的な過程が、極めて複雑な概念であることを示している。これらのテキストはウィトゲンシュタインの新しい思考が、体系的な分類に依存した伝統的な哲学的思考とは全く異なる可能性を内包していることを強く物語っている。
『探究』II期のテキストに関する以上の事情をまとめると次のようになる。

『探究』II期のテキスト

テキストの種類	テキスト番号	製作年	出版翻訳状況
第一次手稿	MS130-137(前半)	1946-48	
	MS137(後半),138	1948-49	Last Writings on the Philosophy of Psychology vol.1
第一次タイプ原稿	TS229(←MS130-136)	1947	『心理学の哲学1』
	TS232(←MS135-137)	1948	『心理学の哲学2』
最終手稿	MS144	1949	

最終タイプ原稿　TS234（←MS144）　1949　『哲学探究』II

(2)『確実性』期（1949-1951）の思考の歩みとテキスト

TS234（『探究』II）完成直後、ウィトゲンシュタインはアメリカに渡りニューヨーク州イサカのノーマン・マルコムを訪れる。その後ウィトゲンシュタインは一〇月に英国に戻るが、翌一一月前立腺癌の診断をケンブリッジのベヴァン医師から受け、自分の余命が長くて二年であることを知る。癌の診断を受けた翌月、すなわち一九四九年一二月から一九五〇年三月まで彼はウィーンの実家に滞在するが、その間不要と判断したノート類を焼却している。生の終わりが確実に意識され始めていたのである。三月末ウィトゲンシュタインはウィーンから英国へ戻り、何ヵ所かを移動した後、四月末にオックスフォードのアンスコム宅に落ち着き翌年まで滞在する。一九五一年二月容態が悪化し、彼はケンブリッジのベヴァン医師宅に移り、一九五一年四月二九日に他界するまでそこで過ごすことになる。

『探究』II完成から死に至るまでの二年足らずの間にウィトゲンシュタインは九冊の手稿原稿を書き残している（MS169-177）。他方この時期タイプ原稿は全く製作されていない。これら最晩年の手稿には三つの主題に関する考察が含まれている。第一はG・E・ムーアの諸命題と確実性に関する考察であり、以下の物語の主題となるものである。第二は色彩の論理と文法に関する考察、第三は心理的諸概念に関する考察である。第三の考察は一面において『探究』IIの延長であり、同時に確実性に関する第一の考察とも深いかかわりを持っており、いくぶん雑録的性格を持っている。ウィトゲンシュタインのテキストにあっては全く珍しくないことであるが、これら三種の考察はしばしば同一の手稿ノートに破線等で区切られモザイク状に共存している。これらの考察はアンスコムとフォン・ライトらによって編集され、三冊の書物としてウィトゲンシュタインの死後出版された。第一と第二の考察は『確実性の問題』（大修館全集、第9巻）、『色彩について』（新書館）として翻訳されている。第三の考察は *Last Writings on the Philosophy of Psychology vol.2* (1992) として比較的近年に出版された。以上をまとめると次のようになる。

ウィトゲンシュタイン最晩年のテキスト群と出版状況

主題	テキスト番号	製作時期	出版状況
心理的諸概念の分析	MS169, 170, 171, 173, 174	1949–1950	*Last Writings on the Philosophy of Psychology vol.2*
色彩の論理	MS172, 173, 176	1949–1951	『色彩について』
ムーア命題と確実性	MS172, 174, 175, 176, 177	1949–1951	『確実性の問題』

『確実性』のテキスト成立過程と構造

これから考察しようとする『確実性』というテキストは、ウィトゲンシュタインのそれまでの思考の大きな流れを最もよく引き継ぐものであり、しかも彼の思考が全盛期に匹敵する力強さで徹底的に掘り下げられている点で、これら三つのテキスト群の中で最も重要なものである。それは成立状況と内容のどちらに関しても、ウィトゲンシュタインの長い思考の旅の最終幕と呼ぶにふさわしいものである。そこには文字通りウィトゲンシュタインの最後の思考が示されている。異なる時期に書かれたいくつかの手稿の集まりである『確実性』は、それぞれが書かれた時期、場所、内容に即して第一部から第四部までに分けられる。この内部構造は以下の考察においても大きな意味を持ってくるので、それについてやや詳しく触れておこう。

一九四九年一一月に癌の診断を受けた後、ウィトゲンシュタインは一九四九年一二月から一九五〇年三月までウィーンの実家に滞在するが、『確実性』第一部（§§1-65）はこの時期ウィーンで書かれたものである（MS172）。このテキストに日付はない。全体は短いが、反復のない簡潔で圧縮された内容を持ち、そこに示されている思考がすでに何回か試されたものであることを示している。内容的に言えばこの第一部はウィトゲンシュタインがこれから展開しようとする一連の思考の主題提示部に相当し、後になって取り上げられる問題の多くがここで何らかの形で言及されている。とりわけ重要なのは、これから扱われるのが一般的な主題としての知識や確実性ではなく、G・E・ムーアが二つの論文（「常識の擁護」、「外界の証明」)で、自分が外界について多くのことを知っている証明として提示した諸命題(ムーア命題)が示している「確実性」と「知識」についてであり、それが明示されていることとである(『確実性』§§1-6)。ウィトゲンシュタインがこれまで積み上げてきた思考とムーアの問題提起が接触することにより『確実性』の思考は生み出されたと言うことができるだろう。

この後ウィトゲンシュタインはウィーンから英国に移り、一九五〇年四月から夏にかけてオックスフォードのアンスコム宅に滞在するが、『確実性』第二部(§§66-192)、第三部(§§193-299)はこの時期にオックスフォードで書かれたものと考えられる(MS174, 175)。日付は第三部の末尾近く(§287の前)に一九五〇年九月二三日のものが一箇所だけ存在する。第二部、第三部は「世界像」、すなわち我々が日常意識することなく常識化している命題群とその論理的役割を主題としている。ここで示されている思考は第一部においてすでに示されていた「論理命題の役割を果たす経験命題」という概念の全面的な展開であり、第一部と同様に蓄積されていた思考の噴出という印象を強く与えるものである。

一九五一年二月病状が悪化したウィトゲンシュタインは、オックスフォードのアンスコム宅からケンブリッジのベヴァン医師宅に移る。『確実性』第四部(§§300-676)はベヴァン宅で三月一〇日から死の二日前の四月二七日までほぼ毎日、日付入りで書きつづけられたテキストである（MS175, 176, 177）。こうした外的な形式からもわかるように、『確実性』第四部は新たな思考が生み出される場としての一次手稿である。この点において、第四部はすでに存在していた思考を定着させる場であった第一部から第三部までとは、根本的に異なる性質を持っている。

そこで扱われているのは第一部で提起された諸問題の中で最も核心的であり、同時に最も分厚い霧に覆われていてウィトゲンシュタインの攻撃を拒否してきたものである。一言で表現するならそれは論理と「私」の内在的関係（の有無）という問題であり、ウィトゲンシュタインは「私は……であると知っている」という言明の固有の機能を探ることを通じてこの大きな問題に分け入ってゆく。そして様々な前提を覆すような斬新な思考がこの新たな、そして最後の哲学的格闘から生まれるのである。第四部は単に分量的に『確実性』の過半を占めるだけでなく、真に新しい思考が示されている場であるという点においても、『確実性』の核心部であり、最重要部である。それにしても病気で死を目前にした時期、一ヵ月半にわたってこれだけ密度の濃い哲学的思考を持続的に行なうというのは驚嘆すべきことである。ウィトゲンシュタイン自身、自分の哲学的生の最後の輝きには大いに驚き、そして喜んだ。死の一三日前に彼はマルコムに次のように書き送っている。

異常なことが起こりました。一ヵ月ほど前、私は突然、自分が哲学をするのにふさわしい心の状態にあることを発見しました。自分が二度と再び哲学できないことは**絶対に**たしかだと思っていました。二年以上もたってはじめて、私の頭の中にかかっていた幕が上がったのです。——もちろんこれまで五週間ぐらい仕事をして来たにすぎないし、明日にはすべてが終わってしまうかもしれない。しかし現在このことが私を大いに元気づけてくれるのです。(N・マルコム他『回想のウィトゲンシュタイン』p.166)

生涯を通じウィトゲンシュタインは折に触れてノートの日記欄に「仕事ができることの恩寵」という言葉を記入している。それは時に祈りであり、時に神への感謝の言葉であったが、生の最終局面において彼は再びこの言葉の意味を強く体験したのである。ウィトゲンシュタインはこうして、哲学者として生を幸せに終えた。

2. 『確実性』を生み出した思考の場

以上のように『確実性』に示されているウィトゲンシュタインの思考は、『探究』で切り開かれた新しい思考と、ムーアが提起した問題が接触することにより触発され生み出されたものである。それゆえ『確実性』が内包するものを正しく把握するためには、それを生み出した思考の場の諸要素を知り、それらがいかに『確実性』の思考と結びついているかを理解することが必要である。『探究』のうちにすでに存在していて『確実性』の起点となったのは、「規則に従う」という、人間の言語にとって最も根底的な実践（根本的言語ゲーム）から、いかにして命題という形を持った「規則」が生み出され、論理として言語の中で働くのかという問題である。

別の言葉で言えば、それは規則（規範）の起源という問題に他ならない。第二の問題は「規則に従う」という根底において我々が体験する「自明性」や「確実性」という認知様態に関わる問題である。こうした「自明性」や「確実性」を持っているからこそ「論理」は論理として、すなわち必然的で強制力を持った規範として存在するのだが、こうした「自明性」や「確実性」とは一体何なのであり、どのようにして論理や規範を可能とするのだろうか。つまり第二の問題とは確実性と論理の内的関係をめぐる問題である。『確実性』を正しく理解するために、以下において、これら二つの問題がどのように『探究』期の思考から『確実性』へと引き継がれていったのかを、ウィトゲンシュタインのテキストをたどりながら確認することにしよう。同時にムーアの問題提起が（ウィトゲンシュタインにとって）いかなるものであったのかも簡単に説明しよう。

「規則に従う」から「規則」へ——新しい論理の概念

『探究』においてウィトゲンシュタインは「規則に従う」という概念を通じて言語（言語ゲーム）の根底に到達した。その結果彼は「論理」と「規則」に関するそれまでの見方を一八〇度転換せざるをえなかった。従来の見方によれば、言語（言語ゲーム）の根底にはそれらを根本的に規定する規則が存在し、言語の使用とはこれらの規則に従った行動なのであった。これらの規則は命題によって表され、そうした規則命題の全体が論理に他ならない。しかしながら言語の現実に密着した形で探究を進めてゆくうちにウィトゲンシュタインが見出したのは、実はそうした規則が存在しないということであった。我々が言葉を話す際に、それを参照する規則というものが存在しないばかりでなく、どのような規則に従って言葉を話しているのかと問われてもたいていの者は答えを持たず、子供が言葉を習得するに際しても大人は規則を教えるのでなく、実際の使用を示すのである。規則が登場するのはむしろ第二言語（外国語）の教科書においてであり、それはすでに読者が完全な言語（母語）を習得していることを前提としているのである。こうした現実に直面することによりウィトゲンシュタインは、言語（言語ゲーム）の根底にあるのは規則ではなく「数を数える」とか「同じことを続ける」といった、それ以上は分解も分析もできない原初的な実践であることを見出したのである。こうした実践を彼は「規則に従う」と呼んだのである。まず規則があり、それに我々が従っているのではなく、「規則に従う」という原初的実践をまず我々が行なっているのである。

こうした思考の転換の結果として、ウィトゲンシュタインの思考は以前存在しなかった新しい問題を引き受けざるをえなくなる。それは「規則に従う」という実践からどのように「規則」が生み出されるのか、という問題である。我々の日常の言語使用を規定している規則（狭義の文法規則といってもよい）が存在しないということは、規則が存在しないことを意味しない。「2＋3＝5」といった算術の規則や「(p&(p⊃q))⊃q」といった論理の規則は現に存在し、我々はそれに従っているのである。「規則に従う」を「規則」と「従う」に分解できないとは、こうした規則が「規則に従う」という原初的実践からどのように二次的に生み出されるのかがあらためて示されねばならないということなのである。その際の出発点は、一人一人の人間が個々の場面でものを数えたり、「これは赤だ」とか「これとこれは同じだ」という判断をするという具体的な行為と判断である。それからいかにして数学や論理の規則が生み出されるのか。この問いに対するウィトゲンシュタインの答えは、「具体的判断がくり返しなされる中で、誰がやってもほとんどいつも同じ結果になる判断は、いわば次第に化石のごとく硬くなり、そのうちに完全に固定化され規則となる」というものである。これを規則の発生に関する**硬化理論**と呼ぼう。硬化理論は『確実性』の思考の大きな柱であるが、「規則に従う」に関する考察が生み出された一九四四年の段階でその原型がすでにウィトゲンシュタインによって抱かれていた。当時彼は次のように書いている。

> 25×25＝625という命題の根拠はもちろん、もし誰かがかくかくの仕方で訓練されたなら、通常の条件下では掛け算25×25の結果として625をうるということである。しかし算術の命題はこのことを主張しているのではない。いわばそれは規則へと硬化された経験命題である。それは掛け算の結果がこうなったときのみ規則に従ったことになると規定する。こうしてそれは経験によるチェックから逃れ、パラダイムとして経験を判断するという役割を果たすのである。(MS164, pp.64-65 ; RFM, part VI, §23, p.325 ; cf. MS164, p.61 ; RFM, part VI, §22, p.324)

次に示されているように、こうした思考が『確実性』において硬化理論と呼びうる明瞭な形を持つに至るのである。

こう考えてもいいだろう。経験命題のかたちを具えたいくつかの命題が凝固して、固まらずに流れる経験命題のための導管となるのである。この関係はときに応じて変化するのであって、流動的な命題が凝結したり、固まっていた命題が逆に流れ出したりする。(『確実性』§96)

経験命題と規則の関係に関するこうした考えに対しては、次のような疑問が提起されるかもしれない、ウィトゲンシュタインは論理命題を一種の経験命題とみなし、論理命題と経験命題の区別を取り去ってしまったのではないか、とすれば論理が規範として持つ独特の意味も存在しなくなり、言語の根底としての論理という『論考』以来の問いを彼はこの時点で放棄したのではないか。これに対する答えは、否、である。硬化理論が主張するのは、あらゆる規則の起源が経験命題であるということであり、規則が経験命題であるということではない。かつて経験命題であったものが、いったん硬化して規則に転化されるや、それは不動の基準という新しい役割を言語ゲームの中で獲得するのであり、この役割こそ規則の規則性であり、論理の論理性なのである。この点に関して『確実性』は次のように明言している。

だが、「それならば論理学も経験科学のひとつである」と言うひとがあれば、それは誤りである。ただしつぎのことは正しい。同じ命題が、あるときは経験的にテストされるべき命題として、別のときにはテストの規則として取り扱われてよいのである。

(『確実性』§98)

こうした硬化理論とともに新しい論理の概念が浮かび上がってくる。それは『論考』以来徐々に拡張されてきたウィトゲンシュタインの論理概念の進化の最終形態であるといってもよいだろう。人々の判断が繰り返し一致する経験命題が硬化して「規則」となり、論理命題となるということは、従来「論理命題」と呼ばれてきたものはこの広い意味での論理のごく一部を占めるにすぎないことを意味する。それ以外のもの、たとえば科学理論のようなものであっても、人々がそれを確実なものとして前提し、物事の判断の基準として用いるなら、それは新しい意味での論理の一部を構成するのである。従って論理の新しい探究とは、どのような命題が硬化し基準として機能しているのか、基準にはどのような種類があるのか、基準の基準性はどのように表現されるのか、といった問いに取り組まなければならないことになる。こうした問いこそ『確実性』の大きな主題を形作っているのである。『探究』でほとんど登場しなかった「論理」という言葉が『確実性』で頻繁に登場するが、その使われ方は従来のものとは大きく異なっている。それは『確実性』の読者を困惑させるものである。こうした『確実性』の語法の特異性の背景には、以上のような新しい論理概念が存在するのである。

最後に、規則と論理に関するこうした新しい思考が、すでに『探究』において予示されていたことを示しておきたい。もし論理規則が硬化した経験命題であるのならば、規則や論理というものが成立するための最大の条件は原初的実践において人々の判断がくりかえし一致することでなければならない。二つのものと三つのものを誰がいつ数えても五つになるから「2＋3＝5」が計算の規則となるのである。それは我々が同じ数え方を「自然」と感じるからである。他方こうした一致が見られない領域では規則や論理が存在しないことになろう。そしてここでいう「一致」とは、人々が同じ規則に従っているとか、同じ定義を採用しているという意味ではなく、それぞれの判断の結果が事実として一致するということである。各人が従っている規則が同じだから判断が一致するのではなく、事実として判断が一致するから同じ規則が成立するのである。『探究』の「規則」に関する部分の末尾に位置する次のテキストはこうしたことを述べているのである。そこで語られている「論理」とは新しい論理なのである。

言語による伝達という概念には、定義における一致のみならず、(奇妙に響くかもしれないが) 判断における一致も含まれている。このように言うと論理を廃棄しているように見えるかもしれないが、そうではない。測定の方法を記述することと、測定結果を見出すことは別のことである。しかし我々が「測定すること」と呼ぶものは測定結果の一定の恒常性によっても規定されているのである。(『探究』§242)

こうしたウィトゲンシュタインの言葉の中に、オックスフォードの論理学者ダメットのように論理や数学に関する規約主義の痕跡を見出そうとする人がいるかもしれない。規約主義とは、論理や数学の規則は人間の意志的合意に基づく規約である、と考える立場である。確かに一九三六年当時ウィトゲンシュタインは規約主義に極めて近い見解を講義で表明している (PO, p.352)。しかし「規則に従う」に関する考察を通じて規約主義的思考は完全に廃棄されている。ここで言われている一致とは人間の意志的な判断や討論の対象となるものではなく、討論、合議、合意が可能となるために存在しなければならない一致である。自然数を基本数として採用しようという合意は存在しない。事実として人間は数え方において一致しているにすぎない。何が自然数なのかというのは、人間が討議や合意できるようなことではない。それは全ての討議や合意にはるか先立つ根源的一致であり、討議や合意はそれによって可能となっているのである（異なる数体系を持つ存在者との「討議」を想像せよ）。何を自然な数とみなすか（感じるか）において一致している限りにおいてのみ、数学者は様々な規則や記号について合議や合意ができるのである。「規則に従う」が要求する「一致」が意見の一致ではなく生活形式の一致であるという次の言葉は、規約主義に対する根本的な批判として読まなければならない。

「ということは、何が正しく何が間違っているかを決めるのは人間の一致だというのか」――正しい、間違っている、というのは人間の**話す**ことであり、人間は**言葉**において一致している。この一致は意見の一致ではなく、生活形式の一致である。（『探究』§241）

新しい論理と確実性

論理には公的な側面と個人的な側面が存在する。ある命題が論理の規則であるとは、一方で万人がそれを論理的規則として認め、結果として論理学の本に論理規則として記載されたりすることである。これが論理の公的側面である。と同時にあるものが論理であるためには、各個人がそれを決して疑いえないもの、そのようでなければならないもの、と感じなければならない。これが論理の個人的側面である。各個人が論理規則に対してこうした認知的関係を持つが故に、論理的規則は外的強制としてではなく、各個人に内的強制力を持つ規範として機能するのである。「確実性」や「自明性」とは規則の持つこうした個人的側面を表現する言葉なのである。

公的側面に加えて個人的側面が存在するという事情は「規則に従う」という原初的実践についても同様である。「数える」とか「同じように続ける」といった「規則に従う」という実践が言語の根底にある根本的規範であるなら、現に我々がものを数える仕方（つまり、自然数に従う仕方）は他の仕方でものを数えることはおよそ考えられないほど当たり前で確かなものと感じられなければならない。そして現実に我々はそのように感じるが故に、「規則に従う」において**規則に**従っていると感じるのである。このように「規則に従う」という実践と「確実性」、「自明性」という認知様態は不可分である。そればかりではない。「規則に従う」が持つ「確実性」、「自明性」は、我々にとって何かが確かで当たり前であることの最終的な基準なのである。つまり何かが確実であるとか自明であるとは、数を数えることや青いものを「青い」と呼ぶことのように、結果がそれ以外にはありえないと感じられることなのである。『探究』の次の一節においてウィトゲンシュタインが述べているのはこうしたことに他ならない。

規則が、そこから導かれるもの全てをあらかじめ生み出しているように私に思えるためには、それは私にとって**自明**でなければならない。この色を「青」と呼ぶのが私にとって自明であるくらいに自明でなければならない。（何かが私にとって「自明」であることの基準）（『探究』§238；cf.MS164, pp.80-81；RFM, partVI, §28, p.329）

こうした確実性や自明性は個人の心理的状態ではない。もしそうであれば気分の変化や個人の気質の違いによって何が論理規則かが変化しうるということも考えられるはずであるが、そうした可能性について考えた瞬間、それは論理規則であることをやめるからである。確実性や自明性とは個人の心的状態ではなく、ある命題の言語における論理的機能の認知そのものなのである。旧来の論理概念においては、一種類の論理規則（すなわち普通に論理規則と呼ばれるもの）しか存在しないから、我々が体験する確実性も一種類しか存在しない。それがカント以来伝統的に「必然的」と呼ばれてきた認知様態である。

それに対してウィトゲンシュタインが切り開きつつある新しい論理概念においては、何種類もの論理規則が存在する。従って我々が体験する確実性や自明性にもいくつもの種類が存在するのである。それらは、違った種類の命題が言語の中で果たす違った論理的機能を反映し、それらが属する言語ゲームの違いを示している。こうして新しい論理概念の下で論理的探究と確実性の分類と言語ゲームの論理的分類の三者は、一体のものとなるのである。『確実性』でウィトゲンシュタインが試みているのは、こうした多面的な論理探究に他ならない。次に示すように、こうした新しい論理探究の姿は『探究』IIにおいてすでに示されており、『確実性』の思考とそれに先立つ思考の連続性があらためて確認できるのである。

他人の感覚について私は、どんな事実にも負けないくらい確かであることは可能である。だからといって「彼はとても落ち込んでいる」、「25×25＝625」、「私は六〇歳だ」という三つの文が同じような道具になるわけではない。それらの確実性は異なった**種類**のものであるという説明が簡単に思い浮かぶのである。この説明は心理学的な相違について語っているように見える。しかし相違は論理的なものである。

……

この男に痛みがあることが私には2×2＝4ほどには確実ではないのか。――だからと言って前者の確実性は数学的確実性なのか。——数学的確実性は心理学的概念ではない。

確実性の種類の違いは言語ゲームの種類の違いである。(『探究』II、pp.447-448)

ムーアがウィトゲンシュタインに提起した問題

『確実性』は、「ここに一つの手があるということを君が知っているのであれば、それ以外のことについてはすべて君の主張を認めよう」(§1)という風変わりな書き出しで始まる。そこで引用されている「ここに一つの手がある」という奇妙な命題こそ、G・E・ムーアが論文「外界の証明」(一九三九)で観念論・懐疑論に対する反証として持ち出した命題なのである。『確実性』冒頭部でウィトゲンシュタインが「君の主張を認めよう」と語りかけている相手とはG・E・ムーアなのであり、ある意味で『確実性』とはウィトゲンシュタインとムーアの哲学的対話なのである。

もちろんその際、ムーアは『探究』冒頭部のアウグスチヌスのように批判の対象として選ばれたのである。しかしながら『探究』と違い、『確実性』のウィトゲンシュタインは最初自分で設定した立場とムーアの立場を何度か行き来した挙句、最終的にムーアの立場に同化してしまう。このことは『確実性』を本当の思想的ドラマ、その作者すら結末を最後まで知らなかったドラマとしている。それは難解だが興奮を秘めた不思議な世界である。それゆえ『確実性』を正しく理解するためには、ムーアの当初の問題提起が何であり、それをウィトゲンシュタインがどのように受け止めたのかを知らなければならない。

哲学教授としてケンブリッジでウィトゲンシュタインの前任者であったムーアは、『プリンキピア・エチカ』をはじめとする倫理的著作と認識論に関する著作の双方を通じて、当時の英国哲学界に大きな影響力を持っていた。一九〇三年「観念論論駁」という重要な論文を執筆していることに示されているように、物的世界に関する我々の知識を否定する観念論と懐疑論の批判を常に大きなテーマとしていた。ムーアの一連の観念論・懐疑論批判の論文の中でも「常識の擁護」(1923)と「外界の証明」(1939)は最も著名かつ興味深いものである。そこでの彼の論証の特徴は、「ここに手があることを私は知っている」とか「自分はこれまで地球の表面から遠く離れたことがないのを私は知っている」といった自己の知識を表明する命題を、証明なしに真なるものとして提示したことである。『確実性』でウィトゲンシュタインが例として用いているのは、これら二論文でムーアが自分が確実に知っていることとして列挙した命題、及びそれから派生した命題や類似した命題に他ならない。これらの命題、すなわちウィトゲンシュタインが理解した限りでのムーアの提示した命題を**ムーア命題**と呼ぶことにしよう。『確実性』に登場する主なムーア命題を列挙すると次のようになる。

ここに手がある
地球は私が生まれる前から存在した
私は月に行ったことがない
あれは木である
私は今椅子に座っている

こうした命題をムーアは自分が確実に知っていることの例として示したのだが、ウィトゲンシュタインの新しい論理概念にとってそれらは全く別の意味で極めて興味深い例なのである。伝統的に哲学で重視されてきたのは数学的命題の確実性と自己の意識状態を記述する命題の確実性であった。後者の最も有名な例がデカルトの「私は考えている」という命題であり、独我論の考察において好んで用いられた「私には痛みがある」というのもその例である。ムーア命題の確実性は明らかにこれら二種の確実性のいずれとも異質なものである。つまりそこにはこれまで哲学が見過ごしてきた確実性が存在するのである。ムーア命題の示す新たな確実性はいかなる意味を持つのか、これがムーアの例がウィトゲンシユタインに提示した第一の問題である。

第二の問題はこれらムーア命題に関する我々の知識を提示するときにムーアが用いた「私は……であると知っている」という特異な一人称形式が引き起こすものである。ムーア命題に関する自分の知識をこのように「私は……と知っている」と表明する言明を**ムーア言明**と呼ぶことにしよう。通常我々はこのようにムーア言明によって自分の知っていることを枚挙したりしない。「私はここに一つの手（すなわち自分の手）があるのを知っている」というムーア言明はきわめて不自然なものである。このことは拡張された言語ゲーム概念を通じて「知る」という概念の実相に迫ろうとするウィトゲンシュタインにとっては大きな問題なのである。

なぜならそうした探究によってウィトゲンシュタインがとらえようとしているのは、我々が頭に思い浮かべる「知る」という概念ではなく、我々が現実にそれを生きている「知る」という概念であり、それは現実の生において我々が行なっている「知る」という言語ゲーム／劇、「知る」という言葉の現実の使用を通じてのみ垣間見られるからである。従って「私は……と知っている」が現実にはムーアが使用したようには決して使用されないのなら、ムーアが証拠として提示した知識は我々がそれを生きるものではなく、哲学者が頭の中で作り上げたものということになる。こうしてムーア言明における「私は……と知っている」という表現の使用が妥当なものであるかどうかが、『確実性』全体にとっての大問題となるのである。この問いにどう答えるかによって論理や知識に関するウィトゲンシュタインの見解は大きく変わってくる。この問いに関するウィトゲンシュタインの見解の振動によって『確実性』のテキストに独特のうねりが生み出されるのである。

ムーア言明はさらに第三の問題をウィトゲンシュタインに提起する。それは、仮にムーア言明が妥当であるとして、「私はここに手が一つあることを知っている」といったムーア言明が我々の言語生活の中で一体どのような機能を果たしうるのか、という問題である。それが通常の意味で何かを伝達するという役割を担うものでないことは明らかである。ムーア命題はあえて言葉にして他人に伝えなければならないようなことでは決してないからである。

ムーア命題に対して「私は……と知っている」と言うことによって我々は一体何をなしているのだろうか。この問いの真の意味を理解するためには、一人称と三人称の違いに関するウィトゲンシュタインの新しい理解を想起する必要がある。『考察』期においてウィトゲンシュタインは人称間の非対称性を自己の経験の直接的認識と他者の経験の認識不可能性としてとらえていた。その結果として人格間には乗り越えられない隔壁が想定されたのである。その背後には「私」、「あなた」、「彼」といった人称代名詞は人を指す名の一種だという考えが存在する。これらの名が指示する存在を、自分の場合は直接知ることができるのに対し、他人の場合は推定するしかない、というのである。それに対して『探究』で示された人称間の非対称性に関する新しい理解は、「私」と「彼」の違いは指示する対象の違いではなく、言語の中でそれらが果たす役割の違いとだととらえる。

「私」を用いるときと「彼」を用いるとき、我々は異なる人物を指示しているのではなく、異なることを行なっているのである。すなわち我々は「私は痛い」と言うことによって自分に注目や同情を集めようとしているのに対し、「彼は痛い」と言うことによって他者への同情を表明しているのである。こうした理解を「私は……と知っている」という表現に適用するなら、問題は次のようになるだろう。すなわち我々は「私は……と知っている」と言うことにより、「彼は……と知っている」と言うことによっては行なっていないどのようなことを行なっているのか、そしてその行為は言語ゲームの成り立ちにおいてどのような役割を持つのか。これが『確実性』第四部においてウィトゲンシュタインが問いつづけた問い、そしてウィトゲンシュタインを新たな思考へと導いた問いなのである。

ムーアがウィトゲンシュタインに提起した以上三つの問題を見るなら、『確実性』のウィトゲンシュタインにとってムーアがいかに大きな謎であったかが分かるだろう。一方でムーアが持ち出した命題の確実性は議論の余地のないものであり、しかもウィトゲンシュタインの新しい思考にとって極めて興味深い例であった。しかしながらそうした命題の確実性を提示する際にムーアが用いた「私は……と知っている」という表現はウィトゲンシュタインにとって批判せざるをえないものである。このようにムーアとは批判せざるをえないが否定しきれない重要な対象なのである。こうしたムーアに対するウィトゲンシュタインの当惑に満ちた態度は次のテキストによく示されている。

ひとは自分の知っていることを（ムーアのように）数え上げることができるだろうか。そう簡単にいかないと私は思う。——できる、と言うなら「私は知っている」という言葉の誤用である。そしてこの誤用によって、奇妙で極めて重要な心的状態が示されているように思える。（『確実性』§6）

この謎めいたムーアの思考に潜む真理を、ムーアを超えて自らの言葉によって明るみに出そうとする情熱、それこそがウィトゲンシュタインを『確実性』の思考へと駆り立ててゆくのである。

3．『確実性』の思考

以上のような複雑で豊かな場からウィトゲンシュタインの最後の思考として『確実性』の思考が生み出されてゆく。それは二つの大きな主題をめぐる思考である。第一は新しい論理概念（それを新論理と呼ぼう）に基づいて登場する新たな「論理命題」としての「世界像」という概念であり、第二は「私は知っている」という知の表明が言語ゲームの中で担っている根本的な役割である。第一の主題は主として『確実性』第一部から第三部において、第二の主題は主として第四部で展開される。これらの主題に即して、ウィトゲンシュタインが最後にどのような問いかけを行ない、言語の根底に向かってどこまで突き進んだのかをたどってゆこう。

(1) 新論理と世界像

これまで述べてきたように、「規則に従う」という原初的実践の発見により、ウィトゲンシュタインは全く新しい論理概念（新論理）を生み出していった。この新しい論理概念からさらに「世界像」という新しい主題が『確実性』において出現するのである。それゆえ『確実性』の思考の内的な展開を理解するためには、まず新しい論理概念が『確実性』でどのように提示されているのか、それはどのような内容を持つのかを知る必要がある。そのためには従来の論理概念（旧論理）と新しい論理概念（新論理）を比較することから始めるのが適切であろう。

新論理と旧論理

旧論理において論理は論理命題の集合として表された。それらは「矛盾律」、「排中律」、「肯定式」等の必然的な論理的真理を表す命題であり、全体として妥当な推論形式を我々に教えるものである。こうした論理命題は同時に人間の思考を支配する論理規則でもあるのだが、人間が具体的に論理命題をどのように認識し、用いるかは論理学とは独立の心理学的問題であるというのが旧論理の根本原理であった。旧論理において論理とはあくまでも抽象的な論理命題の集合だったのである。『論考』から『考察』にかけて行なわれたように論理命題の領域が狭義の論理から数学や概念的定義（それをウィトゲンシュタインは「文法」と呼んでいた）へと拡張されても、この原則には何の変化もなかったのである。

これに対して「規則に従う」という実践を出発点とする新論理では全てが逆転する。論理の源泉としてまず存在するのはそれぞれの人間による具体的な生活の場での「数を数える」、「あるものとあるものが同じであると判断する」、「色の名を言う」といった実践と、そこにおいて人々の反応と判断がおおむね一致しているという事実である。これが論理の所与であり原点なのである。そしてくり返し一致し、人々が確実とみなす判断が固定され、「規則」という地位を与えられ言語ゲームにおける不可侵の基準という役割を担ってゆくのである。

こうした成り立ちを持つがため、新論理には論理命題（あるいは規則）が二種類存在するのである。第一は「12×12＝144」等の固定され規則となった命題であり、旧論理の論理命題（規則）と同じものである。第二は個々の言語使用者が具体的判断に対して、その確実性を表明することによりそれが規則や基準という地位にあることを認める言明である。それは「これは絶対確実だ」、「これを疑うことはできない」、「これに誤りはありえない」といった表現である。こうした第二の論理命題をメタ論理命題と呼ぼう。メタ論理命題を言語使用者が様々な命題に対して使用することにより、それらは次第に硬化し規則化するのである。論理がこうしたものであるとすれば、人々は論理を規則によって学ぶのでないことは当然のこととなろう。人々は論理の源泉となった実践をまず習得するのであり、論理命題が二次的に表現することをそこですでに知っているのである。論理規則は後から来るのである。「論理」という言葉が異例な使われ方をしている『確実性』第一部の次のようなテキストは、以上のような新論理の描写の試みであると考えるなら、極めて明快な内容を持ってくるであろう。

「12×12＝144という計算が誤っていたということはありえない」、これはどんな種類の命題か。それは論理の命題でなければならない。——しかしそれは12×12＝144と同じではないのか、同じことになるのではないか。（『確実性』§43）

もし君がこのケースに誤りがありえないことを導くような規則を求めるなら、我々はこのことを規則を通じて学んだのでなく、計算することを学ぶことによって学んだのだ、というのが答えである。（『確実性』§44）

これが我々の計算のやり方である。計算とは**これ**である。たとえば、学校で習うもの。君の精神の概念と結びついたこの超越的確実性を忘れよ。（『確実性』§47）

しかしながら、多くの計算結果の中から一定のものを一挙に確かなものとして、それ以外のものをいまだ固定していないものとして示すことはできよう。さて、これは**論理的**区別なのか。（『確実性』§48）

こうした表現によって自分が語ろうとしているのが全く新しい論理概念であることをウィトゲンシュタインがはっきりと意識していたことは、次のテキストから読み取れる。

「ここで一体どんな誤りが可能だというのだ」、これはどんな種類の命題か。それは論理命題でなければならないだろう。しかしそれは使われない論理である。というのもそれが述べることを我々は命題によって学ぶのではないのだから。——それは論理的命題である、なぜならそれは概念的（言語的）状況を記述しているのだから。（『確実性』§51）

ここでウィトゲンシュタインが「論理的命題」と呼んでいるものが、我々のメタ論理命題と名づけたものに他ならない。「概念的（言語的）状況」とはどの命題が固定化された基準としての役割を担っているかということである。こうした表現の背後にあるウィトゲンシュタインの基本的着想とは、「私は知っている」というムーア言明は一定の命題の確実性（＝論理規則としての地位）を確認するメタ論理命題であり、「ここにひとつの手がある」といったムーア命題はそうして確認された新たな種類の論理規則である、というものである。ムーア自身の意図をはるかに超えたこのムーア解釈を、ウィトゲンシュタインは次のように表現する。

それゆえこの概念的状況は「太陽からこの距離に惑星が存在する」という命題と「ここにひとつの手がある」(即ち私自身の手が)という命題では同じではない。後者は仮説とは呼べない。しかし両種の間にはっきりとした境界があるわけではない。(『確実性』§52)

それゆえもしムーアを次のように解釈するなら、彼は正しかったと認められるだろう。すなわち彼が主張したのは、ここに物体が存在する、という命題は、ここに赤い斑点が存在する、という命題と同じ論理的地位を持ちうる、ということであると。(『確実性』§53)

ここで「私が知っている」というのは論理的洞察である。ただそれによって観念論を論駁し実在論を証明できるわけではない。(『確実性』§59)

超深読みと言うべきこのムーア解釈の妥当性を論じることにはほとんど意味がないだろう。重要なのはムーアの言葉と思考が、極めて深いところに潜んでいたウィトゲンシュタインの思考を触発したという事実であり、そうして触発された思考そのものなのである。

誤りと疑いの論理的限界としての世界像

そもそも「ここにひとつの手がある」や「地球は一〇〇年前から存在していた」といったムーア命題がウィトゲンシュタインの新論理にとって極めて興味深いものであるのは、これまで論理とは全く無関係だと考えられてきた経験命題という領域にそれが属しているからである。「ここにひとつの手がある」が確実な経験命題であることと、それが論理的規則の役割を担うということは同じことではない。論理的な規則として機能するとは、単にそれが他の経験命題より確実だということではなく、それらとは質的に異なった論理的確実性を持つということだからである。恐らくムーア自身は自分の命題がそうした性質を持つとは考えてもみなかったであろう。しかしウィトゲンシュタインはムーア命題の中に、単なる経験的確実性から論理性への決定的な転換を認めたのである。一体ウィトゲンシュタインはムーア命題がどのような特別な確実性を持つと考えたがために、そこに論理性を認めたのだろうか。なぜ、ムーア命題は論理命題だ、と考えたのだろうか。この問いに答える鍵が「限界」という概念である。

経験命題は様々な観察や観測や実験によってチェックされる。その結果、それが真であることや偽であることが確かめられたり、確からしいことが示されたりする。これが経験命題であるということの意味である。たとえば先ほどの「太陽からこの距離に惑星が存在する」という命題の真偽は望遠鏡観測によって確かめられる。それに対して「ここに手がある」といったムーア命題はこうした経験的チェックが及ばないという意味で経験命題の**限界**であるとウィトゲンシュタインは考えた。ここに手があるかどうかは目で見て確かめればいいではないか、と読者は思うかもしれない。しかし自分の手に関して「ここに手がある」ことが不確かな場合、自分の目で見るものが本当のことだと信じられるだろうか。これがウィトゲンシュタインが提起した疑問である。彼は次のように述べる。

もし盲人に「あなたには手が二本ありますか」と問われたなら、私は手を見ることでそれを確かめはしないだろう。もしこのことを少しでも疑うというのであれば、どうして自分の目を信じるべきなのか私にはわからない。というのも、手が二本見えるかどうかによって自分の目をテストしていけない理由があろうか。**何**が**何**によってテストされるべきなのか。（**何**が不動なのかを誰が決めるのか）そしてこれこれが不動であると言うのは何を意味するのか。（『確実性』§125）

私に二本の手があるということは、通常の状況下では、それに対して私が見つけうるどんな証拠に劣らず確かである。
それだから、私は手を見ることをそれの証拠とできないのである。(『確実性』§250)

つまりムーア命題が経験的チェックの限界であるとは、それが基準的確実性を持っているため、それに対する経験的チェックということが意味を失うということなのである。全く同じようにムーア命題に対する誤りや疑いは、誤りや疑いという意味を失い、理解不能な行動や錯乱とみなさざるをえないだろう。ムーア命題は狂気と接しており、その意味で誤りと疑いの論理的限界なのである。ウィトゲンシュタインは次のように語る。

重要なのは、ムーアがここに手があることを知っているということではなく、もし彼が「もちろん私はこれについて間違っているかもしれない」と言うなら彼のことが理解できないだろうということなのである。そうしたことで間違うとは一体どういうことなのか、と我々は問うだろう。たとえばそれが間違いだと判明するとは一体どんなことなのか。(『確実性』§32)

一定の状況下で人は誤りをなしえない。（ここで「えない」は論理的意味で使われており、人が偽なる命題を発話できないという意味ではない）

もしムーアが、彼が確かだと言明した命題の反対を主張したなら、我々は単に彼と見解を異にするのみならず、彼のことを錯乱していると思うだろう。（『確実性』§155）

我々が疑わないのに誰かが疑いの印を示すという場合、それを疑いの印として自信を持って理解できないケースが存在する。

つまり、もし我々にそれを疑いの印として理解してもらおうとするなら、その人は特定の場合にのみそれを示し、他の場合には示さないようにしなければならないのである。（『確実性』§154）

経験命題が論理命題へと転化するというこの新しい論理概念から、ウィトゲンシュタインが晩年に到達した独自の知識像が浮かび上がってくる。それは表面的には同時期にアメリカの論理学者クワインの思考に芽生えつつあった「ホーリスティックな信念体系」という概念に類似しているが、両者には決定的な違いがある。クワインの考える人間の信念体系は、論理・数学命題等の抽象的で普遍的な命題を中心に持ち、そこから周辺の経験的命題へと連続的に広がる円盤状銀河のごとき巨大な命題のネットワークである。このネットワークは連続体であり明瞭な内部構造を持たず、そのため規則と経験命題の区別は存在しない。それに対しウィトゲンシュタインが『確実性』で描き出そうとしているのは、内部に明確な構造を持った命題体系という上部構造と、それを下で支え、同時にそれを生み出している無数の原初的実践という下部構造の二階建ての知識像なのである。

　そして上部構造に内在する構造的差異により、もともとは同じ経験的起源を持ちながらもある命題は固定され規則として働き、他の命題が流通する固定された通路を構成するのである。それは人間の思考と言語の運動にある固定した形態を与える。こうした固定した形態が我々の思考にある秩序を与える足場として機能する。論理とは人間の思考の足場なのである。『論考』期に登場した「思考の足場」という論理に対する比喩は晩年までウィトゲンシュタインの思考に生き続けていたのである。


　私がニューヨークに電話をかけると、それは地球が存在するという私の確信を強化するだろうか。

　多くのことが固定されているように思える。それらは交通から取り除かれている。いわばもはや使われていない線路に引き入れられているのだ。（『確実性』§210）

それらは我々が物を見る見方と我々の探究に形を与えている。多分かつてはそれらについて争われただろう。しかし恐らく、想像できないくらい以前から、それらは我々の思考の足場に属してきたのだ。(『確実性』§211)

このように人間の思考と認知には論理的内部構造が存在する。そのため全ての事柄が同様に疑われたり、確かめられたり、探究されたりするのではないのである。ある事柄は自明なこととして前提化され、我々が意識しないうちにすでに用いられているのである。こうした前提の下で特定の事柄のみが意識的に焦点化され、疑問視され、問われ、探究されるのである。こうした認知様式は人間にとって根本的ではあるものの、アプリオリに存在するわけではない。それは人間という生き物が進化史の結果として現に実践していることであり、人間の認知の自然誌に属する事柄なのである。

それは他様でもありえたかもしれないが、現実に人間はこのように認知しているのであり、このようにしか認知できないのである。人間の論理とは我々が論理かくあれと理念的に想像するものではなく、現実に我々の思考と認知において働いている規範なのである。こうした認知の論理構造は、我々の体系的な経験的知識としての科学にも全く同様に存在する。科学においてもあらゆる仮説が同等に並び、ひとしく経験によってチェックされるのではない。一定のことは固定され、前提化、背景化し、それによって何が問われ、疑われ、検証され、探究されるべきかが決定されるのである。こうして浮かび上がる認知と探究の構造を**科学の論理**と呼ぶことができるだろう。科学の論理についてウィトゲンシュタインは次のように述べている。

つまり我々が提起する問いと疑問は一定の命題が疑いから免除され、いわば問いと疑いがその周りを回る蝶番《ちょうつがい》となっていることに依存しているのだ。(『確実性』§341)
つまり、一定の事柄が**事実として**疑われないということが我々の科学的探究の論理の一部をなしているのである。(『確実性』§342)

こうして疑いを免除され「蝶番」として固定された事柄を命題のリストとして枚挙することはできない。自明であることにより、それは我々の意識的把握から逃れているのである。それが自明であり、前提であるということなのである。それゆえ通常我々はその存在すら意識しないのである。ムーアの哲学的特異性とは、彼一流の無邪気な言語行動によって、それらの存在をあらためて我々に意識させたことなのである。ムーアによって計らずもその存在が示されたこの知の蝶番は、方法、理論、世界観等と呼びうるものが渾然一体となった把握しがたい形態であり、全貌のとらえようのないものである。それは我々の意識の対象とならないがために、言語によって尽くすことのできないものである。このとらえがたいものをウィトゲンシュタインは**世界像**（Weltbild）と呼んだ。世界像とは我々の認識と探究を支える見えざる背景である。科学者ラヴォアジェの世界像をウィトゲンシュタインは次のように間接的に描写している。

化学の研究について考えてみよう。ラヴォアジェが彼の実験室で様々な物質を使って実験をする。そして彼は、燃焼においてこれこれのことが起こっているのだ、と結論する。別の時には違うことが起こるかもしれないとは彼は言わない。彼はある特定の世界像を持っているのである。もちろん彼がそれを考え出したのではなく、子供の頃習得したのである。私は世界像と言い、仮説とは言わない。なぜならそれは彼の探究の自明な基礎であり、それとしては言及されることもないからである。（『確実性』§167）

ここで読者は科学に関するウィトゲンシュタインとT・クーンの見解の驚くほどの類似性に気づかれるだろう。ウィトゲンシュタインがここでラヴォアジェの世界像として示そうとしているものは、『科学革命の構造』（1962）でクーンがある模範的研究例の中に示された研究方法、問いの立て方、物の見方として「パラダイム」と呼んだものとほとんど区別ができないと言ってもよい。こうした類似性にもかかわらず、両者の見解の間に直接の影響関係は存在しない。それは時間的に存在しえないのである。

確かに『科学革命の構造』でクーンが明言しているように、同書で展開されたクーンの科学観はウィトゲンシュタインの思想から大きな影響を受けている。しかし同書の執筆に際してクーンが読みえたウィトゲンシュタインの著作とは『探究』Ⅰ、Ⅱなのであり、『確実性』が出版されたのはようやく一九六九年のことである。従ってここには思考の収斂の一例を見なければならないだろう。あるひとつの言語観、人間観から出発した二人の思想家が、科学という対象について極めて類似した見解に独立にたどりついたのである。彼らの共通点は、科学の論理を想像上の理念としてでなく、人間の知識の自然誌の中で生まれ、現実に働いている規範としてとらえようとしたことである。一人は哲学的考察により、一人は科学史的考察によりその自然誌をとらえたのである。

相対主義問題

意識されざる知の根底としての世界像という概念にはある大きな問題が潜んでいる。それは『確実性』においてウィトゲンシュタインを最も悩ませたものである。それは我々と世界像の認知的関係という問題である。この問題は、はたして我々は世界像を知っていると言えるのか、我々の世界像（すなわち科学的世界像）は正しいのか、我々のものと異なる世界像は誤っているのか、という三つの問いによって表現される。これらの中で最も根本的なのが第一の問いである。なぜなら、もし我々が世界像を知っているなら、それはそれが正しいと知っていることであり、もしそれが正しいのだとすれば、それに対立する他の世界像は誤っていることになるからである。世界像に関するこれら三つの問題に「ノー」と答え、自らの世界像と両立しない世界像を誤りと呼ぶことが誤りであると考える立場が**相対主義**であり、他方それらの問題に「イエス」と答え、自らの世界像と両立しない世界像を誤りと呼ぶことが正しいと考える立場が**反相対主義**である。世界像をめぐる『確実性』の大問題とは、はたして相対主義が正しいのか、反相対主義が正しいのかという問題なのである。

『確実性』におけるこの問題に対するウィトゲンシュタインの態度は、次の言葉に示されているように極めてアンビヴァレントなものである。

奇妙なことなのだが、ある人を根底に関する懐疑で混乱させようという企てに対して「ナンセンスだ！」と言って払いのけることが全く正しいと私は思うのに、同じ人が

「私は知っている」という言葉によって自分の根底を弁護しようとするのは誤っていると思われるのである。(『確実性』§498)

この言葉が示唆する通り相対主義的思考と反相対主義的思考が交差しながら『確実性』の思考は展開してゆくが、まずは次のような、ムーアの「私は知っている」の用法を批判し、自分の根底の正当性の主張を放棄する相対主義的思考が強調される。

説得力のある根拠を示す用意のあるとき、我々は「私は知っている」と言う。……しかしもし人が信じていることが、それより確かな根拠を与えられないような種類のものであれば、人は自分の信じていることを知っているとは言えない。(『確実性』§243)

自分が知っていると主張している命題をムーアは**知って**はいないのだ、しかしそれは私にとってそうであるように彼にとって確固としている、と私は言いたい。……(『確実性』§151)

もし真なるものとは根拠を持つものだとすれば、根拠は真でも偽でもない。（『確実性』§205）

一五〇年前の地球の存在を疑う者はあらゆる歴史的証拠の本質を攻撃しているかのように私には思われる。そしてそうした証拠全体が確かに正しいのだと私には言えない。（『確実性』§188）

こうした相対主義的思考の背後には、知識と真理は根拠を持つ限りにおいてのみ知識と真理である、という見解が存在する。一見もっともらしいこの見解こそが、「確実なるが故に我知らず」というパラドキシカルな結論へと我々を導くのである。この見解こそが相対主義とその虚構性の源なのである。確かに最も確実なものはある意味で無根拠である。しかしそれは恣意的であるとか、でたらめであるという意味ではなく、それ以上に確かなものはないという意味なのである。もし何かが、このように最高度に確実であるがために知識や真理でなくなるとすれば、知識や真理という概念は極めて空虚なものとならざるをえないだろう。『確実性』におけるウィトゲンシュタインも次第にこうした見解から遠ざかり、自分の世界像の知識性と真理性を認める見解へと移行してゆく。

私は地球が私の生まれるずっと以前から存在していたことばかりでなく、それが大きな物体であり、そのことが確認されており、私や他の人間には祖先があり、これらのことについて書かれた本が存在し、それらが偽らないこと、等々を知っている。こうした知識体系は私に伝えられたのであり、私にはそれを疑う理由などなく、むしろそれは様々に確証されているのである。

そしてこれら全てを私は知っていると言ってなぜいけないのか。我々はそのように言うのではないか。(『確実性』§288)

自分の行動において私が物理学の命題に導かれるということは誤りなのか。そのようにする十分な根拠がないと私は言うべきなのか。これこそ我々が「十分な根拠」と呼ぶものではないのか。(『確実性』§609)

ここでウィトゲンシュタインが、何が知識であり、何が十分な根拠なのか、についてではなく、我々が何を「知る」と言い、何を「十分な根拠」と呼ぶのかについて語っていることに読者は疑問を感じられるかもしれない。それは物事の本質ではなく、言葉の瑣末な使用法を論じているだけではないのか、と感じられるかもしれない。しかしそうではない。ここでウィトゲンシュタインが用いている方法こそ**事物の本質に迫る本当の方法**なのである。このことを理解するためには新しい論理概念を想起する必要がある。論理の唯一の源泉は我々の具体的な言語実践であり、それから独立したアプリオリな原理や規則が存在するのではない。論理はアプリオリな規則の集合としては記述できないのである。

知識という概念についても同様であり、知識という概念をアプリオリな定義によって記述することはできない。あえてそのようなものを求めるなら、必ず想像上の知識概念の虜になることとなる。先に示した相対主義やその背後にある知識観はまさにそのようにして生み出された虚像に他ならない。実際の知識概念の唯一の源泉は「知る」という言葉を用いる現実の我々の言語実践であり、そこから汲み取られるものこそが現に我々がそれを生きているところの「知る」という概念なのである。『確実性』の思考が進むにつれ、ウィトゲンシュタインはよりこのアプローチに忠実になってゆくが、それは次のような自覚に基づいているのである。

ますます私は、論理は結局のところ記述できない、と言おうとしているのではないか。お前は言語の実践を見なければならない、そうすればお前は論理を見出すであろ

う。(『確実性』§501)

このように『確実性』が後半へと進むにつれてウィトゲンシュタインはより現実の言語実践を見つめ、それに応じて反相対主義的見解を示すようになる。しかしこれで相対主義問題が完全に解決されるのではない。最後に大きな疑問が反相対主義に対して示されるのである。それは我々が、我々の世界像と両立しない世界像を誤りと呼ぶことの是非に関する疑問である。我々の世界像と他の世界像はほとんど共有するものがない。それらは根底において異なっている。それが世界像が異なるということである。

したがって我々の言語ゲームと他の世界像の下で営まれている言語ゲームは接点のない、互いの外部に存在する実践なのである。ところが我々がその世界像を「誤り」と呼ぶことは、彼らに対してその世界像を変更することを要求することに他ならない。それが誰かに対して「誤り」と言うことの意味である。そしてこの要求によって我々は彼らが我々と共通の言語ゲームを営んでいるかのように振る舞っているのである。強引に彼らを自分の言語ゲームに引きずり込んでいると言ってもいいだろう。しかし現実にそうした共通の言語ゲームは存在しない。ウィトゲンシュタインは他の世界像に対するこうした強引な振る舞いを戦争にたとえている。このたとえを用いれば、ウィトゲンシュタインが最後に提起した問題とは、無関係な他の言語ゲームに戦争を仕掛けることは正しいのか、というものである。疑問は次のように提示されている。

この根拠［＝我々が我々の物理学に対して持っている根拠］が説得力のあるものだと考えない人々に会ったとしよう。それはどのように想像できるか。物理学の代わりに彼らは神託を用いるのである（そのため我々は彼らが原始的だと考える）。彼らが神託にうかがいを立て、それによって導かれるのは誤りか。——もしそれを「誤り」と呼ぶなら、我々は自分たちの言語ゲームから出撃し、彼らの言語ゲームと戦っているのではないか。（『確実性』§609）

そしてこのように戦うことは正しいのか誤りなのか。もちろん我々はあらゆるスローガンで我々の振る舞いを支持するであろう。（§610）

明らかにこの問題は容易に解決できるものではない。それは言語ゲームが実践であり、そこにおいて認識と生活が不可分だからである。「彼ら」を誤りと呼ぶことは、決して単なる叙述に終わることではない。「戦い」という比喩は比喩で終わるとは限らないのである。この困難な問題はここでこのまま放置され、ウィトゲンシュタインがそれに二度とたち返ることはない。ただこの問題に対する一条の光が、次に考察する「私」と論理をめぐる思考の中に見出されるだろう。

(2) 「私」と言語の源

新しいものの見方と「私」と言語の等根源

若き日以来「私」あるいは自己はウィトゲンシュタインにとって常に最も重要な主題であった。第三部で示されたように、それはウィトゲンシュタインの生そのものにとっても大きな意味を持っていた。彼の哲学的思考と生は「私」という場所において固く結ばれていたのである。独我論とは「私」が持つこうした特別な重みが生み出した特殊な錯覚であったと言えるだろう。それは自己を一つの対象とみなし、「私」とはこの特別な対象の名だと考える錯覚であり、そこから派生するあらゆる想念である。この錯覚の背後には、対象を指示する言葉としての名の集まりが言語であるというさらに大きな錯覚が存在していた。独我論という錯覚を、言語をめぐる根本的な錯覚とともに解消すること、それこそが『探究』に至る長い思考を通じてウィトゲンシュタインが自らに課した務めであり、遂に果たされた務めであった。

この苦しい営みを通じて全く新しい言語観が生み出されたのだが、それはさらに副産物として全く新しいものの見方をウィトゲンシュタインにもたらした。それが「概念」に関する新しい概念である。旧来の言語観に即するなら、物の概念とは、その物の名によって指し示される対象について我々が抱く「それはどのようなものか」という観念である。たとえば「痛み」の概念とは痛みの感覚について我々の抱く「それがどのようなものか」という観念である。この古い「痛み」の概念によれば、我々は他人の痛みを感じることができないのだという。そしてこのことはあらゆる感覚について当てはまるのだという。しかしこうした痛み概念は独我論と同様に古い言語観に基づく錯覚でしかない。そしてこうした錯覚を生み出している最も根本的な錯覚が、「痛み」が感覚の名であり、「痛み」の概念とはこの名が示す感覚について我々が抱く観念であるというものなのである。

これに対してウィトゲンシュタインに訪れた新しいものの見方（新しい「概念」の概念）によれば、「痛み」とは感覚の名ではなく、一つの言語ゲーム／劇、すなわち実践の名なのである。それは「私」や「あなた」や「彼」という様々な非対称的な役割を内包する複雑な言語ゲーム／劇であり、「痛み」の概念とは、このゲーム／劇を、それに付随する感覚・感情・態度とともにマスターした時に、はじめて人が獲得するものなのである。この言語ゲームをマスターするとは、たとえば、「私は痛い」と「彼は痛い」は、「私」と

「彼」が我々の生活において持っている意味の違いを反映した二つの異なる行為／態度であることを知り、それに応じてこれら二つの表現を使い分けられることを意味する。こうして獲得される「痛み」概念は定義や説明といった形で言語的に表現できるものではない。そもそもそれは我々が思考によってとらええうる何かではなく、それを生きることによってのみとらええうる何かなのである。

それは我々が現に**生きる**「痛み」概念なのである。それに対して旧来の「痛み」概念は我々が**考えた**「痛み」概念である。ウィトゲンシュタインの晩年の思考の根底には、生と一体となったこのような新しい「概念」の概念が存在していたのである。次に示す*Last Writings on the Philosophy of Psychology vol.2*のテキストはそのことを明瞭に語っている。

立法者が痛みの概念を廃止できるか。根本概念は我々の生き方の最も根本的な部分と密接に結びついているために、触れることができない。（MS169, p.71r ; LWPP2, p.44）

概念を扱うということは我々の生活に充満している。（MS170, pp2r-2v ; LWPP2, p51）

我々の概念、判断、反応は決してただひとつの行為と結びついて生じるのではない。それらは人間行為の渦全体と結びついているのだ。(MS171, p.4 ; LWPP2, p.56)

我々の概念は我々の生を反映するというのは正しいか。それらは生の真っ只中にある。(MS173, p.89r ; LWPP2, p.72)

言語ゲームを介したこの新しいものの見方はあらゆる事物の概念に適用できるが、ウィトゲンシュタインにとってそうした適用の最後の対象が「私」という概念であった。すなわちウィトゲンシュタインはこの新しいものの見方を通じて、独我論批判によって一度は訣別した「私」へと立ち返るのである。これこそ『確実性』における最も大きな思想的出来事と呼べるだろう。

「私」は次のような意味で特別な概念である。個々の概念、たとえば「痛み」や「信じる」といった概念をこの新しい方法で分析し、その多面的な実相を知るためには、それらが何であるかを考えるばかりでなく、生の様々な局面におけるそれらの語の使用法の差異に注目しなければならない。中でも最も重要なものが「私」と他の人称の差異である。「私は信じている」と「彼は信じている」が我々の生の中で果たしている役割の違いを理解することなく、「信じる」という概念（従って「信念」という概念）の実相に触れることはできないのであり、このことはあらゆる事物の概念に当てはまる。つまり「私」という語は我々の生きるあらゆる言語ゲーム／劇に極めて重要な要素（変項）として登場するのである。

それゆえ「私」という概念を規定している固有の「私」言語ゲームなるものは存在しない。「私」はあらゆる根本概念の言語ゲームに重要な要素として登場するのである。全ての言語ゲームに習熟したときにのみ、我々は「私」という言語ゲームに習熟するのである。そのときはじめて我々は「私」という概念を生き、「私」として存在するのである。「私」という概念はあらゆる言語ゲームの奥に宿り、言語ゲームそのものを成り立たせている根底の一部をなすものだとも言えるだろう。それは我々の生の最も深いところに幾重にも織り込まれているがゆえに、最も測りがたく、触れ難い概念なのである。

我々は現に「私」を生き、「私」で在る、しかしその「私」を在りのままに観ることや思考することは不可能である。それは全ての言語ゲームを一挙に観ることが不可能だからである。こうした事情を知りながらも、あえて「私」の探究を試み、その本質の一端にでも触れようとすれば、現実に用いうる方法は唯ひとつしかないだろう。それは言語ゲームの根底そのものを探ることである。すなわちあらゆる言語ゲームを言語ゲームたらしめている根本的な条件を探ることである。その中に必ず「私」が果たす重要な機能があるはずであり、それこそ「私」の根源と呼びうるものであろう。同時にそれは言語を言語たらしめている条件の核をなすものであるから言語の根源でもある。それは「私」と言語がともにそこで生まれる場としての「私」と言語の等根源なのである。死を目前にしながらも「突然幕が上がり」驚異的な思考力を回復したウィトゲンシュタインが立ち向かったのは、この「私」と言語の等根源を探るという大変な問題であった。

この重大な探究へと彼を導いたものこそ、「**私はここに手があるのを知っている**」というムーアの言明であった。先に引用した『確実性』§6に示されていたように、無邪気というべきムーアのこの言明のうちにウィトゲンシュタインは、ある途方もなく重要な認知様態としての「確実性」の露頭を感じ取っていた。それは我々が自らの知を表明する時にあらわになる特別な「態度」である。この「態度」を幾重にも覆っているヴェールを少しずつ剝ぎ取ってゆくにつれてウィトゲンシュタインが見出したのが、「私」と言語ゲームが同時に生まれる不思議な場所だったのである。こうしてムーアに導かれながらウィトゲンシュタインは、「知」が指し示す「私」と言語の等根源へと一歩一歩近づいていったのである。我々が以下においてそのエッセンスをたどろうとしている『確実性』第四部とは、ウィトゲンシュタインが最後に歩んだこうした壮絶な思考の歩みの記録なのである。

公的確実性と私的確実性

このように言語と「私」が知を介して同一の根源で結ばれているとは、言語の根源に「私は知っている」というムーア言明によって表現される特別な知／確実性が存在するということである。それは「私」を生み出す確実性であると同時に「私」が体験する確実性である。言語根底にあるこの確実性は一見すると世界像の確実性に類似しているが、両者は別のものである。言語と「私」と知に関わるウィトゲンシュタインの思考に入ってゆくためには、これら二つの確実性の相違と関係を明らかにしておく必要がある。ここではそれらを**私的確実性**、**公的確実性**と呼び、その違いをウィトゲンシュタインのテキストに沿って明らかにしておこう。

ムーアが例として挙げた様々な命題にはもともと両者が混在していた。たとえば、ムーアが「私はここに手があるのを知っている」と言うときに表明されているのは私的確実性であり、「私は地球が私の生まれる以前から存在しているのを知っている」において表明されているのは公的確実性である。両者の決定的な違いは、私的確実性が「私」という一個人と「ここに手がある」という事態との認知的関係であるのに対し、公的確実性は権威と信頼に媒介された共同的・社会的な認知的関係であるということにある。私的確実性が

「私」と言語の等根源を示しているのに対し、公的確実性は世界像(科学)という共同的な知を示しているのである。

二つの確実性の違いは、世界像が本質的に権威と信頼に媒介された共同的・社会的な知であるということのうちに最もはっきりと反映されている。世界像(科学)の共同性・社会性は単に分業と専門化が生み出す現象ではない。専門家が自分の固有の専門領域について何かを判断する場合でさえ、彼は他者の報告や権威ある発表に依存せざるをえない。それは個人の知的限界に起因するのでなく、世界像というものが本質的に個人によってではなく、**「我々」という知的共同体に**よって知られるものだからである。

それに対して私的確実性は本質的に「私」という一個人にのみ関わるのであり、そこでは他者への信頼や他者の権威が前提されているどころか、他者の見解はむしろ積極的に拒否されている。それゆえ「私はここに手があるのを知っている」と言う場合、ムーアはさらに「誰がなんと言おうとも、そして今まで人が言ってきたことが全く覆ったとしても」と付け加えられるのに対し、地球命題についてムーアはそのように言えないのである。「私は地球が私の生まれる以前から存在しているのを知っている」という場合、彼は必然的に過去に関する他人の証言、報告、証拠の信頼性を前提せざるをえない。こうした前提において「我々」という知的共同体が暗に想定されているのである。

ムーアのこの言明の背後には「我々はそれを知っている、そして私は我々という知的共同体に属している」という言明が存在すると言ってもよいだろう。こうした「我々」と世界像の認知的関係が公的確実性である。もちろんウィトゲンシュタイン自身は公的確実性という言葉を使ってはいない。しかし『確実性』第三部でウィトゲンシュタインが次のように語るとき、彼は我々と世界像の認知的関係としての公的確実性について思考しているのである。

「我々はそれについて全く確信している」というのは、単にあらゆる個人がそれを確信しているということでなく、我々は科学と教育によって結びつけられている共同体に属している、ということを意味している。(『確実性』§298)

他方、ウィトゲンシュタインが「私の名はL.W.である」という命題について次のように、それは唯彼一人にとってのみ特別な確実性を持つのであり、言語ゲーム一般にとっての論理命題なのではない、と言うとき、そこで意味されているものこそ我々が**私的確実性**と呼ぶものなのである。

我々が「一定の命題は疑いから排除されねばならない」と言うと、それらの命題、たとえば、私の名はL.W.であるという命題、を論理学の本に収録せねばならないかのように聞こえる。というのももしそれが言語ゲームの記述に属するなら、論理に属するからである。しかし私の名がL.W.であるという命題はこうした記述には属さない。たとえ私が自分の名前に関して誤りを犯しても、人名に関わる言語ゲームはちゃんと存続できるからである。……（『確実性』§628）

こうした二つの確実性の間の動的な関係が**硬化**に他ならない。すなわち個々の具体的言語ゲームの局面において各言語使用者が個人として体験する特別な確実性／自明性が私的確実性であるのに対し、そうした実践から硬化という過程により生まれた規則命題が知的共同体において持つ確実性が公的確実性なのである。後者は狭義の論理、数学、そして世界像が持つ確実性である。ウィトゲンシュタインが『確実性』第四部において考察の対象とするのは、生きた言語ゲーム過程の根底に対して個人が体験する私的確実性である。これら二種の確実性の区別は『確実性』第一部においてすでにぼんやりと感じられていたはずである。しかしそれが分厚い霧の中から姿を現し、明瞭な言葉で述べられたのはようやく第四部の終盤（具体的にはウィトゲンシュタインの死の六日前）のことであった。それは次のように表現されている。

数学的命題は、いわば公的に、反駁不能という印を刻印されている。すなわち、「他のことについて論争せよ。これは不動である、お前の議論がその周りを回る蝶番である。」と言われているのである。(『確実性』§655)

そして同じことを私の名はL.W.であるという命題について言うことはできない。それはまた、これこれの人がこれこれの問題を正しく計算したという命題についても言えない。(『確実性』§656)

数学の命題は化石化していると言えるだろう。——「私の名は……」という命題は化石化していない。しかしこの命題も、私がそうであるようにそれに対して圧倒的な証拠を持つ者には反駁不可能とみなされるのである。(『確実性』§657 cf.§§613-614, 621-623)

論理の確実性とは、化石化した私的確実性なのである。他方一人一人の人間が「規則に従う」という実践を現実に生きるとき、人は硬化した論理に何かを付加し、原初的な私的確実性を再度賦活しているのだと言えるだろう。死の三日前に書かれた次のテキストでウィトゲンシュタインが語ろうとしたのは、こうした思考であったと思われる。

我々が学校で数学では何が正しく何が誤りなのかを学ぶのと、私が自分自身である命題について自分に間違いはありえないと言うのには違いがある。（『確実性』§664）

後者において私は、一般に言われていることに何か特別なものを付け加えているのである。（『確実性』§655）

言語ゲームの根底にある二種の知

「私」と言語の等根源に至るとは、こうした私的確実性が言語の根底において持っている特別な意味にたどりつくことに他ならない。言語の本質を指し示すこの特別な確実性の意味がいかなるものかを知るためには、言語、つまり言語ゲームが可能であるために一体どのような知識が必要なのかを考えるのが最もふさわしい方法である。その過程で我々は言語を可能としている二種の知識に行き当たるだろう。この両者の差異の中にこそ、言語と「私」を結びつけ、言語を言語たらしめる真の鍵が存在するのである。

『探究』§2の建築家と弟子の言語ゲームを例にとって考えよう。弟子がこのゲームをマスターしたと言えるのは、「石板」と言われれば石板を、「石柱」と言われれば石柱を、ためらいや疑いなく即座に持ってこられるようになったときである。こうしたことができるために弟子はまず、建築家の声を聞き分け「石板」や「石柱」という言葉が再認できるとともに、ある物体を見たときそれが石板であるのか石柱であるのか識別できなければならない。語と対象のこうした識別能力はあらゆる言語ゲームにおいて前提され、必要とされる知識／能力である。この知識／能力についてウィトゲンシュタインは次のように述べている。

全ての言語ゲームは語と対象がくり返し再認されることに基づいている。我々はこれが椅子であることを、2×2＝4を学ぶのと同じ厳しさで学ぶ。（『確実性』§455）

こうした基礎的な識別能力に基づいて、「石板」や「石柱」という言葉に対してスムーズかつ適切に反応できるようになった時、弟子はそれらの言葉の意味を知り、ゲームをマスターしたと言われるだろう。ある言語ゲームをマスターするとは、そこに属する言葉の運用能力を身につけるということなのである。

しかしここで問題が生ずる。言語を知るとははたしてこのような意味で言語ゲームをマスターすることなのだろうか。今述べた意味で言語ゲームをマスターするとは、与えられた情況・条件に対する適切な反応の体系を身につけることであり、それは飼育されている動物が訓練によって仕込まれるものと根本的に異なるものではない。人が言葉を知るとははたしてこうしたことなのだろうか。『確実性』第四部においてウィトゲンシュタインはこの問題について様々な角度から思考を積み重ねている。そうした妥協なき思考の末に彼が到達した答えは、両者は同一ではない、言語を知ることと反応の体系とを区別するものこそ、単なる語の運用能力ではない本来の「知る」ことである、というものである。

こうした思考の中でウィトゲンシュタイン自身が用いている「名を知るとはいかなることか」という例に即して、この問題についてさらに考えてみよう。言語を知るには名を知らなければならないのだから、名前の知について考えることは言葉の知について考えるに等しいのである。子供はまず自分の名前を呼ばれることに対する適切な反応を習得し、ついで様々な人物や対象に対して名を呼びかけることを習得する。これが名の運用能力の習得である。こうした能力しか持っていない段階で、子供に音声信号への適切な反応の体系以上のものを積極的に認める理由は何もない。簡単に言えば、この段階で子供と犬の間に決定的な違いを認めることはできないのである。このことをウィトゲンシュタインは次のように表現する。

私は次のように言いたい。子供はしかじかの仕方で反応することを学ぶ。そしてそのように反応している時、子供はまだ何も知らないのである。知るということは後の段階にならないと始まらないのである。(『確実性』§538)

犬は「N」と呼ばれるとNのところに走ってゆき、「M」と呼ばれるとMのところに走ってゆくことを学ぶかもしれない。――しかしそれは犬がその人達の名前を知っていることを意味するのか。(『確実性』§540)

では一体いつ、ある存在が単に音声に反応しているだけでなく、名を知っているのだ、と言えるようになるのだろうか。それはその存在が、単に名を使うだけでなく、人や物には名があるのだということを知るに至ったときである。そしてそれは、この存在が「名」という概念を持つようになるときである。そして「名」という概念を持つとは、単に様々な名を使うばかりでなく、「名」という言葉を用いて「あの子の名はルーだ」等と名に言及できることである。そしてこうした名の概念の存在を決定的に示すのが「**私は**あの子の名を知っている」のような自らの名の知識を表明する言明なのである。子供がこのように単に知を持つのみならず、自らの知を言葉を用いて表明するとき、人はそれを反応の体系とはもはや呼ばない。自己の知を言葉で表明する子供は、自らが言うとおり名を知っているのである。

このような自らの知を言葉によって表明しうる知を**反省知**と呼ぼう。それに対して語の運用能力のような単なる使用能力を**前反省知**と呼ぼう。名前の知は反省知でなければならない。反省知として名を知るもののみが、本当に名を知っているのである。言語の知は名前の知を前提とするから、全く同じことが言語についても言える。すなわち、言語の知は本質的に反省知であり、言語を知り、しかも自分が言語を知っていると言葉で表明できる者のみが本当の意味で言語を知っているのである。名前の知が反省知であることをウィトゲンシュタインは次のように表現している。

「彼はこの人の名しか知らない、あの人の名はまだ知らない」。厳密に言えばこれは人には名前があるという概念をまだ持っていない者については言えないことである。
（『確実性』§541）

子供は「私はこの人の名を知っている、あの人の名を知らない」といかなる形にせよ言えるようになるずっと前から人の名前を使えるようになる。（『確実性』§543）

このように言語に関する反省知を持つ者のみが言語を知っているのである。同様に言語は、反省的に知られるときにのみ言語として存在するのである。言語は、それを知り、それを生きる者が反省知を持つ者であるときにのみ、すなわち「私は知っている」と言うことのできる者であるときにのみ、言語として存在するのである。言いかえるなら言語は、それを知り、生きる者の「私は知っている」という言明においてはじめて本当の言語として生まれるのである。それ以前、言語はいまだ前反省的な語運用能力にすぎず、本来の意味での言語ではない。

それゆえ「私は知っている」という言明こそ言語の言語性の源なのであり、言語の根源なのである。「私は知っている」という言明によりはじめて人は言語を本当に知るのであり、それによってはじめて言語が生まれるのであり、それによってはじめて言語を知る存在としての人が生まれるのである。真の意味での言語ゲームもまたここで初めて生まれる。「知るという概念と言語ゲームという概念は結びついている」（『確実性』§560）というウィトゲンシュタインの言葉は、こうした思考と一体のものとして理解しなければならない。

言語の根源である「私は知っている」という知の言明は、同時に「私」の根源でもある。というのも、この言明をなしうるために子供は「私」と「知る」を自由に使い、「私」と「知る」という概念を持たなければならないのであるが、これまでそれができなかったがために子供は前反省的な名前知しか持っていなかったのである。言いかえるなら「私は知っている」という言明においてはじめて子供は「私」という概念を持ち、「私」を生き、「私」として存在するのである。それによって子供は言語を知る存在としての自分にはじめて言及するのであり、言語を知る存在としての「私」という概念を持つ。本当の意味での「私」の言語ゲームを行なうのである。

人間的な意味で何物かの概念を持つとは、それの名の使用に習熟するのみならず、それについてそれとして語りうることなのである。それまで前反省的な言語運用能力しか持たなかった存在がはじめて「私は知っている」という知の言明を行なうとき、その言明において言語と「私」が同時に生まれる。「私は知っている」という知の言明は、言語と「私」の等根源なのである。

超越言明の意味の探究

こうして我々はようやく言語と「私」の等根源にたどりついたのだが、なおその場所を外から眺めているにすぎない。そこで何が起こっているのか、なぜそれは言語と「私」を同時に生み出すのかはまだ全く明らかでない。その場において「私は……知っている」という言明が示しているものはいまだ闇に包まれている。我々はいまだ、なぜ反省的であるということが言語を言語たらしめ「私」を生成するのかを知らないのである。それゆえウィトゲンシュタインの最後の思考の焦点は、「私は……知っている」という言明に固有の機能・役割の解明となる。

この解明の中でウィトゲンシュタインは自分が長い間批判してきた「私はここに手があるのを知っている」というムーアの言明に、「私は知っている」という表現固有の意味を次第に見出してゆく。この変化は次のようにして起こる。「私は知っている」の固有の機能の探究においてウィトゲンシュタインはまず他の表現によって代行可能な機能を次々と取り除き、その後に残るものを固有の機能として同定しようとする（cf.『確実性』§§584-587）。こうした過程で取り除かれるものが通常の「私は知っている」の用法である。「私は知っている」の通常的用法の主な機能は、⑴自分はある事柄についてすでに聞いている（あるいは、読んだ）からあらためて知らせる必要がないことを相手に伝達することと、⑵自分の発言に懐疑的な相手に、自分の発言が信頼できることを示すことである。これらはいずれも「私は知っている」以外の表現によって代行可能である。前者は「私はpだと知っている」の代わりに「私は既にpだと聞いている」を用いることにより、後者は「pである。私は信頼できる。根拠は……」等を用いることにより代行できる。これらはいずれも何かを他人に伝達するという機能であり、それゆえ他の伝達手段により代行可能なのである。
それに対して「私はここに手があることを知っている」というムーアの言明は、誰にも伝える必要のない自明な事柄を述べており、通常の意味での伝達という役割を果たしているのでないことは明らかである。もしムーア言明に何らかの役割があるなら、それは伝達以外の役割でなければならない。そしてそれこそが「私は知っている」の本来の役割なのである。知識の内容を伝達するのでなく、誰にも自明なことの確実性を再確認するようなムーア言明のこうした役割をウィトゲンシュタインは「ここで私に間違いはありえない」という言明によって表現する。これは主張されている命題に対して、誤りの可能性を無条件に拒否し、排除する言明であるという意味で**超越確実性言明**（略して、**超越言明**）と呼びうるものである。それはムーア命題のような当の命題の真理性を絶対に譲らないという宣言である。こうしてウィトゲンシュタインの最後の問いは、超越言明の言語ゲームにおける機能は何か、それは「私」と言語ゲームの成立そのものにどのように関わっているのかということになる。この問いは次のように表現されている。

問題は、「私はこのことについて私に誤りがありえないのを知っている」や「それについて私に誤りはありえない」がどういった種類の命題か、ということである。

この「私は知っている」はあらゆる根拠から切り離されているように思える、ただ私はそれを知っているのである。（『確実性』§574）

超越言明の意味と「私」の生成成立

こうして全ては「これについて私に誤りはありえない」という超越言明の意味の問いへと収斂してゆく。超越言明はある命題の言語ゲーム内での地位を規定する言明であり、我々がメタ論理命題と呼んだものの一種である。従ってこの問いは、世界像という概念の探究に先だちウィトゲンシュタインが『確実性』第一部で問うた「『ここでの誤りとは一体どんなものなのか』はどんな種類の命題か」（§51）という問いと極めて似ている。しかし両者は決定的な点で異なっており、その違いから**私的論理**と呼びうるものが姿を現すのである。『確実性』第一部で問題になった「ここでの誤りとは一体どんなものなのか」というメタ論理命題は、一群のムーア命題に世界像という論理的地位を与えるものである。そこで問題となったのはムーア命題とある個人の認知的関係ではなく、ムーア命題と「我々」という知的共同体との認知的関係である。すなわち問題となったのは公的確実性であり私的確実性ではなかったのである（cf.『確実性』§§58, 59）。

こうした公的確実性を通じて論理的地位を与えられた諸命題が記述する論理が公的論理

である。それは狭義の論理命題や数学命題や世界像命題が記述する我々の思考と知の論理構造に他ならない。それに対して「これについて私に間違いはありえない」という超越言明が表しているのは、ある命題が特定の個人にとってのみ言語ゲームの中で持つ論理的役割と結びついた私的確実性である。たとえば「私の名はL.W.である」という命題に対してウィトゲンシュタインが「私はそれを知っており、私に誤りはありえない」と言うとき、彼はそれによってこの命題が言語ゲームにおいて自分にとって特別な地位を占めることを言明しているのである。この「特別な地位」は、経験に依存せず、しかも究極的であるという意味で論理的地位と呼ぶべきものである。

「私の名はL.W.である」という命題はウィトゲンシュタインという個人の言語ゲームにとって絶対的な基準であるという意味で論理的な地位を持つのである。しかしそれは他の人々にはそうした意味を全く持っていない。従ってこの命題が持つ論理的地位はL.W.という個人にのみ関わるという意味で私的であり、それが表す論理が**私的論理**なのである。それはある一個人にとってのみ存在する固定点＝思考の足場である。私的論理とは、ある個人(今の場合L.W.)と言語ゲーム、すなわち言語の関係を規定する論理である。こうした思考を死を数日後に控えたウィトゲンシュタインは次のように表現する。

「私に……はありえない」は私の主張がゲームの中で持つ地位を示している。しかしそれは本質的に**私**のみに関わるのであり、ゲーム一般に関わるのでない。たとえ私が自分の主張において誤っていたとしても、それは言語ゲームの有用さを減じるものではない。(『確実性』§637 ; cf.§628)

このように「私の名がL.W.であることについて私に誤りはありえない」という言明において、ウィトゲンシュタインは話し手として「私の名はL.W.である」という命題が彼のみにとって持つ論理的意味を規定している。それと同時にここで、そうした論理的意味を担いうる「私」という存在が生成されているのである。L.W.と呼ばれる個体であったものが「私」として、すなわち自らを「私」と名乗る存在としてここで姿を現しているのである。

この「私」の生成は次のように生じる。超越言明において「私」は二つのことを宣言している。第一は、このことについて自分の見解がどのように他人と異なろうとも、「私」は決して他人の判断に従うことなく、自分の判断を絶対に譲らない、ということである。こうした宣言は認知的にあらゆる他者から独立した「私」の存在なしには不可能である。こうした「私」を**絶対的「私」**と呼ぼう。絶対的「私」とは、仮に全ての他者と狂気関係に陥るとしても自分の言葉を譲らない、と宣言する「私」である。絶対的「私」は超越言明に先立ちどこかにもともと存在しているのではない。全ての他者と狂気によって隔てられても自己の主張を譲らないという宣言によってのみ、絶対的「私」は存在するのであるから、絶対的「私」とは超越言明においてはじめて現れる存在なのである。約束するという行為が約束という現象を生成する言語行為であるように、超越言明（あるいはムーア言明）とは絶対的「私」を生成する言語行為なのである。

第二に「私」は超越言明において、もしこれが間違っているなら、私の全ての判断が放棄されねばならない、と宣言している。このことにより「私」はこの命題の確実性に対する担保として、認知し判断する自己である「私」そのものを差し出しているのである。同時にそのことにより「私」は、そうした「私」の重さ、あるいは価値を示している。すなわち絶対的「私」の重みとは、「私」を担保として「私」が行なう超越言明の内容に等しいのである。「私」の重みと価値は「私」が決して譲れないものの重みと価値に等しいのである。譲りえないものを譲ったときに失われる重みが「私」の重みなのである。

それゆえ他人に譲ることのできない言葉（命題）を持たない「私」は、いかに自分が他者から独立した存在であると言おうとも、それが存在すること（「私」で在りつづけること）と存在しないこと（「私」で在るのをやめること）の間に何の違いもないがために、「私」としては存在しない。「私」で在るとは、自分が譲れない言葉を持つということをあらゆる他者に向かって言明することである。「私」とは絶対的「私」であることによってのみ存在しうるのである。この譲れない言葉を「私」の魂と呼ぶことができるだろう。「私」の魂とは私的論理に内容を与える言葉である。超越言明、あるいはムーア言明とは自分に魂が有ることの宣言である。私的論理の宣言である。ムーアの言明においてウィトゲンシュタインを深く動かしたもの、それはムーアによるこうした魂の宣言であったのだと考えられる。

魂を持った「私」

こうした魂を持った「私」の存在こそ言語ゲーム、つまり言語を可能とするのであり、それなくして言語ゲームは単なる模倣と反応でしかない。これこそウィトゲンシュタインがムーアの言明から読み取ろうとした私的論理であり、彼の最後の思考というべきものである。人は魂を持つことによってのみ語る存在となることができる。

我々が言語ゲームに参加し、言葉によって人を動かしたり、動かされたりという「呪術的」とすら呼びうる力を得るのは、単に事物や事態を非人称的に記述するだけでなく、自らを「私」と名乗りそこに参加するからである。「私」と名乗るとは、魂を持つ者と成るということである。魂を持つ者で在るとは、自分の言葉に対し「私の言葉だ」と言ってそれを庇護し、自分の行為に対して「私の行為だ」と言ってそれを引き取る用意があるということである。付随するあらゆる帰結とともに自らの言葉と行為を慈しみ、それらの親となる用意があるということである。

この「用意」によって人は担保とすべき「私」を生み出し「私」と成り、そうした「私」の存在を担保として言葉を持つのである。そうした担保が存在するからこそ、すなわち「私」が在るからこそ、他人は「私」の言葉に答え、「私」は他の「私」の言葉に答えるのである。そして「私」は「責任」を負いうる存在となる。こうした一切は「私」が譲りえない言葉としての魂を持つ限りにおいて成立することである。「私」はいかなる他者に対しても超越言明をする用意がある場合にのみ、譲りえない言葉としての魂を持つ。こうした用意なしに「言語ゲーム」に参加するものは、次にウィトゲンシュタインが述べるように、言語という自らの魂に対して誤りを犯しているのである。

もし私が、「私は月に行ったことがない、しかし私は間違っているかもしれない」と言うなら、それは馬鹿げている。

というのも、自分は寝ている間に未知の手段によって月へつれて行かれたかもしれない、という想定でさえ、この場合私が誤りの可能性について語る権利を与えないからである。もしそのように言うなら、私はゲームを**誤って**やっているのだ。(『確実性』§662)

こうしてウィトゲンシュタインはその長い思考の旅の果てに、言語の根底としての「私」、魂を持った「私」という存在を見出したのである。言語ゲーム・言語は公的論理によって規定されている。しかし公的論理はあくまで人間の活動の化石化した痕跡にすぎない。それは言語ゲームに形を与えることはできても、力と命を与えることはできない。言葉が力を持ち、我々が言葉に動かされ、言葉を生きるのは、我々が言葉を通じて自らを魂有る「私」として在らしめるからに他ならない。かつてL.W.という人間に愛されすぎたために深い淵の中へと失われた「私」という名の小さな魂は、こうしてL.W.自身によって淵から再び引き上げられたのである。

【第7刷への付記】

第7刷にあたって、255ページ、260ページ、264ページ、の誤記を訂正した。いずれも印刷面の変更を必要としない数字の訂正である。260ページの訂正は野矢茂樹氏の指摘によるものである。記して感謝の意を表したい。

なお本書執筆に当たって参考にしたウィトゲンシュタインに関する伝記的事実の主な典拠は次の三書である。この機会を借りて追記したい。

B. マクギネス『ウィトゲンシュタイン評伝』藤本隆志他訳、法政大学出版局、1994

レイ・モンク『ウィトゲンシュタイン1，2』岡田雅勝訳、みすず書房、1994

Brian McGinness and G.H. von Wright (eds.) *Ludwig Wittgenstein: Cambridge Letters*, Oxford University Press, 1995.

講談社現代新書　1675

ウィトゲンシュタインはこう考《かんが》えた——哲学的思考《てつがくてきしこう》の全軌跡《ぜんきせき》 1912—1951

二〇〇三年七月二〇日第一刷発行　二〇一八年二月一三日第一〇刷発行

著者——鬼界彰夫《きかいあきお》

発行者——鈴木　哲　発行所——株式会社講談社

東京都文京区音羽二丁目一二—二一　郵便番号一一二—八〇〇一

電話　編集（現代新書）〇三—五三九五—三五二一　販売　〇三—五三九五—四四一五　業務　〇三—五三九五—三六一五

カバー・表紙デザイン——中島英樹

印刷所——凸版印刷株式会社　製本所——株式会社国宝社

（定価はカバーに表示してあります）　Printed in Japan

N.D.C.110　417p　18cm

ISBN4-06-149675-1

「講談社現代新書」の刊行にあたって

教養は万人が身をもって養い創造すべきものであって、一部の専門家の占有物として、ただ一方的に人々の手もとに配布され伝達されうるものではありません。

しかし、不幸にしてわが国の現状では、教養の重要な養いとなるべき書物は、ほとんど講壇からの天下りや単なる解説に終始し、知識技術を真剣に希求する青少年・学生・一般民衆の根本的な疑問や興味は、けっして十分に答えられ、解きほぐされ、手引きされることがありません。万人の内奥から発した真正の教養への芽ばえが、こうして放置され、むなしく滅びさる運命にゆだねられているのです。

このことは、中・高校だけで教育をおわる人々の成長をはばんでいるだけでなく、大学に進んだり、インテリと目されたりする人々の精神力の健康さえもむしばみ、わが国の文化の実質をまことに脆弱なものにしています。単なる博識以上の根強い思索力・判断力、および確かな技術にささえられた教養を必要とする日本の将来にとって、これは真剣に憂慮されなければならない事態であるといわなければなりません。

わたしたちの「講談社現代新書」は、この事態の克服を意図して計画されたものです。これによってわたしたちは、講壇からの天下りでもなく、単なる解説書でもない、もっぱら万人の魂に生ずる初発的かつ根本的な問題をとらえ、掘り起こし、手引きし、しかも最新の知識への展望を万人に確立させる書物を、新しく世の中に送り出したいと念願しています。

わたしたちは、創業以来民衆を対象とする啓蒙の仕事に専心してきた講談社にとって、これこそもっともふさわしい課題であり、伝統ある出版社としての義務でもあると考えているのです。

一九六四年四月　野間省一

哲学・思想Ⅰ

66 哲学のすすめ——岩崎武雄
159 弁証法はどういう科学か　三浦つとむ
501 ニーチェとの対話——西尾幹二
871 言葉と無意識——丸山圭三郎
898 はじめての構造主義　橋爪大三郎
916 哲学入門一歩前——廣松渉
921 現代思想を読む事典　今村仁司 編
977 哲学の歴史——新田義弘
989 ミシェル・フーコー　内田隆三
1001 今こそマルクスを読み返す　廣松渉
1286 哲学の謎——野矢茂樹
1293 「時間」を哲学する——中島義道
1315 じぶん・この不思議な存在—鷲田清一
1357 新しいヘーゲル——長谷川宏
1383 カントの人間学——中島義道
1401 これがニーチェだ——永井均
1420 無限論の教室——野矢茂樹
1466 ゲーデルの哲学——高橋昌一郎
1575 動物化するポストモダン　東浩紀
1582 ロボットの心——柴田正良
1600 ハイデガー＝存在神秘の哲学——古東哲明
1635 これが現象学だ——谷徹
1638 時間は実在するか　入不二基義
1675 ウィトゲンシュタインはこう考えた　鬼界彰夫
1783 スピノザの世界——上野修
1839 読む哲学事典——田島正樹
1948 理性の限界——高橋昌一郎
1957 リアルのゆくえ——大塚英志 東浩紀
1996 今こそアーレントを読み直す——仲正昌樹
2004 はじめての言語ゲーム——橋爪大三郎
2048 知性の限界——高橋昌一郎
2050 超解読！ はじめてのヘーゲル『精神現象学』　竹田青嗣 西研
2084 はじめての政治哲学　小川仁志
2099 超解読！ はじめてのカント『純粋理性批判』　竹田青嗣
2153 感性の限界——高橋昌一郎
2169 超解読！ はじめてのフッサール『現象学の理念』——竹田青嗣
2185 死別の悲しみに向き合う——坂口幸弘
2279 マックス・ウェーバーを読む——仲正昌樹

哲学・思想Ⅱ

13 論語——貝塚茂樹
285 正しく考えるために 岩崎武雄
324 美について——今道友信
1007 日本の風景・西欧の景観——オギュスタン・ベルク 篠田勝英訳
1123 はじめてのインド哲学 立川武蔵
1150 「欲望」と資本主義——佐伯啓思
1163 「孫子」を読む——浅野裕一
1247 メタファー思考——瀬戸賢一
1248 20世紀言語学入門 加賀野井秀一
1278 ラカンの精神分析——新宮一成
1358 「教養」とは何か——阿部謹也
1436 古事記と日本書紀 神野志隆光
1439 〈意識〉とは何だろうか 下條信輔
1542 自由はどこまで可能か 森村進
1544 倫理という力——前田英樹
1560 神道の逆襲——菅野覚明
1741 武士道の逆襲——菅野覚明
1749 自由とは何か——佐伯啓思
1763 ソシュールと言語学——町田健
1849 系統樹思考の世界——三中信宏
1867 現代建築に関する16章 五十嵐太郎
1875 日本を甦らせる政治思想 菊池理夫
2009 ニッポンの思想——佐々木敦
2014 分類思考の世界——三中信宏
2093 ウェブ×ソーシャル×アメリカ 池田純一
2114 いつだって大変な時代——堀井憲一郎
2134 いまを生きるための思想キーワード——仲正昌樹
2155 独立国家のつくりかた 坂口恭平
2164 武器としての社会類型論 加藤隆
2167 新しい左翼入門——松尾匡
2168 社会を変えるには——小熊英二
2172 私とは何か——平野啓一郎
2177 わかりあえないことから 平田オリザ
2179 アメリカを動かす思想 小川仁志
2216 まんが 哲学入門——森岡正博 寺田にゃんこふ
2254 教育の力——苫野一徳
2274 現実脱出論——坂口恭平
2290 闘うための哲学書——小川仁志 萱野稔人

自然科学・医学

15 数学の考え方——矢野健太郎
1141 安楽死と尊厳死——保阪正康
1328 「複雑系」とは何か——吉永良正
1343 カンブリア紀の怪物たち サイモン・コンウェイ・モリス 松井孝典 監訳
1500 科学の現在を問う 村上陽一郎
1511 優生学と人間社会——米本昌平 松原洋子 橳島次郎 市野川容孝
1689 時間の分子生物学——粂和彦
1700 核兵器のしくみ——山田克哉
1706 新しいリハビリテーション 大川弥生
1786 数学的思考法——芳沢光雄
1805 人類進化の700万年 三井誠
1813 はじめての〈超ひも理論〉 川合光

1840 算数・数学が得意になる本 芳沢光雄
1861 〈勝負脳〉の鍛え方——林成之
1881 「生きている」を見つめる医療——中村桂子 山岸敦
1891 生物と無生物のあいだ——福岡伸一
1925 数学でつまずくのはなぜか 小島寛之
1929 脳のなかの身体——宮本省三
2000 世界は分けてもわからない 福岡伸一
2023 ロボットとは何か——石黒浩
2039 ソーシャルブレインズ入門 藤井直敬
2097 〈麻薬〉のすべて——船山信次
2122 量子力学の哲学——森田邦久
2166 化石の分子生物学——更科功
2170 親と子の食物アレルギー——伊藤節子

2191 DNA医学の最先端 大野典也
2193 〈生命〉とは何だろうか 岩崎秀雄
2204 森の力——宮脇昭
2219 宇宙はなぜこのような宇宙なのか——青木薫
2226 宇宙生物学で読み解く「人体」の不思議——吉田たかよし
2244 呼鈴の科学——吉田武
2262 生命誕生——中沢弘基
2265 SFを実現する——田中浩也
2268 生命のからくり——中屋敷均
2269 認知症を知る——飯島裕一
2291 はやぶさ2の真実——松浦晋也
2292 認知症の「真実」——東田勉

日本語・日本文化

105 タテ社会の人間関係 中根千枝
293 日本人の意識構造――会田雄次
444 出雲神話――松前健
1193 漢字の字源――阿辻哲次
1200 外国語としての日本語――佐々木瑞枝
1239 武士道とエロス――氏家幹人
1262 「世間」とは何か――阿部謹也
1432 江戸の性風俗――氏家幹人
1448 日本人のしつけは衰退したか――広田照幸
1738 大人のための文章教室 清水義範
1943 なぜ日本人は学ばなくなったのか――齋藤孝
2006 「空気」と「世間」――鴻上尚史
2007 落語論――堀井憲一郎
2013 日本語という外国語 荒川洋平
2033 新編 日本語誤用・慣用小辞典 国広哲弥
2034 性的なことば――井上章一 澁谷知美 斎藤光 三橋順子 編
2067 日本料理の贅沢――神田裕行
2088 温泉をよむ――日本温泉文化研究会
2092 新書 沖縄読本――下川裕治 仲村清司 著・編
2127 ラーメンと愛国――速水健朗
2137 マンガの遺伝子――斎藤宣彦
2173 日本人のための日本語文法入門――原沢伊都夫
2200 漢字雑談――高島俊男
2233 ユーミンの罪――酒井順子
2304 アイヌ学入門――瀬川拓郎